Gespielte Liebe
... oder doch nicht?

3

Emiko Nakano

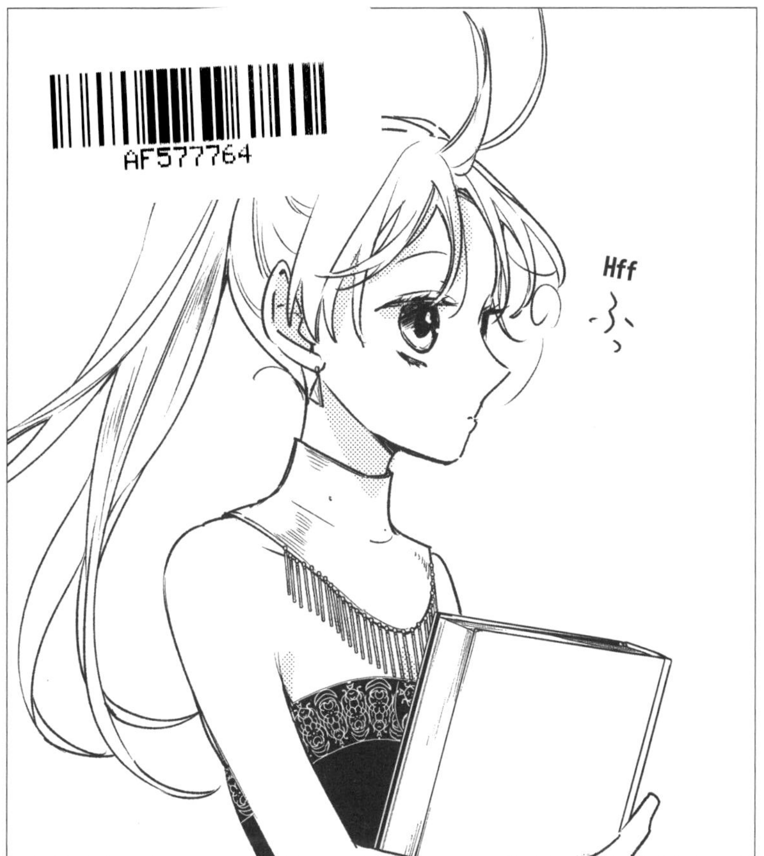

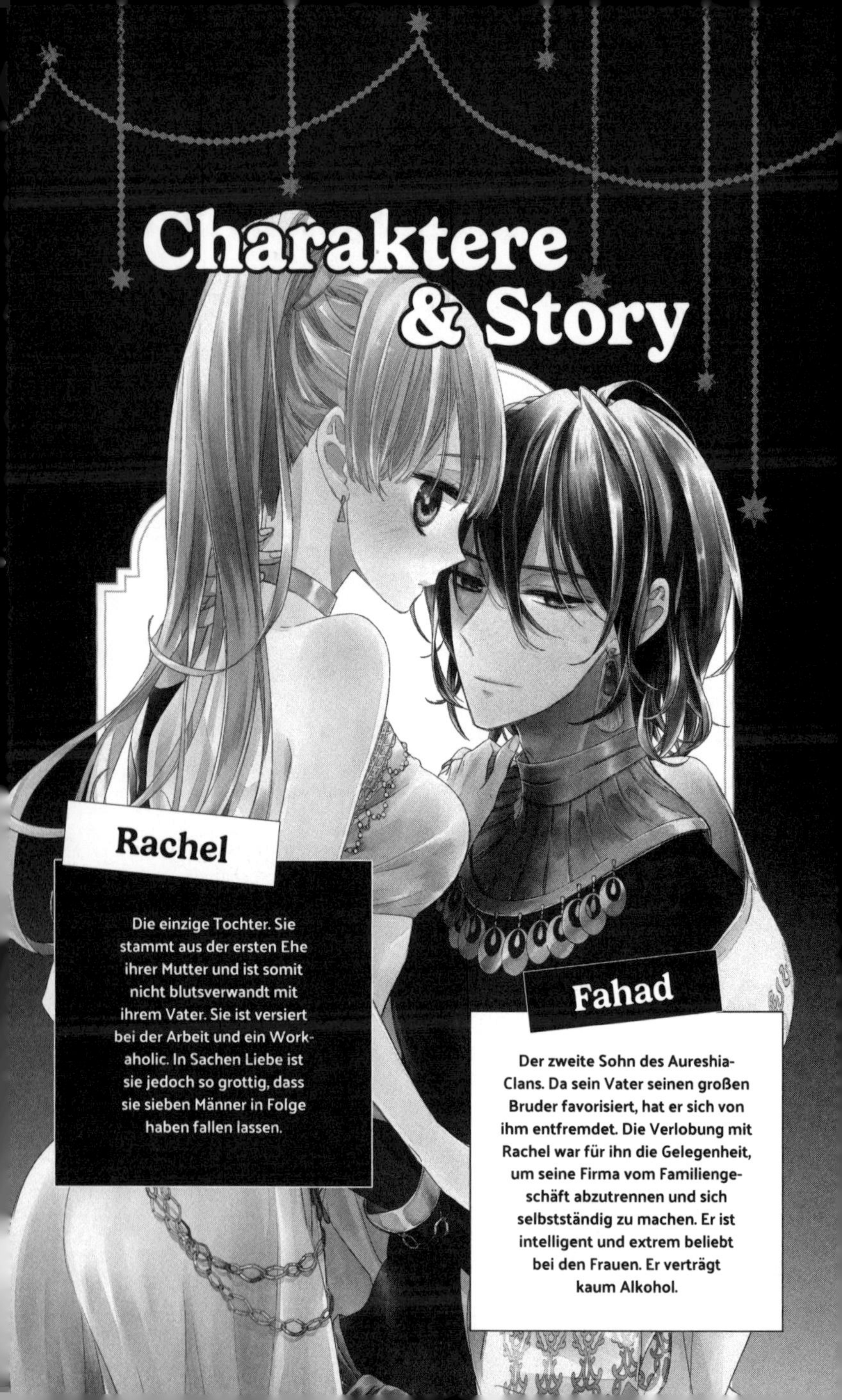

Charaktere & Story

Rachel

Die einzige Tochter. Sie stammt aus der ersten Ehe ihrer Mutter und ist somit nicht blutsverwandt mit ihrem Vater. Sie ist versiert bei der Arbeit und ein Workaholic. In Sachen Liebe ist sie jedoch so grottig, dass sie sieben Männer in Folge haben fallen lassen.

Fahad

Der zweite Sohn des Aureshia-Clans. Da sein Vater seinen großen Bruder favorisiert, hat er sich von ihm entfremdet. Die Verlobung mit Rachel war für ihn die Gelegenheit, um seine Firma vom Familiengeschäft abzutrennen und sich selbstständig zu machen. Er ist intelligent und extrem beliebt bei den Frauen. Er verträgt kaum Alkohol.

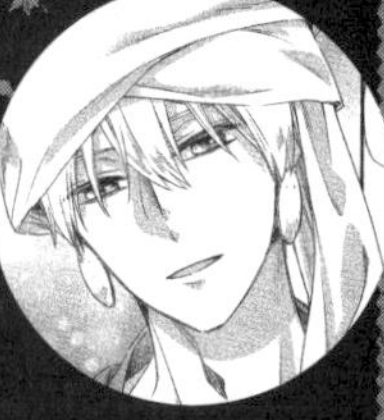

Kazan

Rachels gutherziger Kindheitsfreund. Inzwischen ein Arzt.

Eva

Rachels Zofe. Ihrer Herrin gegenüber nimmt sie kein Blatt vor den Mund. Sie ist eine enge Verbündete.

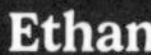

Ethan

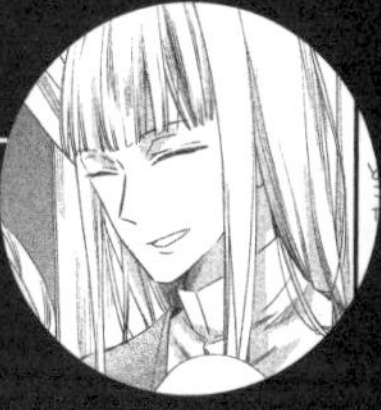

Fahads Diener. Immer am Lächeln.

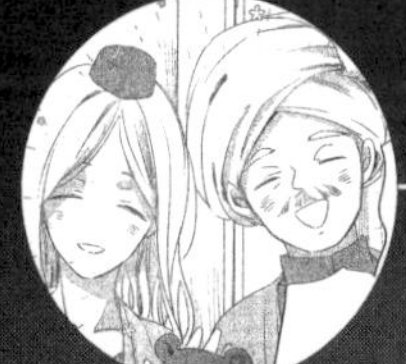

Rachels Eltern

Schwer verliebt.

Was bisher geschah

◆ Weil ihre Familie, der Jahari-Clan, in finanziellen Schwierigkeiten steckt, hat Rachel dem reichen, beliebten und unvergleichbar gut aussehenden Fahad, dem zweiten Sohn des Aureshia-Clans, eine Zweckehe vorgeschlagen. Sie hatte nichts zu verlieren und ging davon aus, dass er ablehnen würde. Fahad hat jedoch selbst mit familiären Problemen zu kämpfen und so gingen sie beide eine Scheinverlobung ein!

◆ Damit diese falsche Verlobung gegenüber Rachels Eltern, Verfechtern wahrer Liebe, nicht auffliegt, spielen Fahad und Rachel ihrem Umfeld ein schwer verliebtes Paar vor. Da Rachel jedoch in Sachen Flirten eine Niete ist, ist sie Fahad völlig ausgeliefert! Als Fahad auch noch das zerstörte Ferienhaus der Jaharis kauft und wieder aufbauen lässt, steht ihrem Zusammenleben nichts mehr im Wege!
Eines Tages begegnet Rachel ihrem Kindheitsfreund Kazan wieder. Da sie sich jedoch zu gut verstehen, als dass man sie nur für Freunde halten könnte, kommt es zu einem Missverständnis mit Fahad ...

Gespielte Liebe ... oder doch nicht?

Inhalt

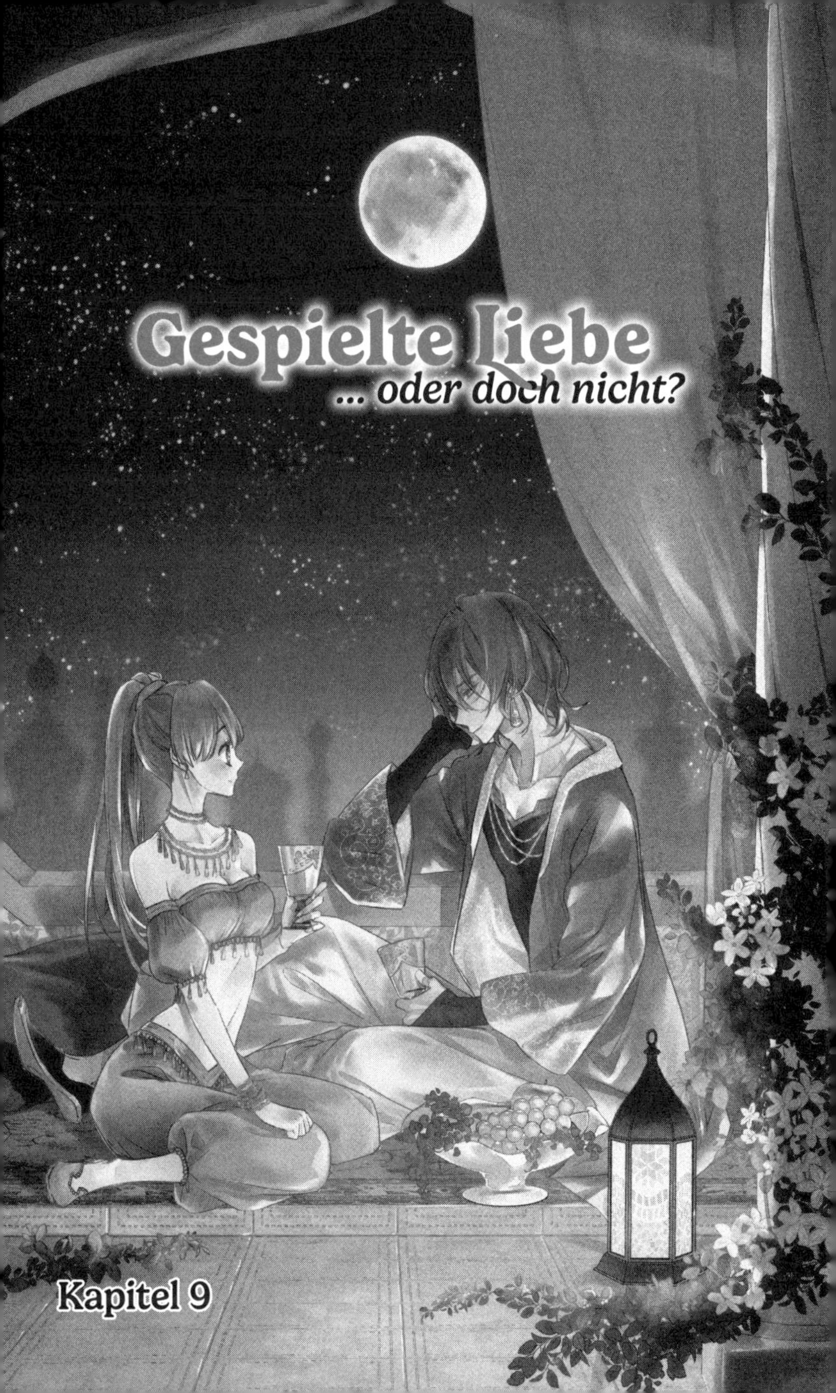
Gespielte Liebe
... oder doch nicht?
Kapitel 9

Das habe ich zu Weihnachten gezeichnet.
Ein Tassenmotiv als Preis für meine Fans. Ich habe
die beiden im Weihnachtsmannstil dargestellt.

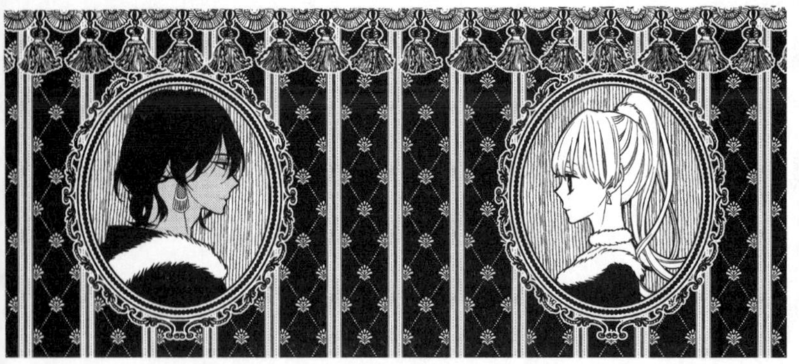

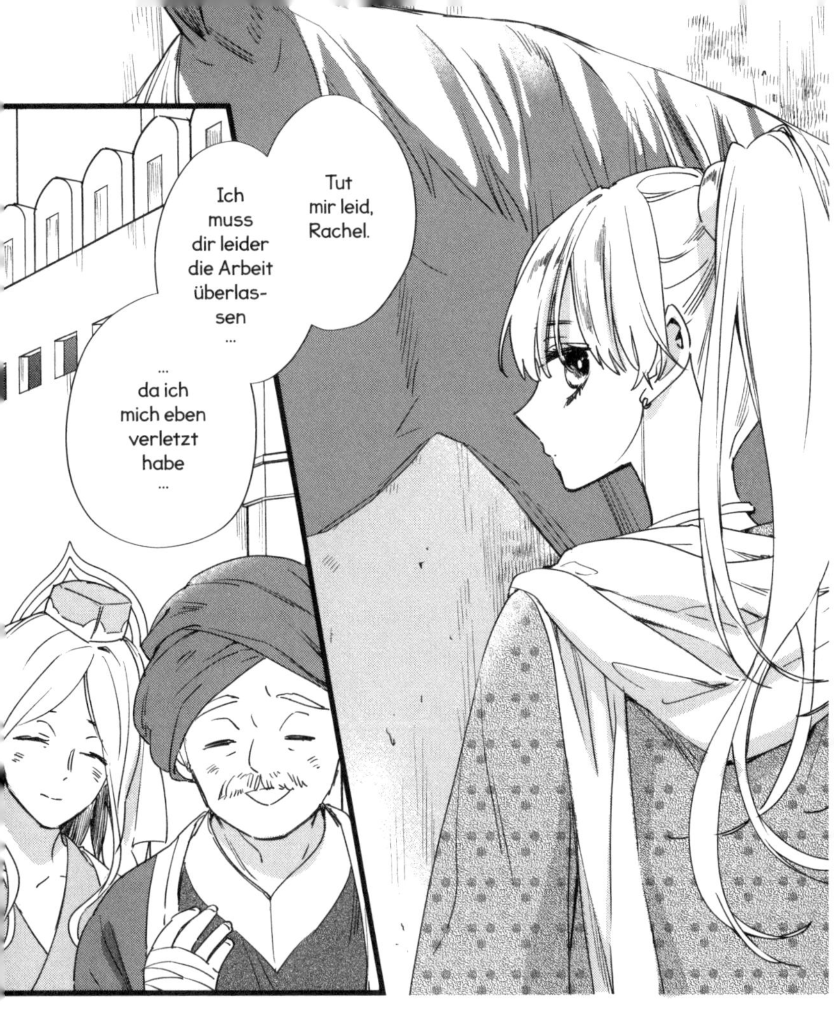

Gespielte Liebe

... oder doch nicht?

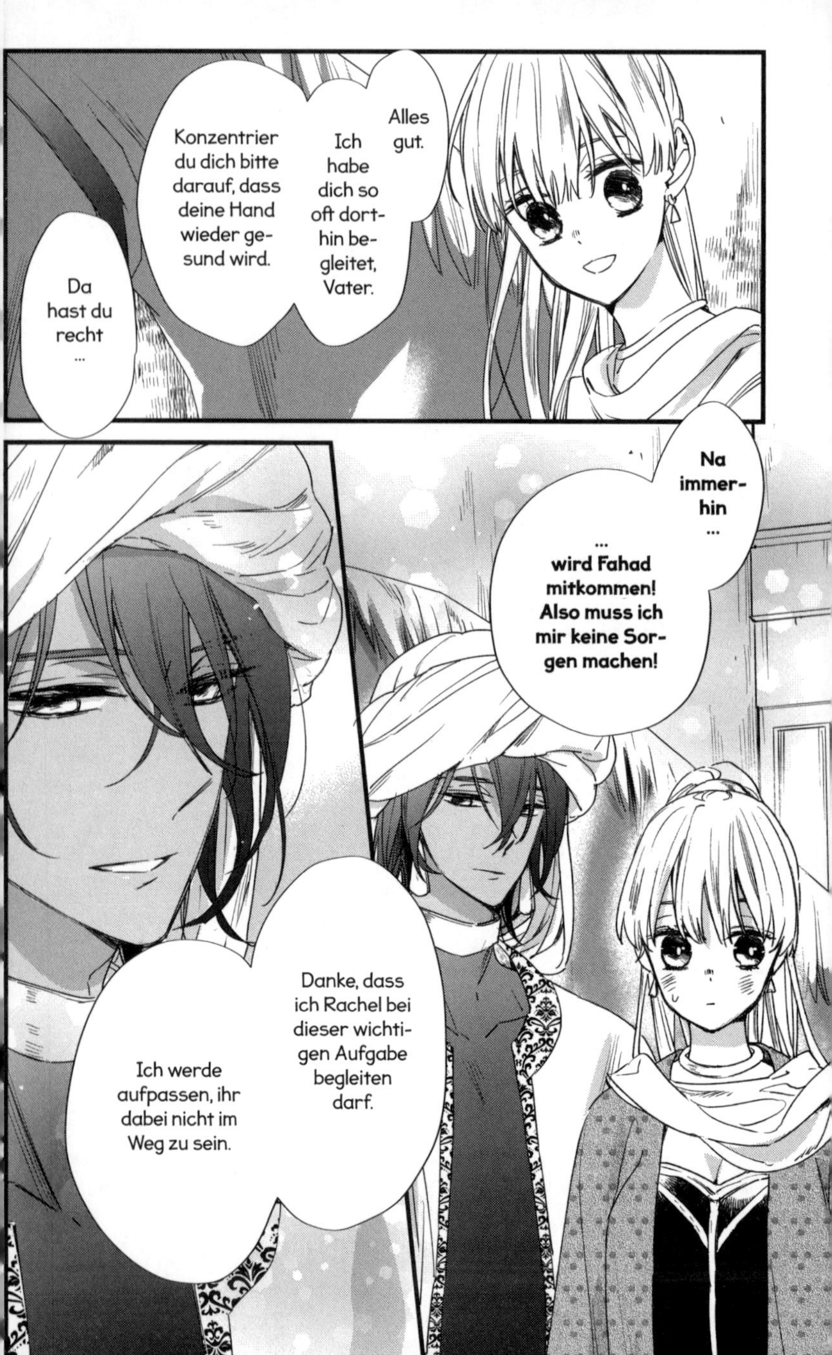
Alles gut.
Ich habe dich so oft dorthin begleitet, Vater.
Konzentrier du dich bitte darauf, dass deine Hand wieder gesund wird.
Da hast du recht ...
Na immerhin ...
... wird Fahad mitkommen! Also muss ich mir keine Sorgen machen!
Danke, dass ich Rachel bei dieser wichtigen Aufgabe begleiten darf.
Ich werde aufpassen, ihr dabei nicht im Weg zu sein.

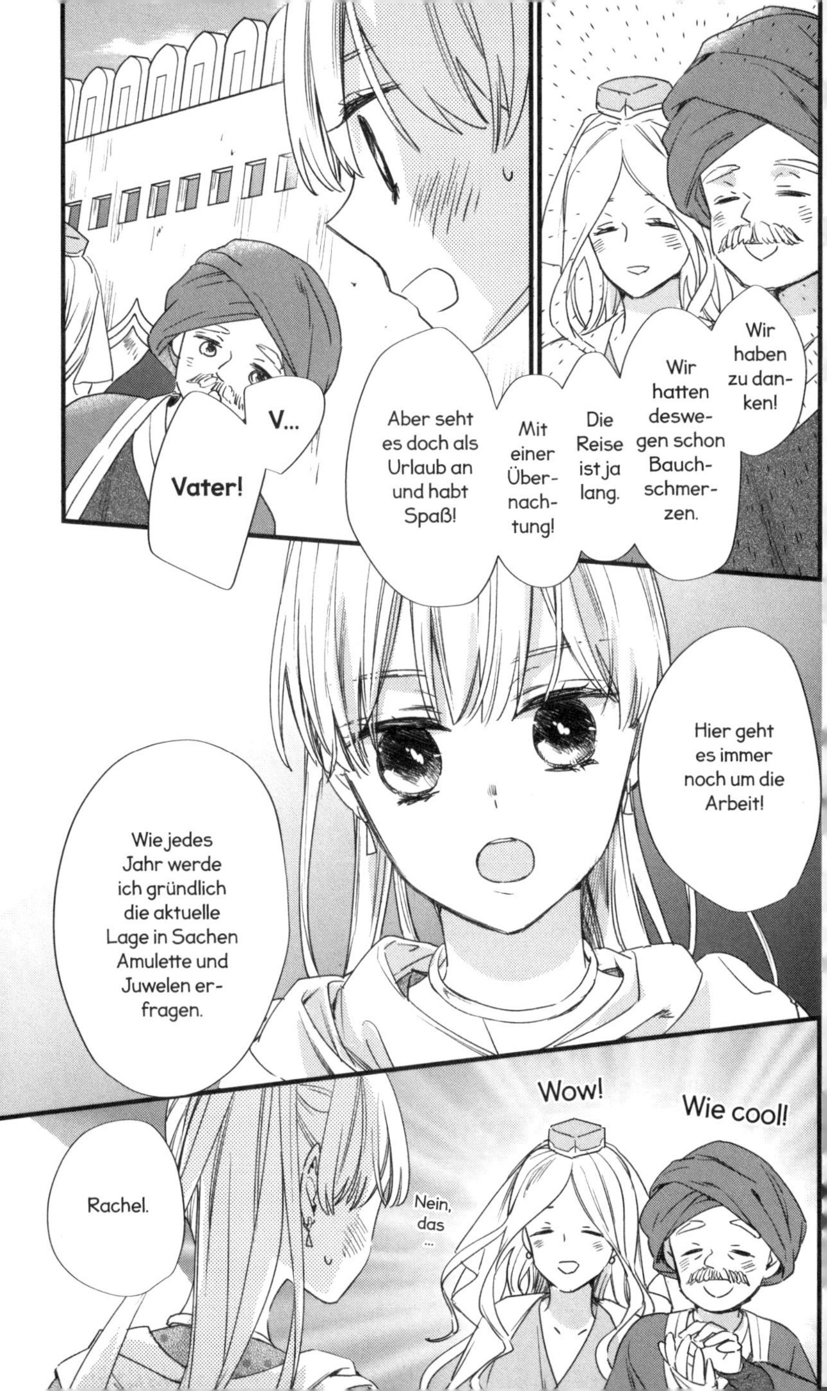
Wir haben zu danken!
Wir hatten deswegen schon Bauchschmerzen.
Die Reise ist ja lang.
Mit einer Übernachtung!
Aber seht es doch als Urlaub an und habt Spaß!
V...
Vater!
Hier geht es immer noch um die Arbeit!
Wie jedes Jahr werde ich gründlich die aktuelle Lage in Sachen Amulette und Juwelen erfragen.
Wie cool!
Wow!
Nein, das ...
Rachel.

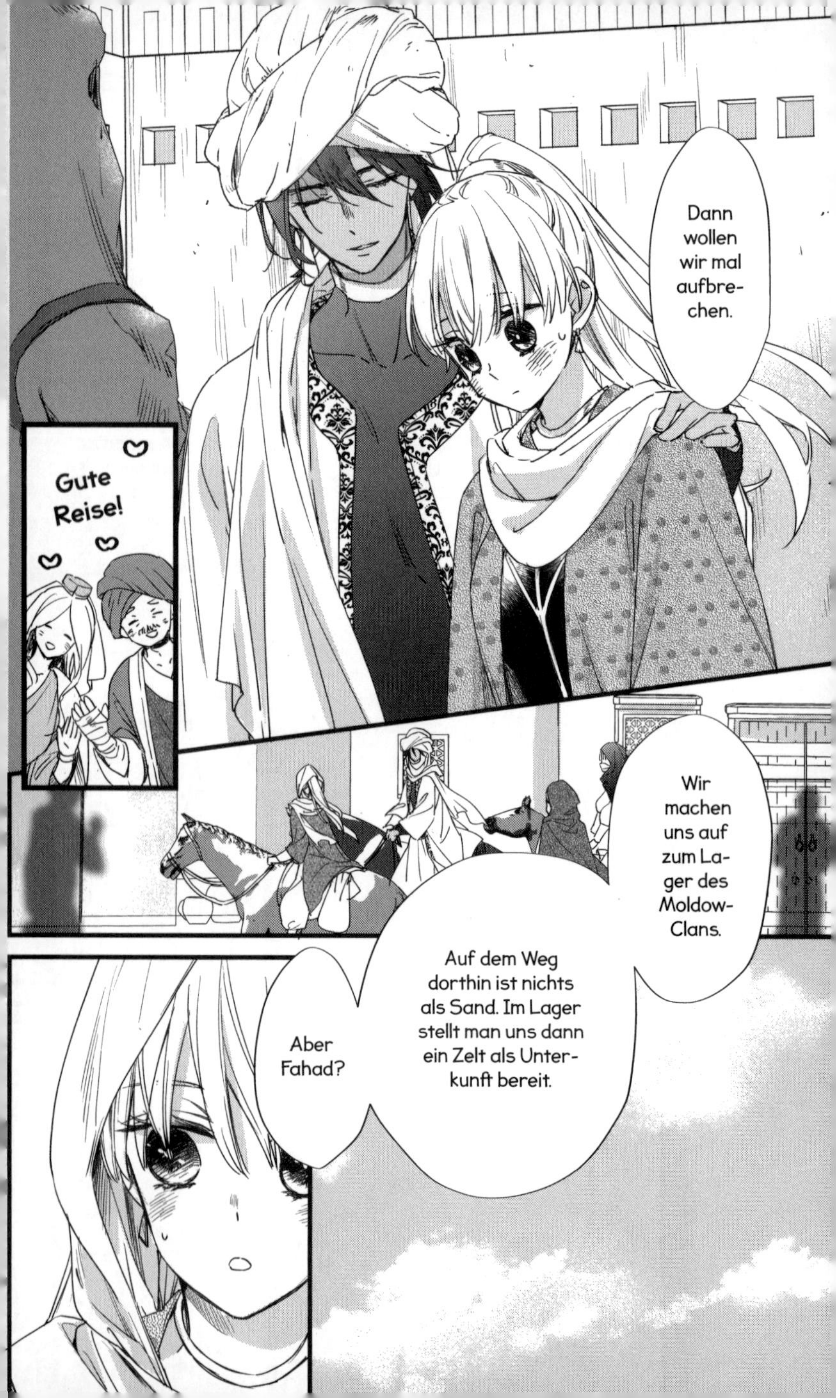
Dann wollen wir mal aufbrechen.
Gute Reise!
Wir machen uns auf zum Lager des Moldow-Clans.
Auf dem Weg dorthin ist nichts als Sand. Im Lager stellt man uns dann ein Zelt als Unterkunft bereit.
Aber Fahad?

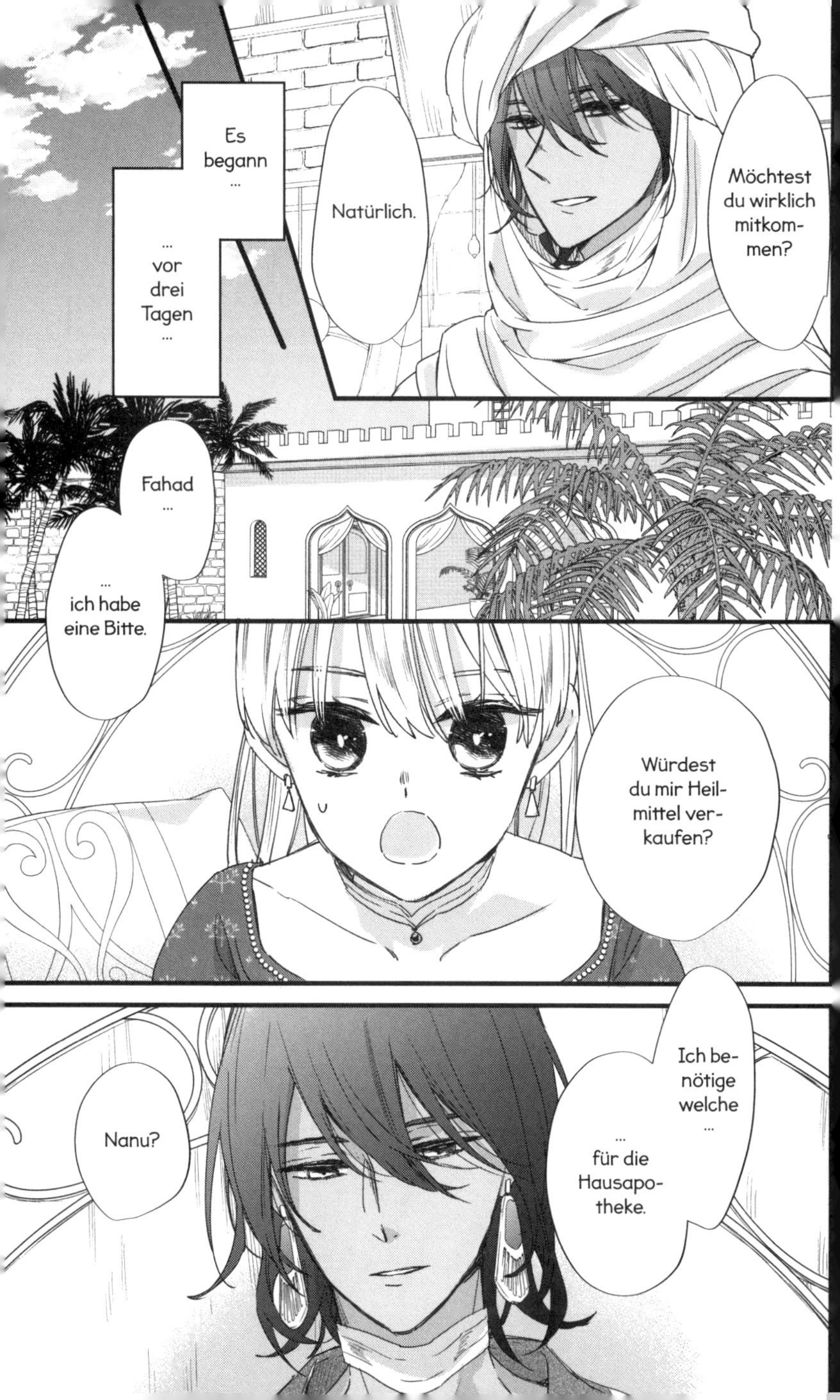
Möchtest du wirklich mitkommen?
Natürlich.
Es begann …
… vor drei Tagen …
Fahad …
… ich habe eine Bitte.
Würdest du mir Heilmittel verkaufen?
Ich benötige welche …
… für die Hausapotheke.
Nanu?

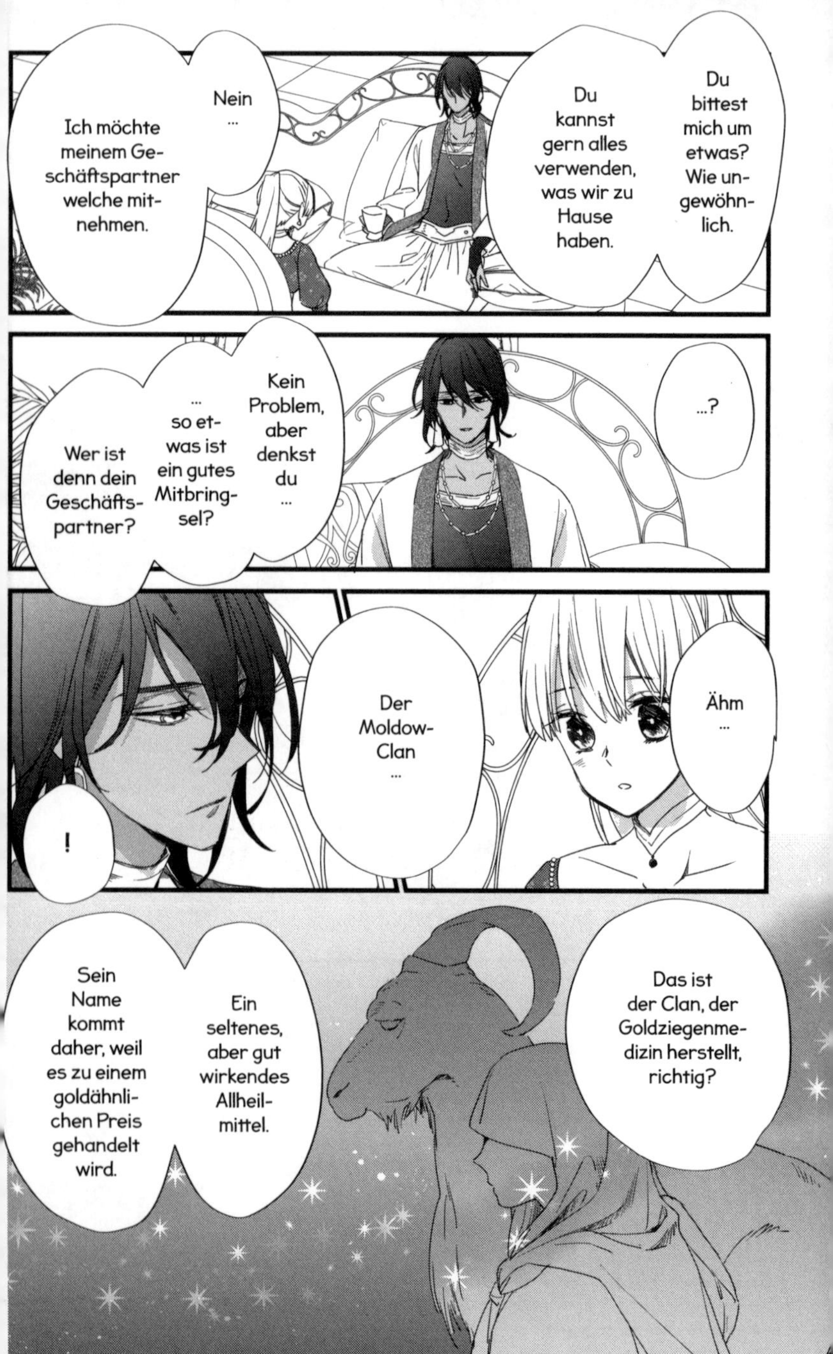
Du bittest mich um etwas? Wie ungewöhnlich.
Du kannst gern alles verwenden, was wir zu Hause haben.
Nein ...
Ich möchte meinem Geschäftspartner welche mitnehmen.
...?
Kein Problem, aber denkst du ...
... so etwas ist ein gutes Mitbringsel?
Wer ist denn dein Geschäftspartner?
Ähm ...
Der Moldow-Clan ...
!
Das ist der Clan, der Goldziegenmedizin herstellt, richtig?
Ein seltenes, aber gut wirkendes Allheilmittel.
Sein Name kommt daher, weil es zu einem goldähnlichen Preis gehandelt wird.

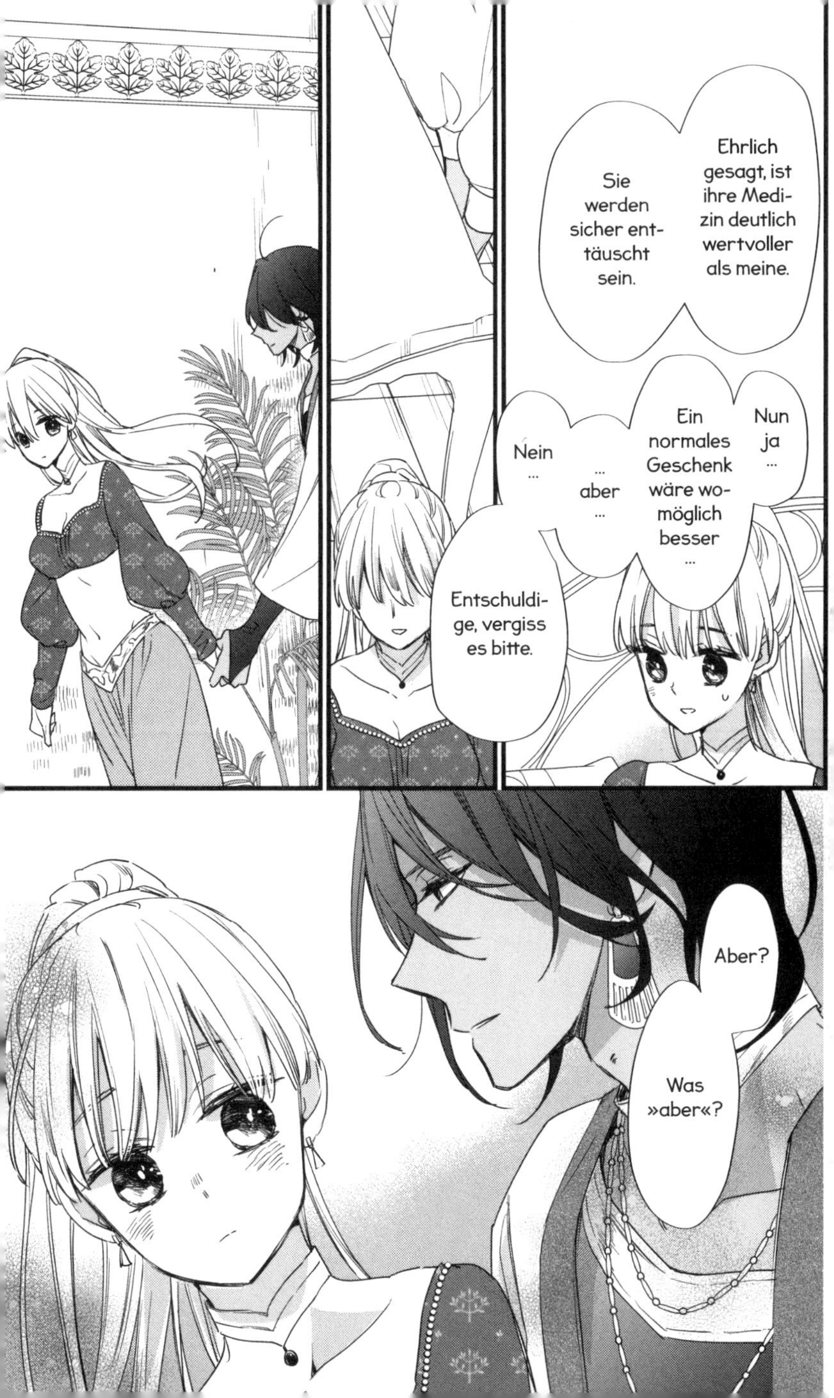
Ehrlich gesagt, ist ihre Medizin deutlich wertvoller als meine.
Sie werden sicher enttäuscht sein.
Nun ja ...
Ein normales Geschenk wäre womöglich besser ...
... aber ...
Nein ...
Entschuldige, vergiss es bitte.
Aber?
Was »aber«?

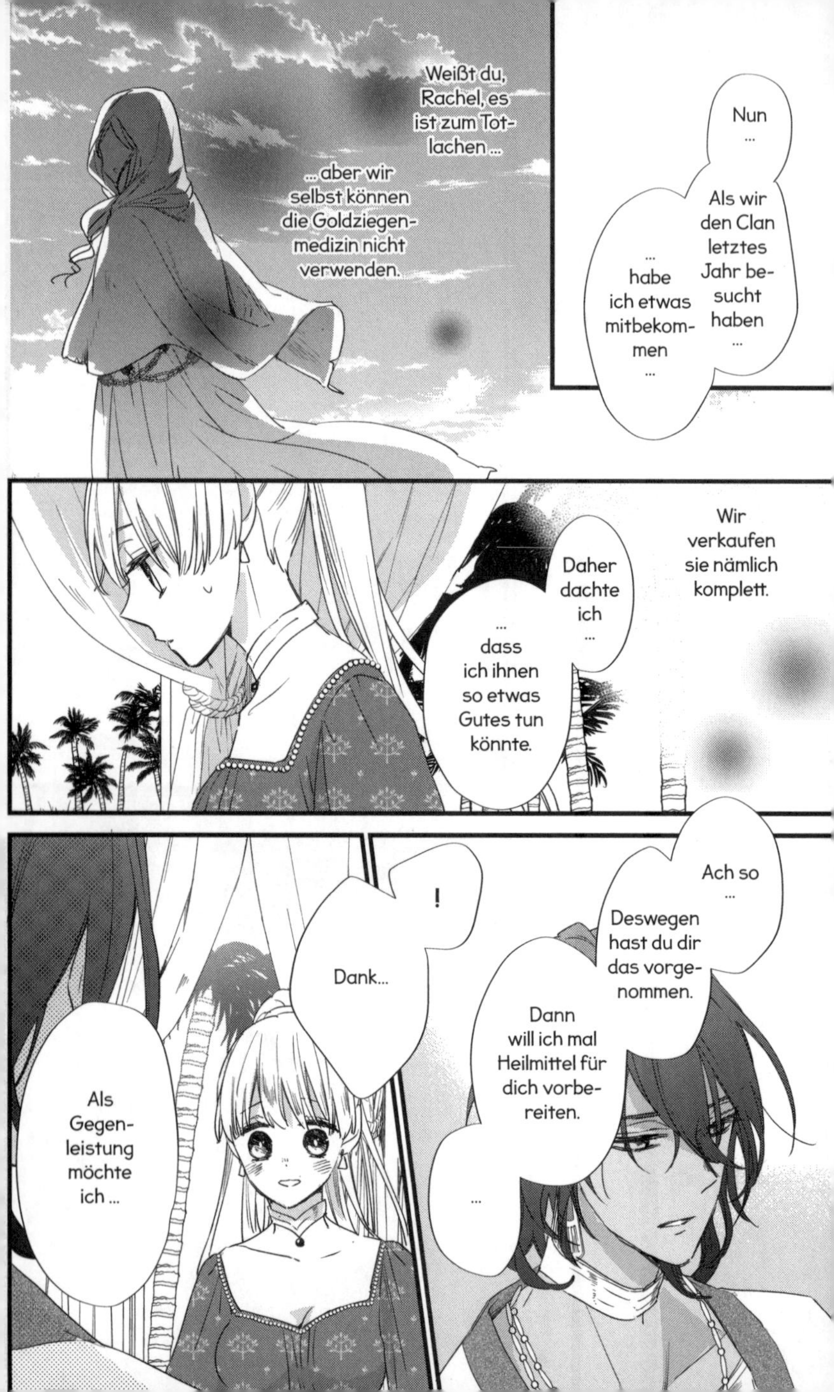
Nun …
Als wir den Clan letztes Jahr besucht haben …
… habe ich etwas mitbekommen …
Weißt du, Rachel, es ist zum Totlachen …
… aber wir selbst können die Goldziegenmedizin nicht verwenden.
Wir verkaufen sie nämlich komplett.
Daher dachte ich …
… dass ich ihnen so etwas Gutes tun könnte.
Ach so … Deswegen hast du dir das vorgenommen.
Dann will ich mal Heilmittel für dich vorbereiten.
…
!
Dank…
Als Gegenleistung möchte ich …

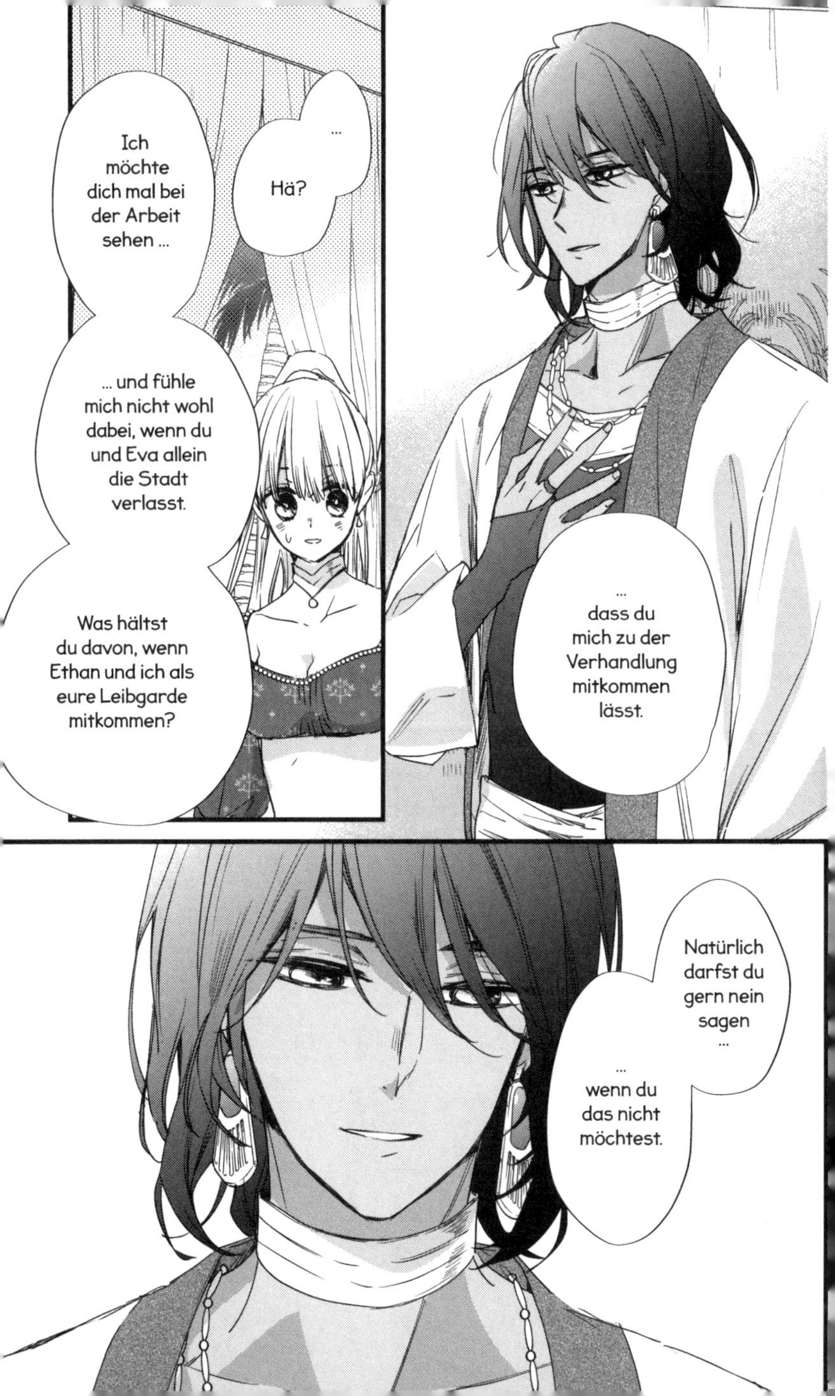
... dass du mich zu der Verhandlung mitkommen lässt.
...
Hä?
Ich möchte dich mal bei der Arbeit sehen ...
... und fühle mich nicht wohl dabei, wenn du und Eva allein die Stadt verlasst.
Was hältst du davon, wenn Ethan und ich als eure Leibgarde mitkommen?
Natürlich darfst du gern nein sagen ...
... wenn du das nicht möchtest.

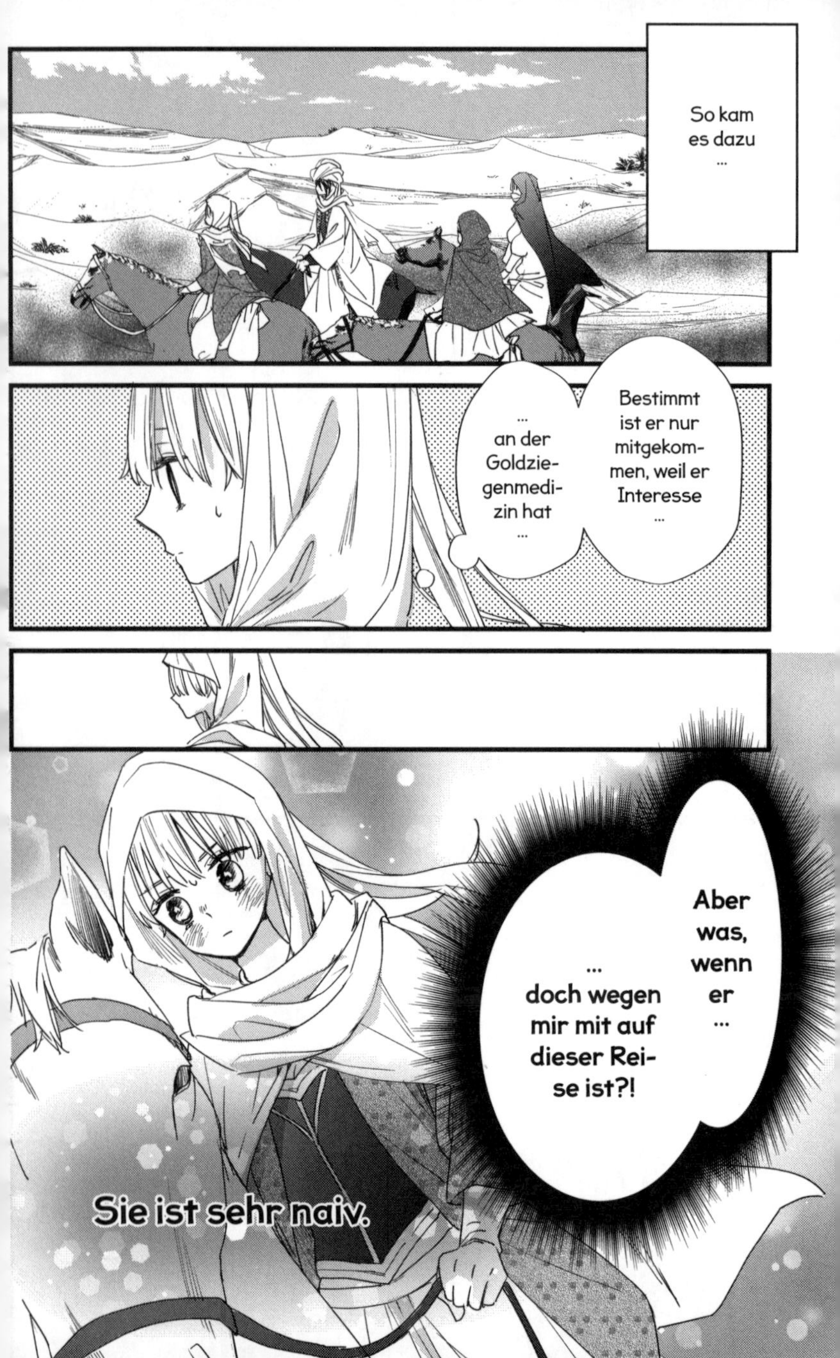
So kam es dazu …
Bestimmt ist er nur mitgekommen, weil er Interesse …
… an der Goldziegenmedizin hat …
Aber was, wenn er …
… doch wegen mir mit auf dieser Reise ist?!
Sie ist sehr naiv.

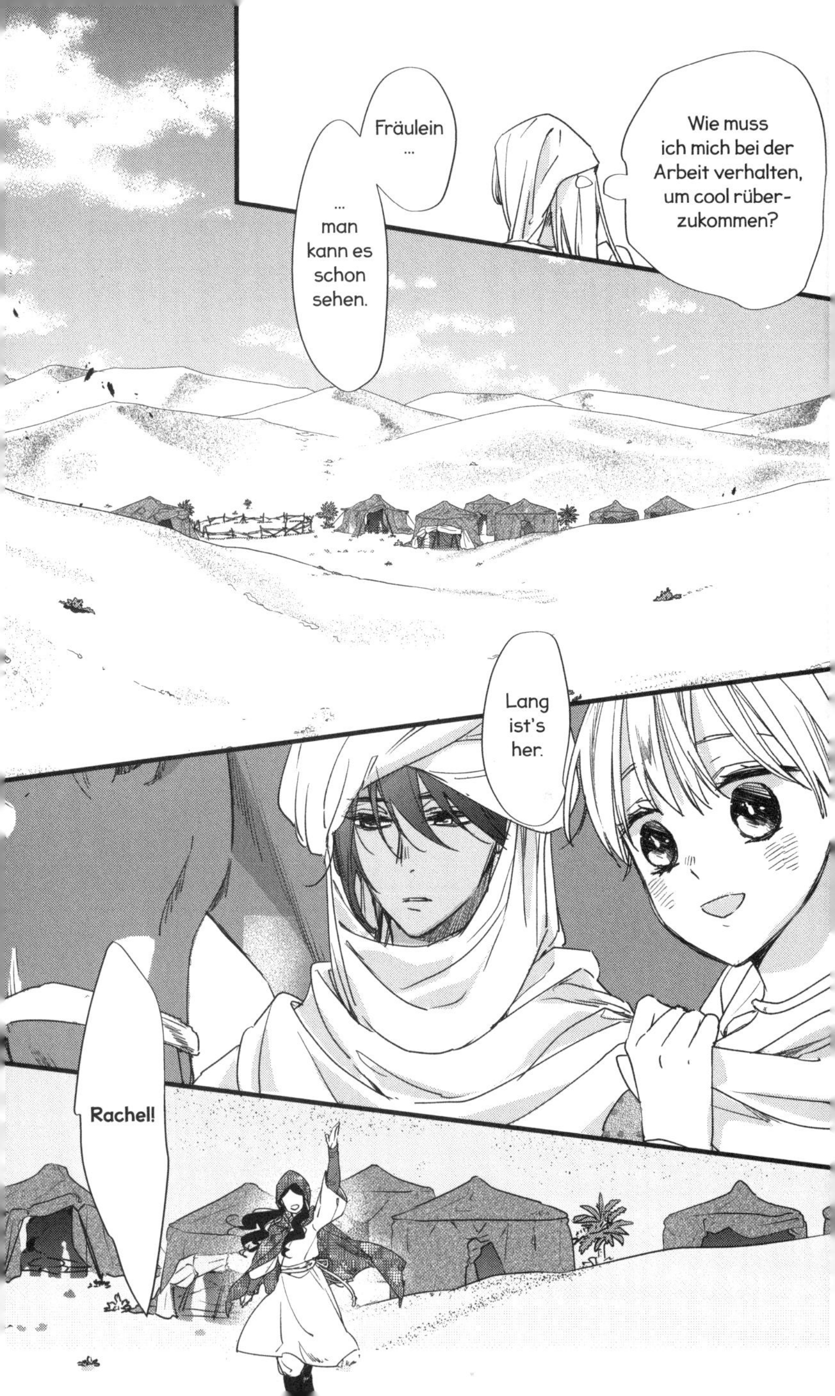
Wie muss ich mich bei der Arbeit verhalten, um cool rüber-zukommen?
Fräulein …
… man kann es schon sehen.
Lang ist's her.
Rachel!

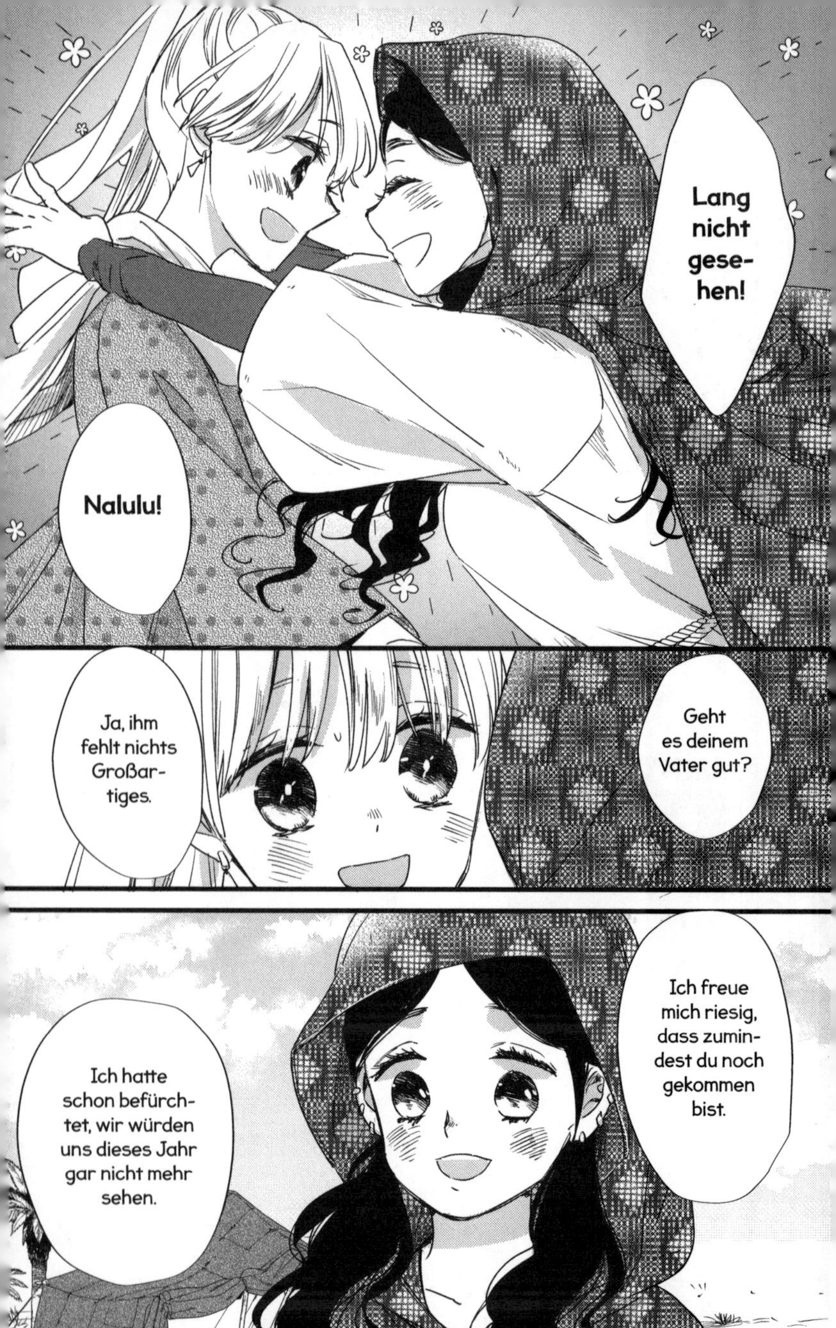
Lang nicht gese-hen!
Nalulu!
Geht es deinem Vater gut?
Ja, ihm fehlt nichts Großar-tiges.
Ich freue mich riesig, dass zumin-dest du noch gekommen bist.
Ich hatte schon befürch-tet, wir würden uns dieses Jahr gar nicht mehr sehen.

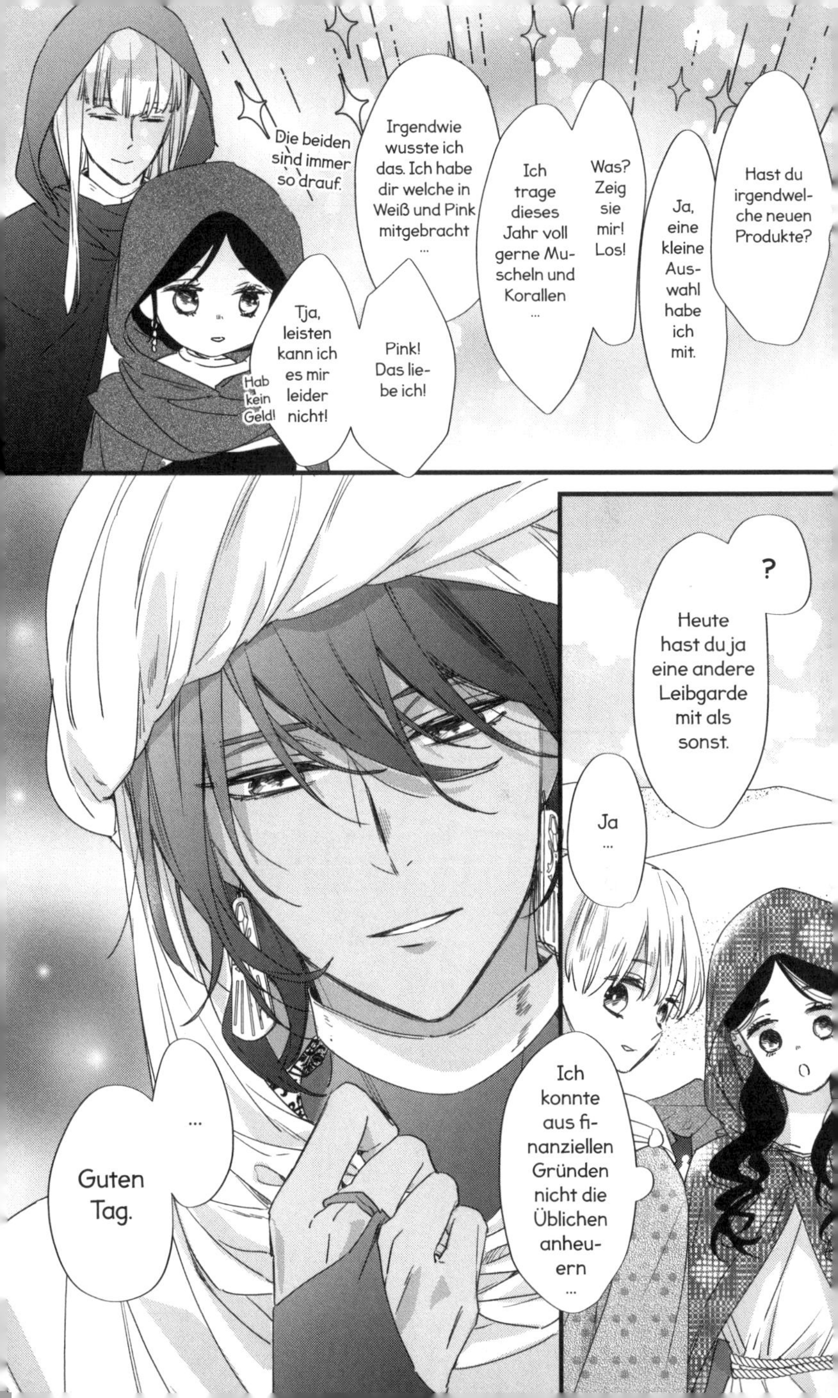
Hast du irgendwelche neuen Produkte?
Ja, eine kleine Auswahl habe ich mit.
Was? Zeig sie mir! Los!
Ich trage dieses Jahr voll gerne Muscheln und Korallen …
Irgendwie wusste ich das. Ich habe dir welche in Weiß und Pink mitgebracht …
Pink! Das liebe ich!
Tja, leisten kann ich es mir leider nicht!
Hab kein Geld!
Die beiden sind immer so drauf.
?
Heute hast du ja eine andere Leibgarde mit als sonst.
Ja …
Ich konnte aus finanziellen Gründen nicht die Üblichen anheuern …
… Guten Tag.

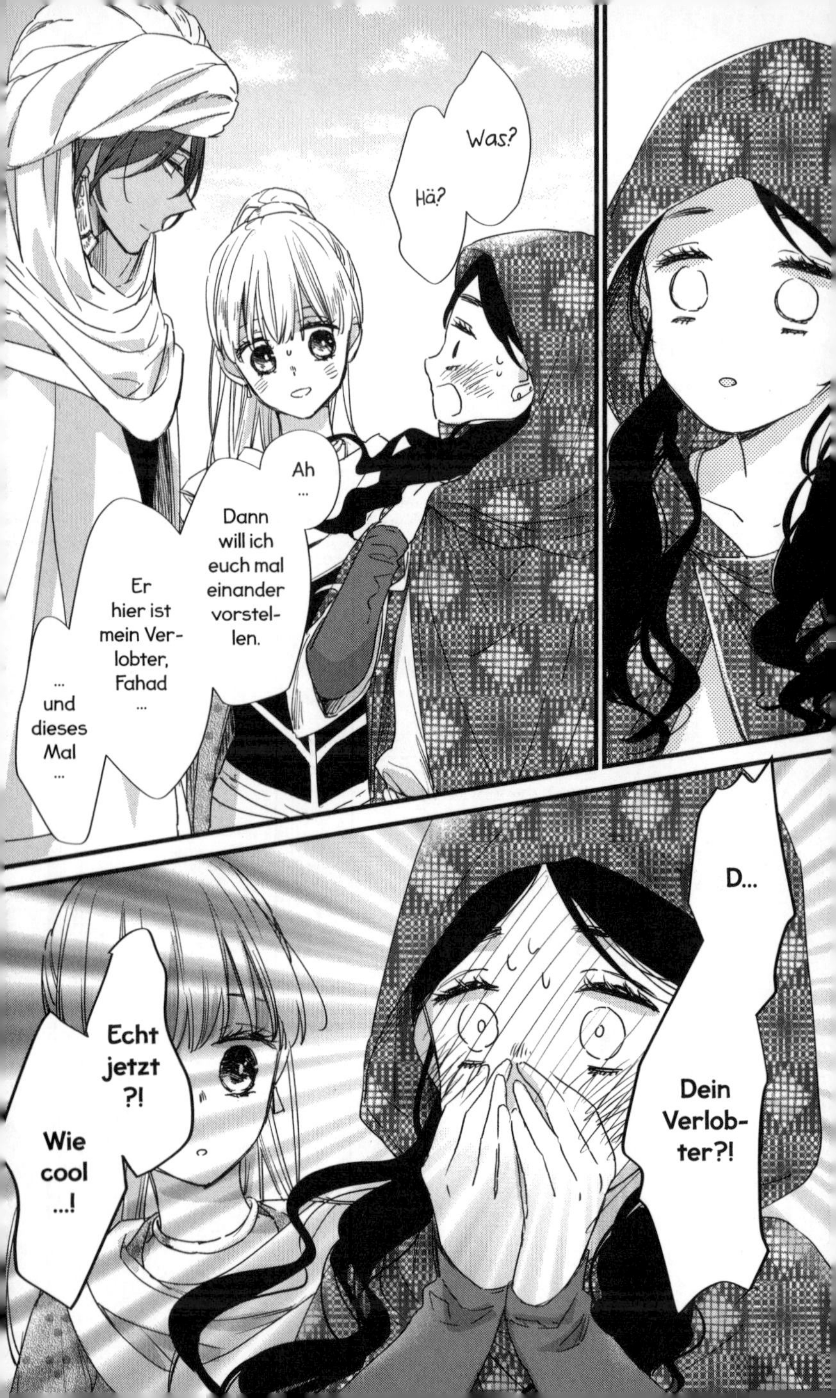
Was?
Hä?
Ah …
Dann will ich euch mal einander vorstellen.
Er hier ist mein Verlobter, Fahad …
… und dieses Mal …
D…
Dein Verlobter?!
Echt jetzt?!
Wie cool …!

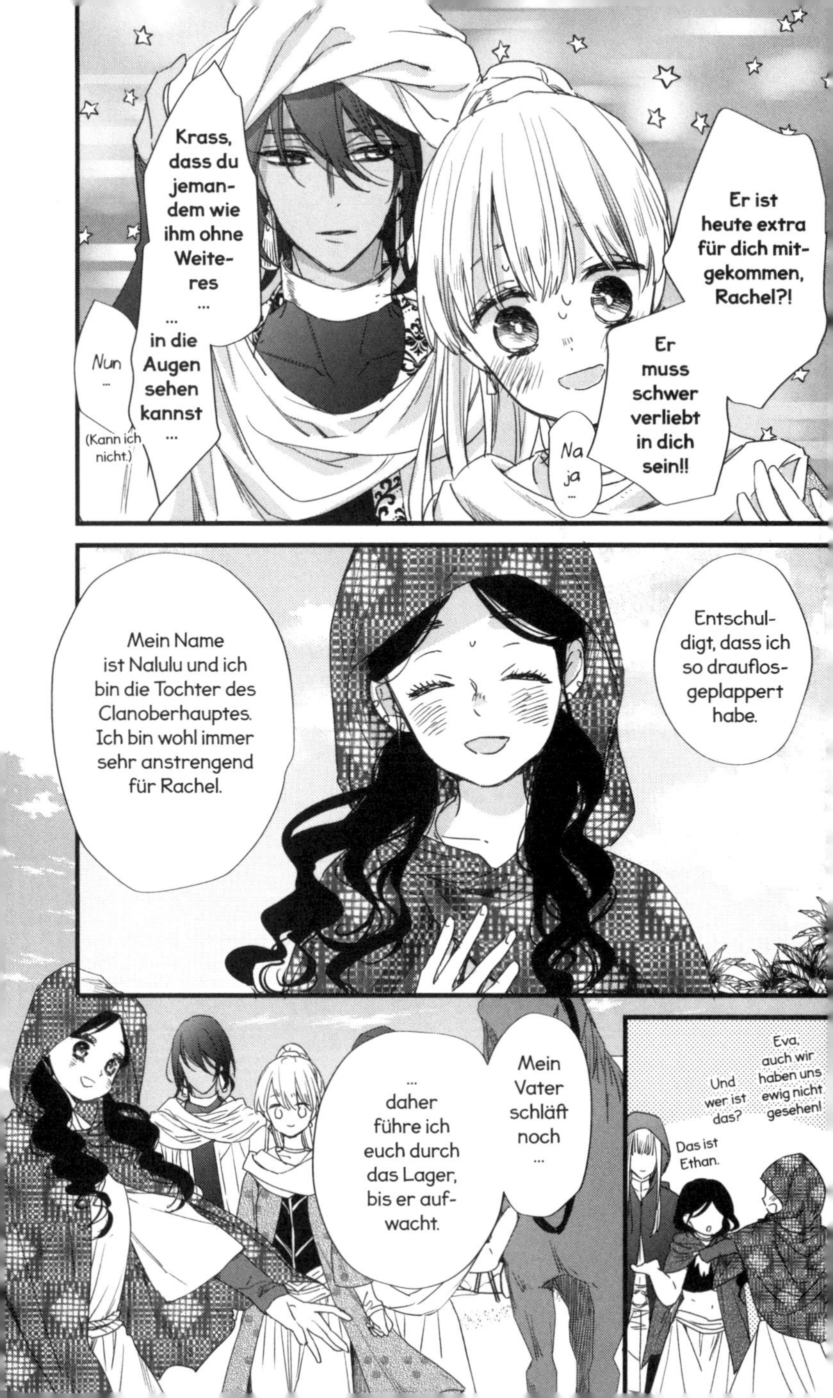

Er ist heute extra für dich mitgekommen, Rachel?!
Er muss schwer verliebt in dich sein!!
Na ja ...
Krass, dass du jemandem wie ihm ohne Weiteres ...
... in die Augen sehen kannst ...
Nun ...
(Kann ich nicht.)

Entschuldigt, dass ich so drauflosgeplappert habe.
Mein Name ist Nalulu und ich bin die Tochter des Clanoberhauptes. Ich bin wohl immer sehr anstrengend für Rachel.

Eva, auch wir haben uns ewig nicht gesehen!
Und wer ist das?
Das ist Ethan.
Mein Vater schläft noch ...
... daher führe ich euch durch das Lager, bis er aufwacht.

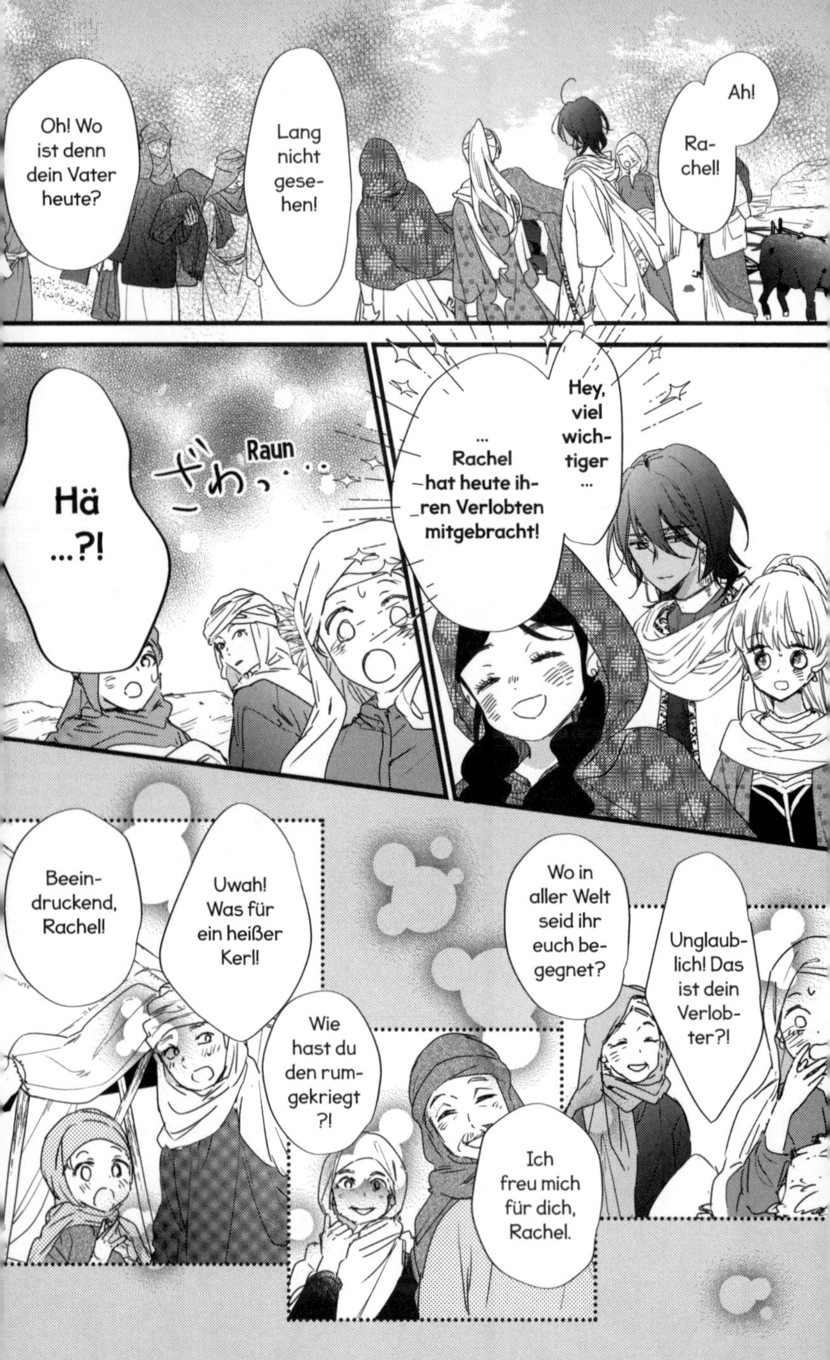
Ah! Rachel!
Lang nicht gesehen!
Oh! Wo ist denn dein Vater heute?
Hey, viel wichtiger ...
... Rachel hat heute ihren Verlobten mitgebracht!
Raun
Hä ...?!
Unglaublich! Das ist dein Verlobter?!
Wo in aller Welt seid ihr euch begegnet?
Ich freu mich für dich, Rachel.
Wie hast du den rumgekriegt?!
Uwah! Was für ein heißer Kerl!
Beeindruckend, Rachel!

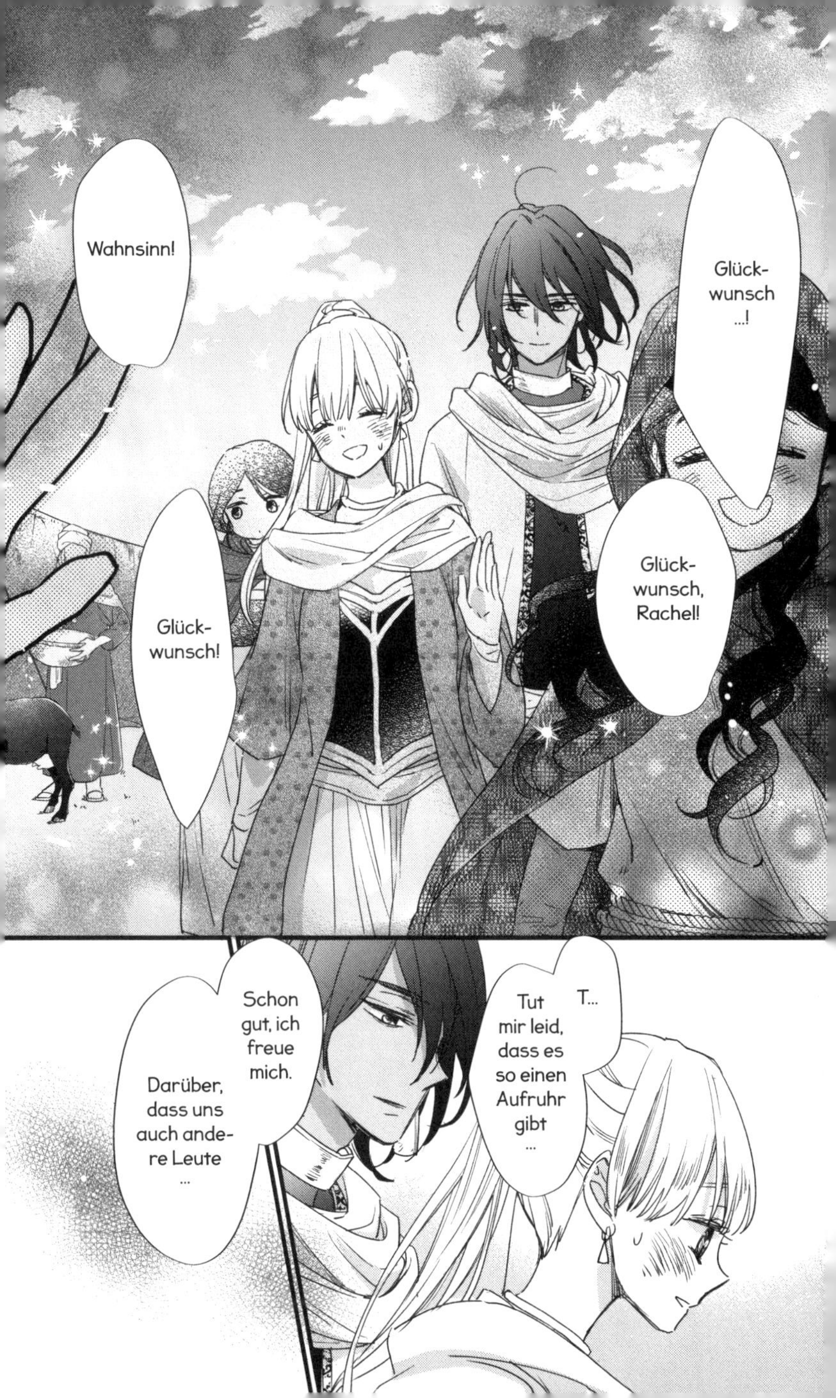
Glück-wunsch ...!
Wahnsinn!
Glück-wunsch, Rachel!
Glück-wunsch!
T...
Tut mir leid, dass es so einen Aufruhr gibt ...
Schon gut, ich freue mich.
Darüber, dass uns auch andere Leute ...

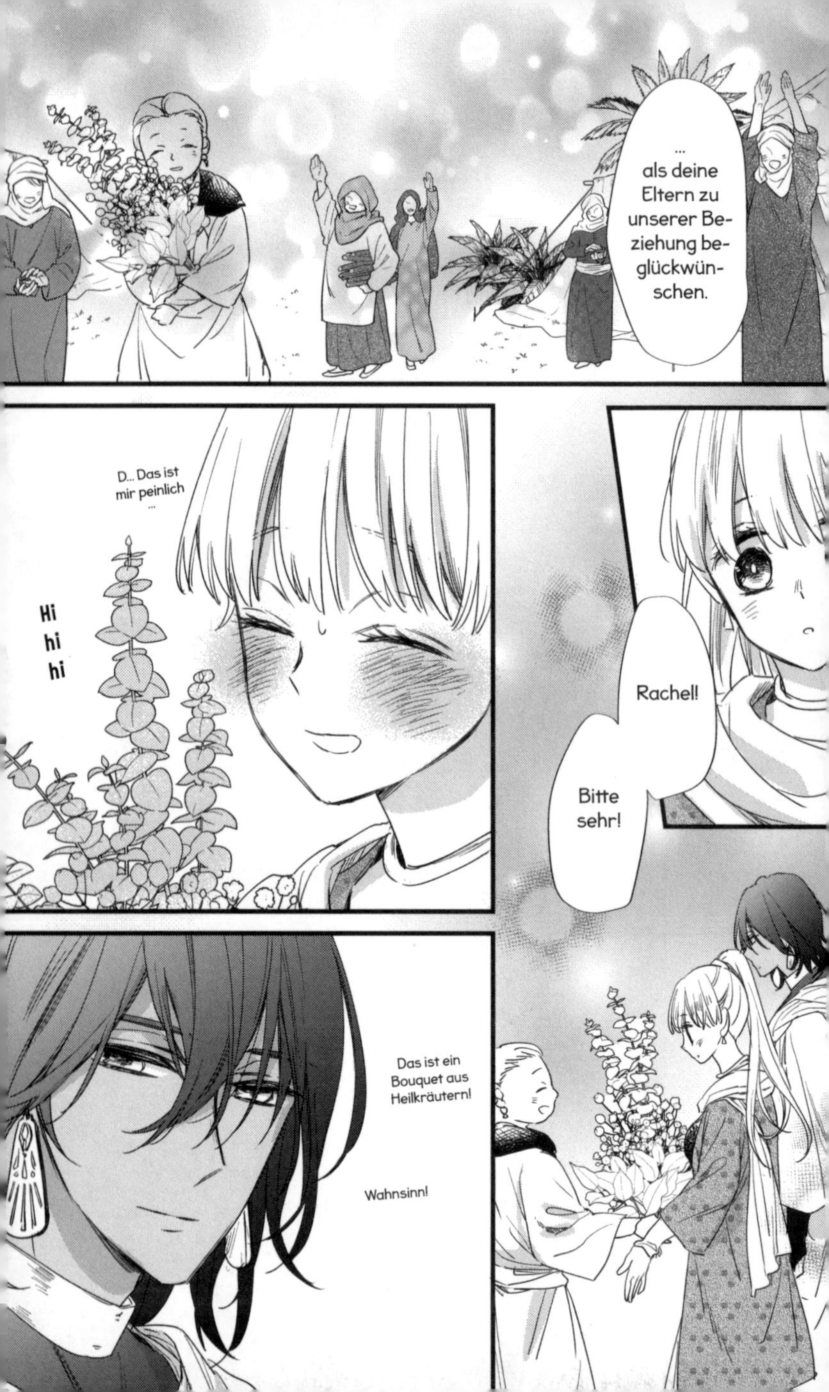
... als deine Eltern zu unserer Beziehung beglückwünschen.
D... Das ist mir peinlich ...
Hi hi hi
Rachel!
Bitte sehr!
Das ist ein Bouquet aus Heilkräutern!
Wahnsinn!

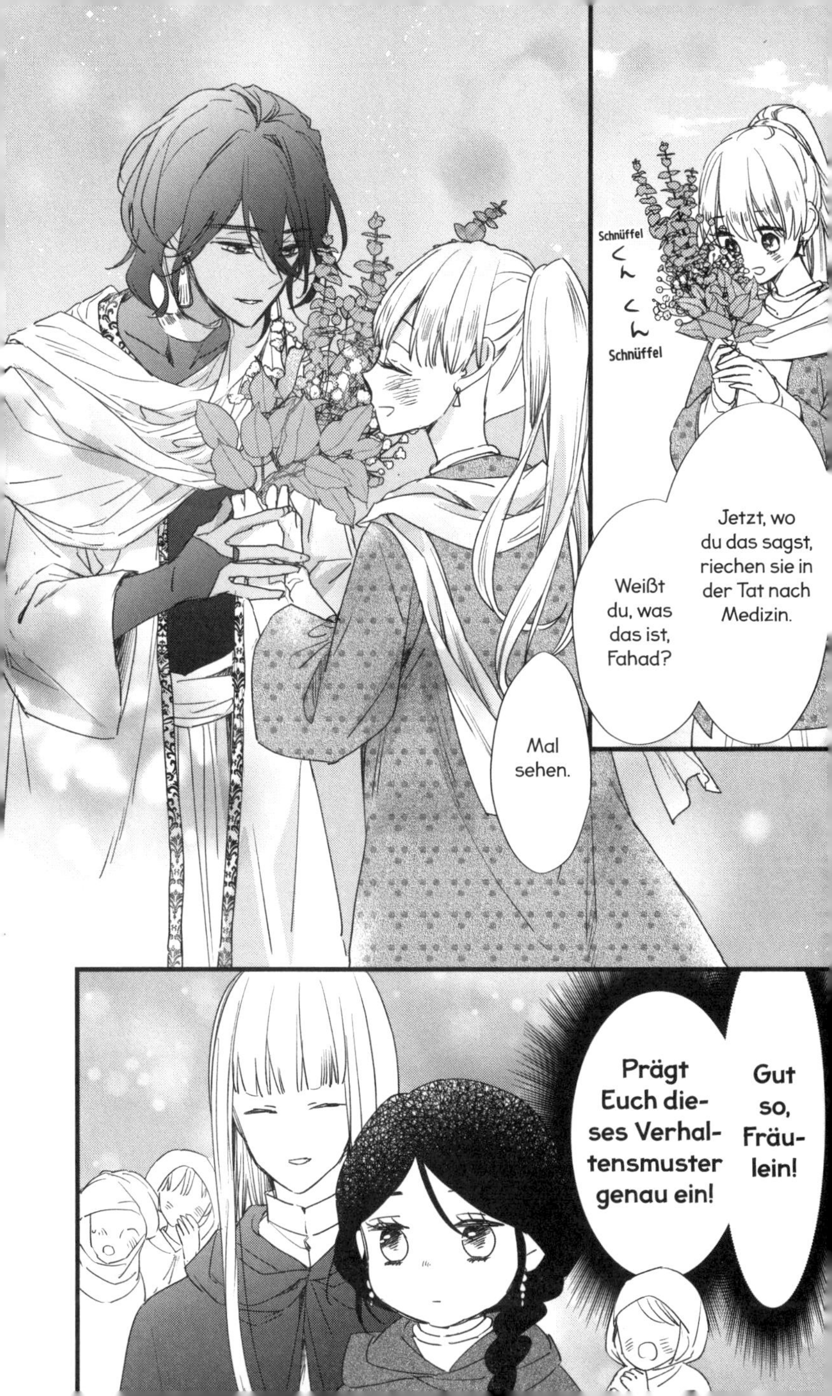
Schnüffel
くん くん
Schnüffel
Jetzt, wo du das sagst, riechen sie in der Tat nach Medizin.
Weißt du, was das ist, Fahad?
Mal sehen.
Gut so, Fräulein!
Prägt Euch dieses Verhaltensmuster genau ein!

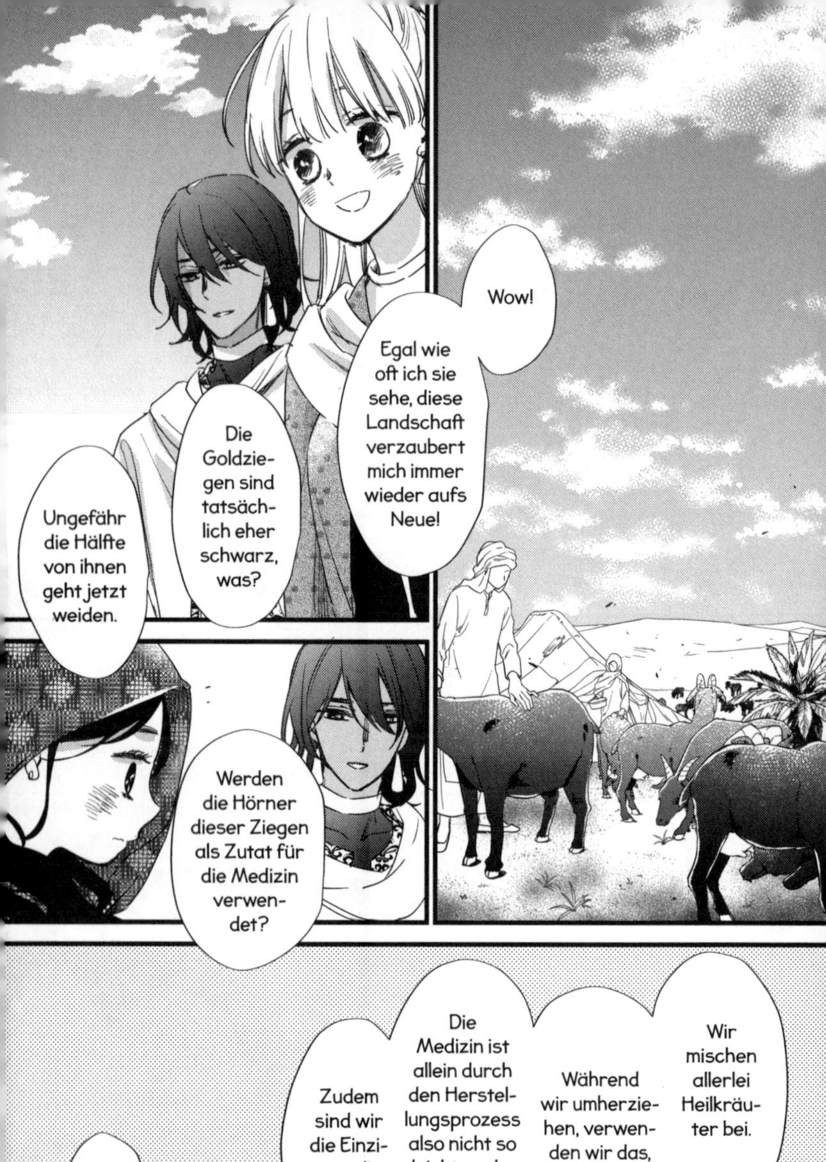

Wow!
Egal wie oft ich sie sehe, diese Landschaft verzaubert mich immer wieder aufs Neue!
Die Goldziegen sind tatsächlich eher schwarz, was?
Ungefähr die Hälfte von ihnen geht jetzt weiden.
Werden die Hörner dieser Ziegen als Zutat für die Medizin verwendet?
Wir mischen allerlei Heilkräuter bei.
Während wir umherziehen, verwenden wir das, was wir vor Ort finden.
Die Medizin ist allein durch den Herstellungsprozess also nicht so leicht nachzumachen.
Zudem sind wir die Einzigen, die Goldziegen halten.
Ach so.

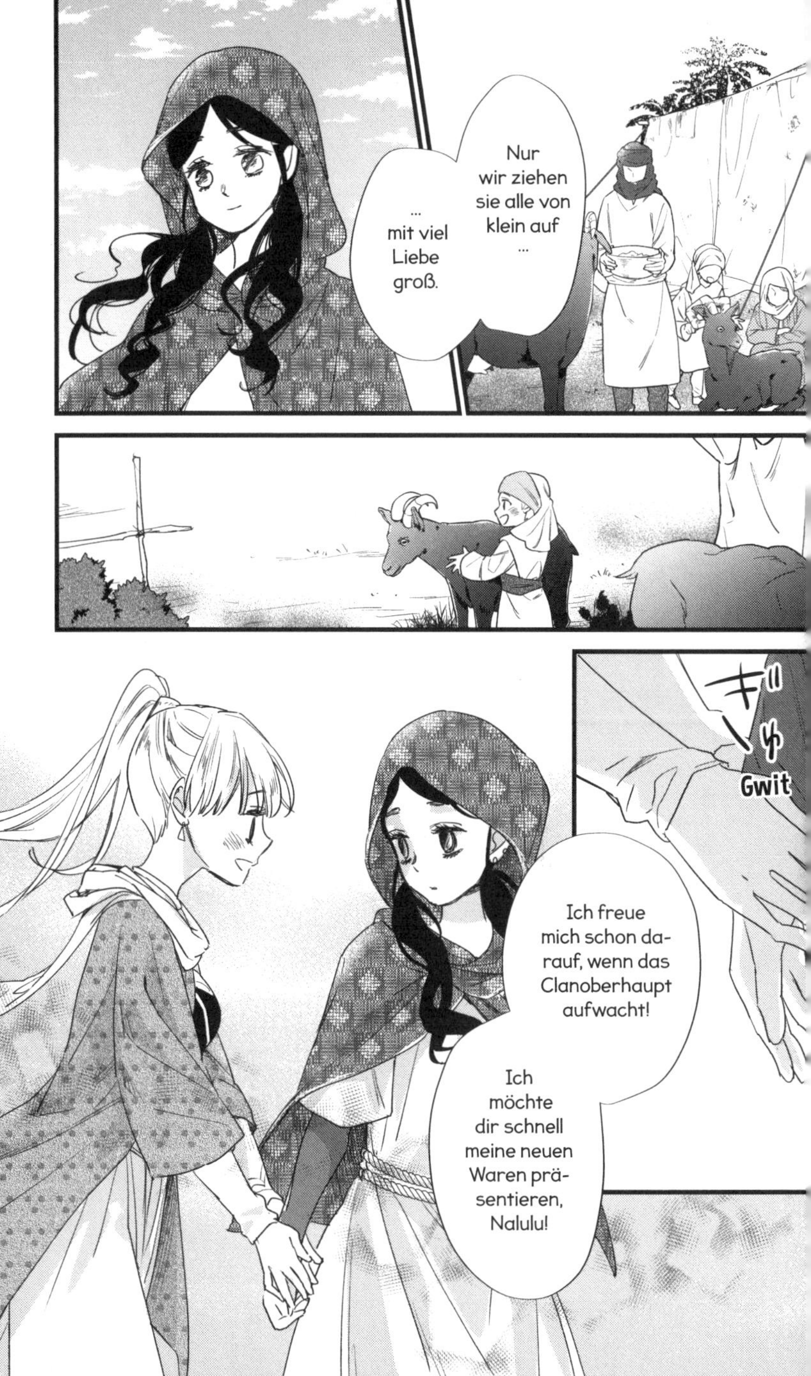
Nur wir ziehen sie alle von klein auf ...
... mit viel Liebe groß.
Gwit
Ich freue mich schon darauf, wenn das Clanoberhaupt aufwacht!
Ich möchte dir schnell meine neuen Waren präsentieren, Nalulu!

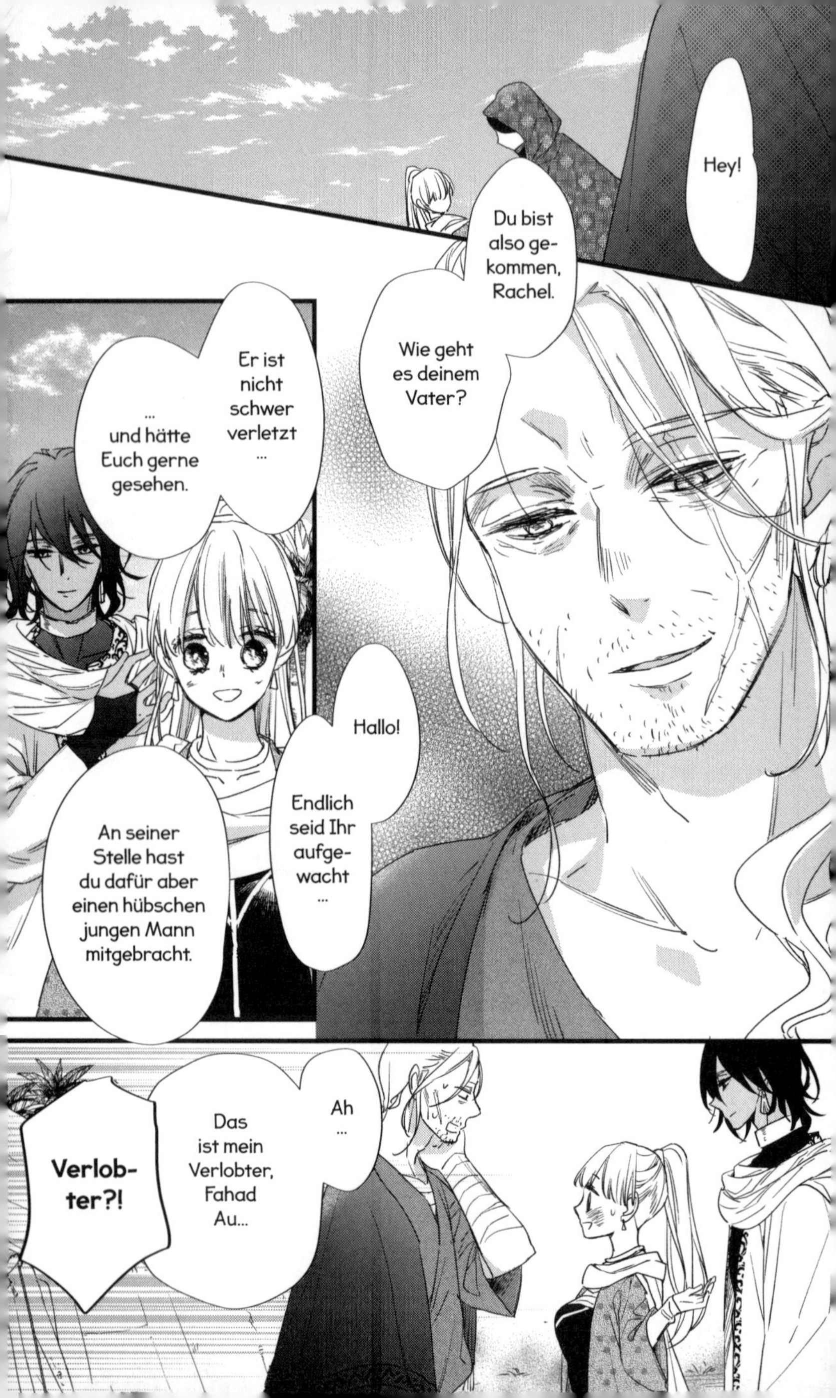
Hey!
Du bist also ge-kommen, Rachel.
Wie geht es deinem Vater?
Er ist nicht schwer verletzt ...
... und hätte Euch gerne gesehen.
Hallo!
Endlich seid Ihr aufge-wacht ...
An seiner Stelle hast du dafür aber einen hübschen jungen Mann mitgebracht.
Ah ...
Das ist mein Verlobter, Fahad Au...
Verlob-ter?!

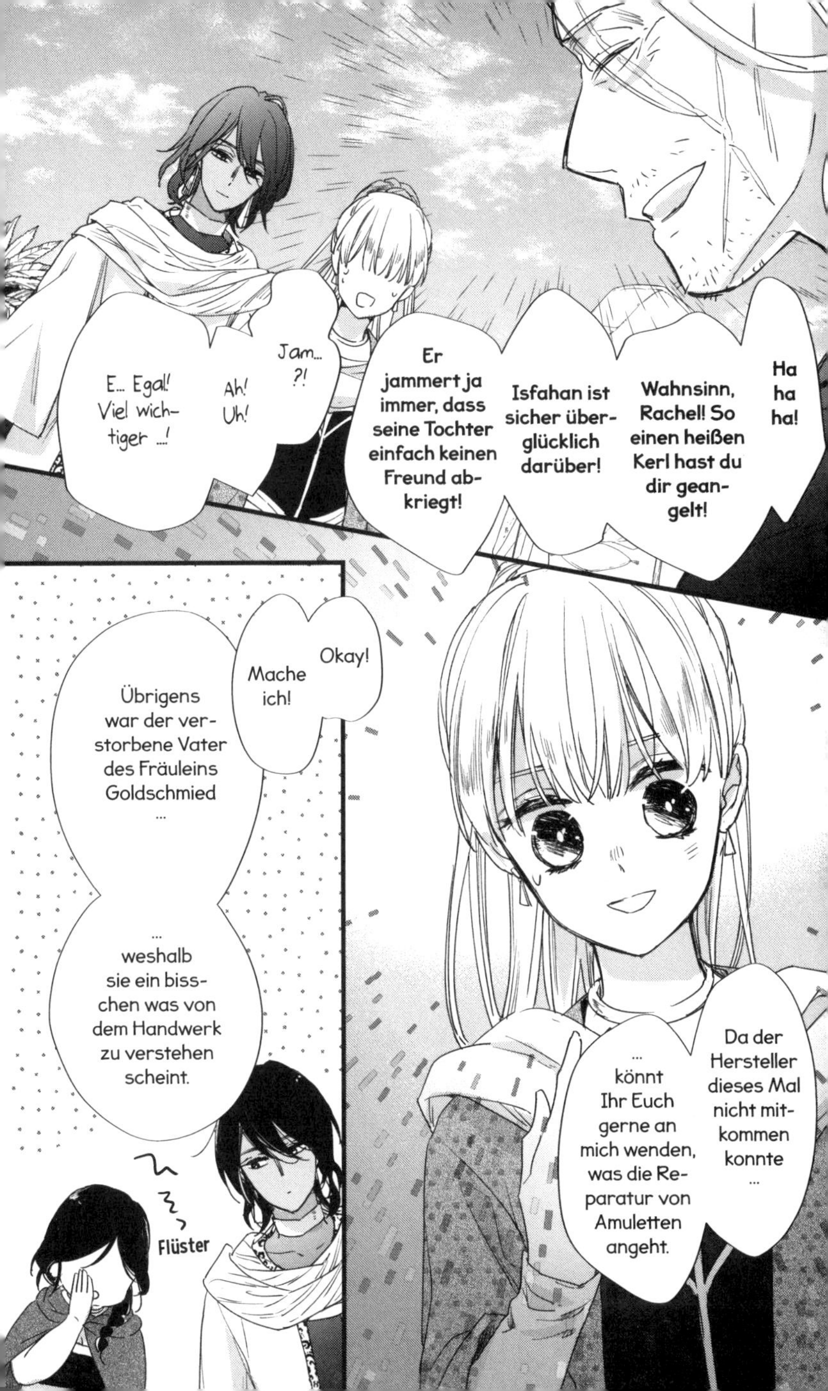

Ha ha ha!
Wahnsinn, Rachel! So einen heißen Kerl hast du dir geangelt!
Isfahan ist sicher überglücklich darüber!
Er jammert ja immer, dass seine Tochter einfach keinen Freund abkriegt!
Jam… ?!
Ah! Uh!
E… Egal! Viel wichtiger …!
Da der Hersteller dieses Mal nicht mitkommen konnte …
… könnt Ihr Euch gerne an mich wenden, was die Reparatur von Amuletten angeht.
Okay!
Mache ich!
Übrigens war der verstorbene Vater des Fräuleins Goldschmied …
… weshalb sie ein bisschen was von dem Handwerk zu verstehen scheint.
Flüster

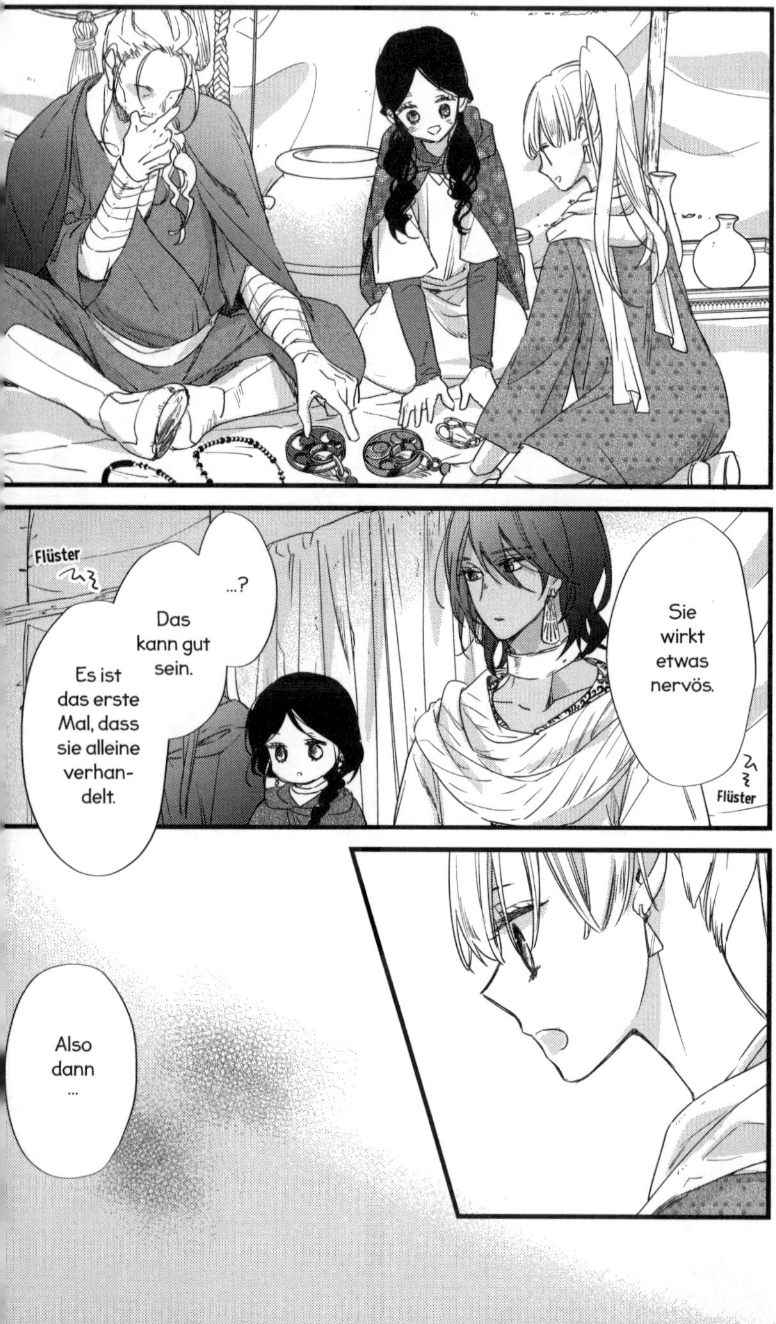

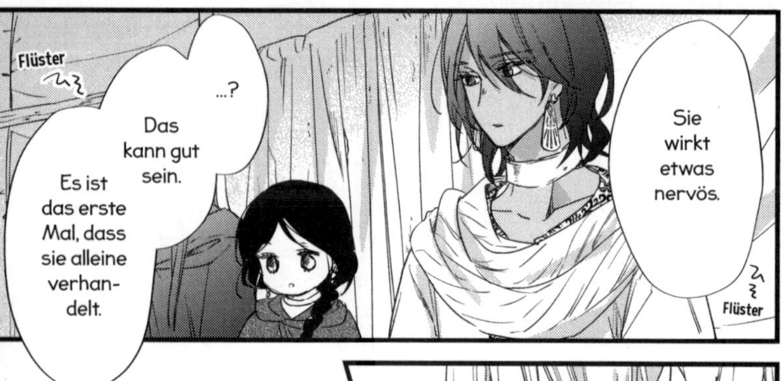
Flüster
Sie wirkt etwas nervös.
Flüster
...?
Das kann gut sein.
Es ist das erste Mal, dass sie alleine verhandelt.

Also dann ...

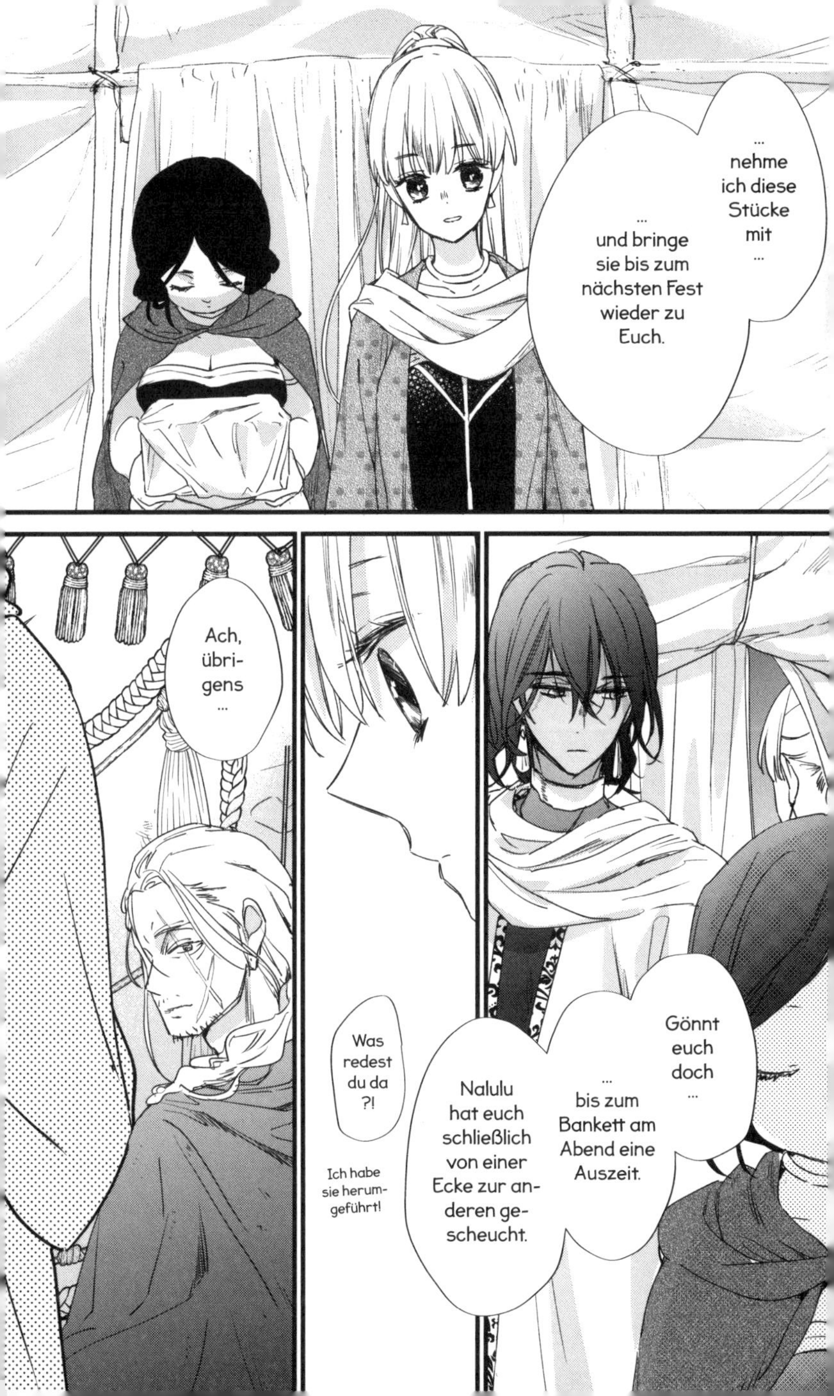
... nehme ich diese Stücke mit ...
... und bringe sie bis zum nächsten Fest wieder zu Euch.
Ach, übri- gens ...
Gönnt euch doch ...
... bis zum Bankett am Abend eine Auszeit.
Nalulu hat euch schließlich von einer Ecke zur an- deren ge- scheucht.
Was redest du da ?!
Ich habe sie herum- geführt!

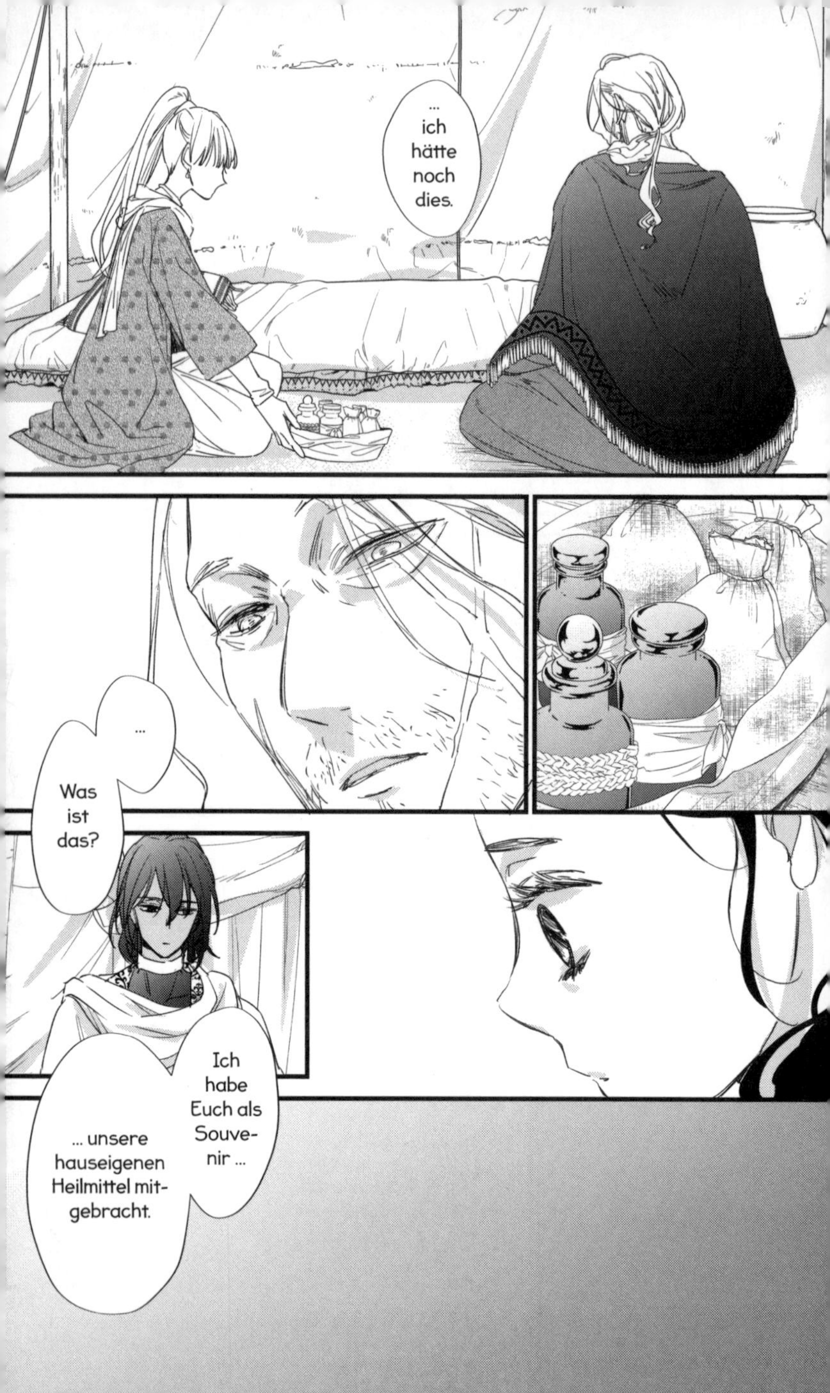
... ich hätte noch dies.
... Was ist das?
Ich habe Euch als Souvenir ...
... unsere hauseigenen Heilmittel mitgebracht.

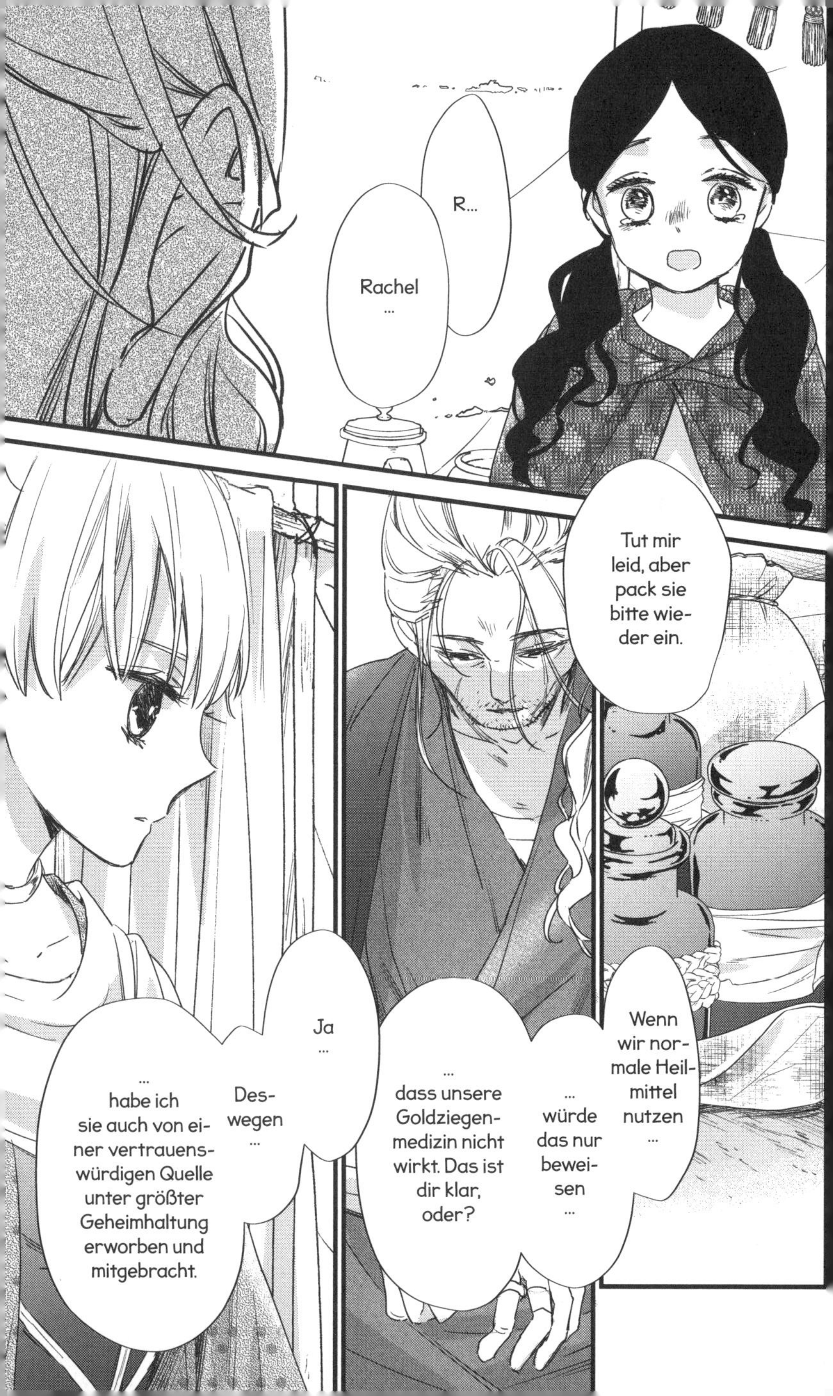
R…
Rachel …
Tut mir leid, aber pack sie bitte wieder ein.
Wenn wir normale Heilmittel nutzen …
… würde das nur beweisen …
… dass unsere Goldziegenmedizin nicht wirkt. Das ist dir klar, oder?
Ja …
Deswegen …
… habe ich sie auch von einer vertrauenswürdigen Quelle unter größter Geheimhaltung erworben und mitgebracht.

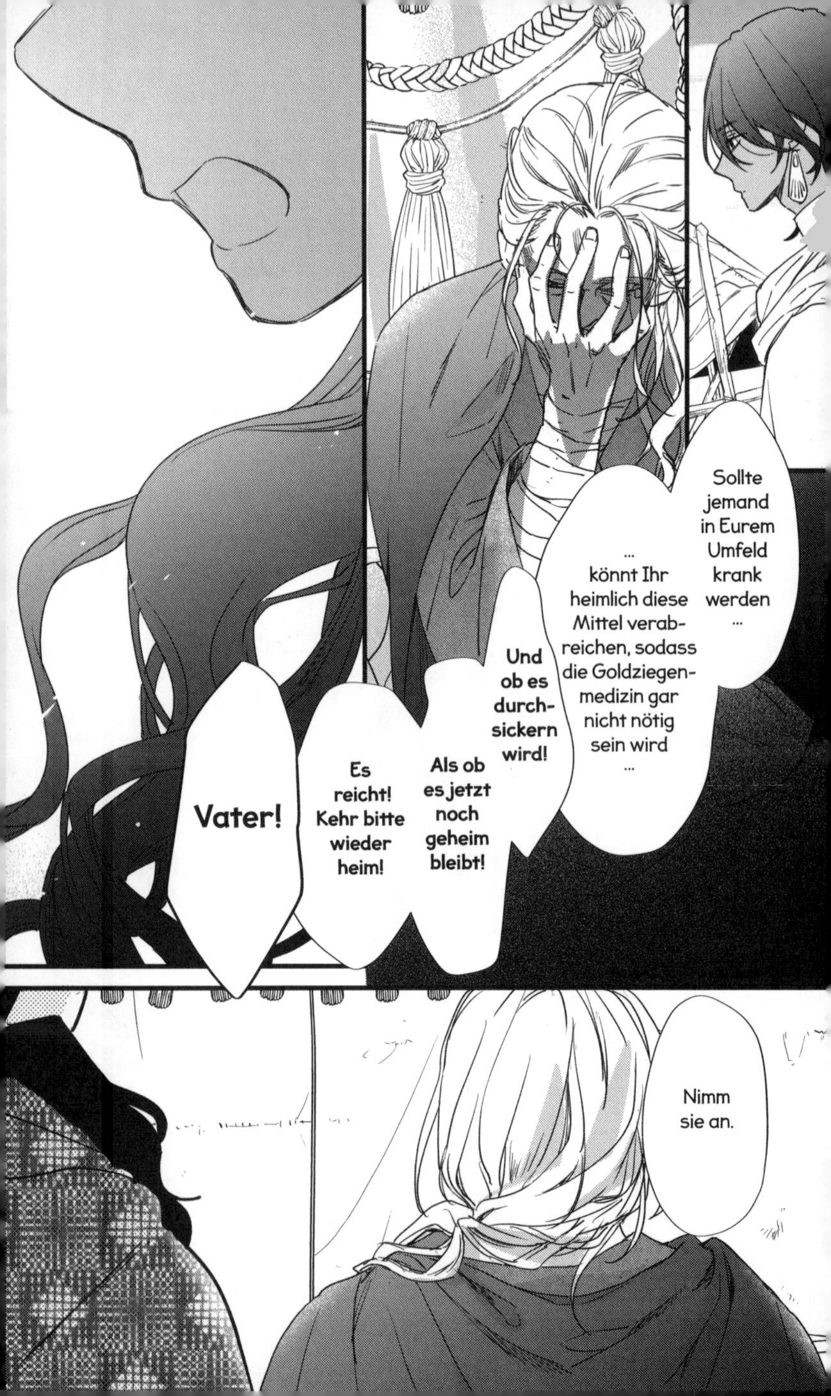
Sollte jemand in Eurem Umfeld krank werden ...
... könnt Ihr heimlich diese Mittel verabreichen, sodass die Goldziegenmedizin gar nicht nötig sein wird ...
Und ob es durchsickern wird!
Als ob es jetzt noch geheim bleibt!
Es reicht! Kehr bitte wieder heim!
Vater!
Nimm sie an.

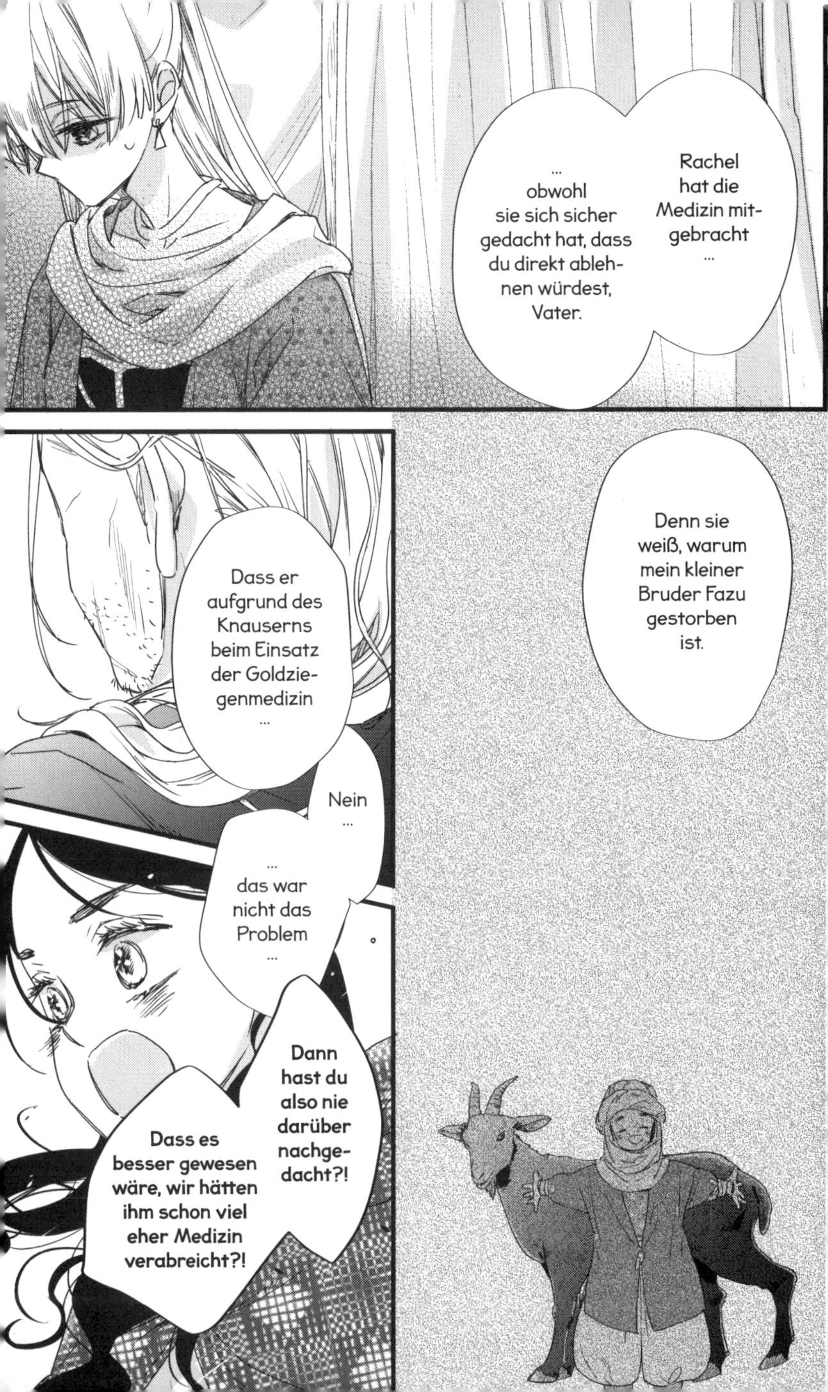

Rachel hat die Medizin mitgebracht …
… obwohl sie sich sicher gedacht hat, dass du direkt ablehnen würdest, Vater.
Denn sie weiß, warum mein kleiner Bruder Fazu gestorben ist.
Dass er aufgrund des Knauserns beim Einsatz der Goldziegenmedizin …
Nein …
… das war nicht das Problem …
Dann hast du also nie darüber nachgedacht?!
Dass es besser gewesen wäre, wir hätten ihm schon viel eher Medizin verabreicht?!

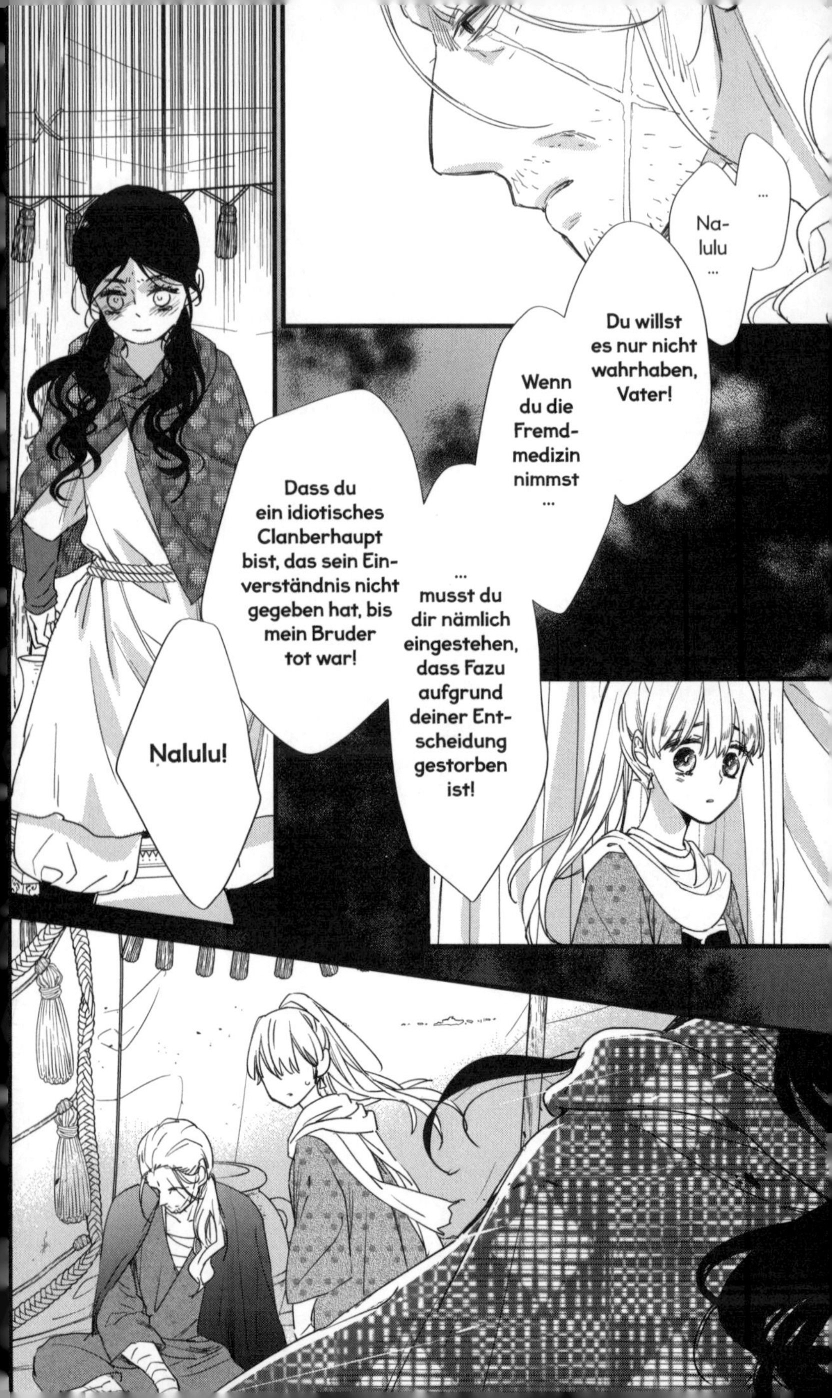

... Na-lulu ...
Du willst es nur nicht wahrhaben, Vater!
Wenn du die Fremd-medizin nimmst ...
... musst du dir nämlich eingestehen, dass Fazu aufgrund deiner Ent-scheidung gestorben ist!
Dass du ein idiotisches Clanberhaupt bist, das sein Ein-verständnis nicht gegeben hat, bis mein Bruder tot war!
Nalulu!

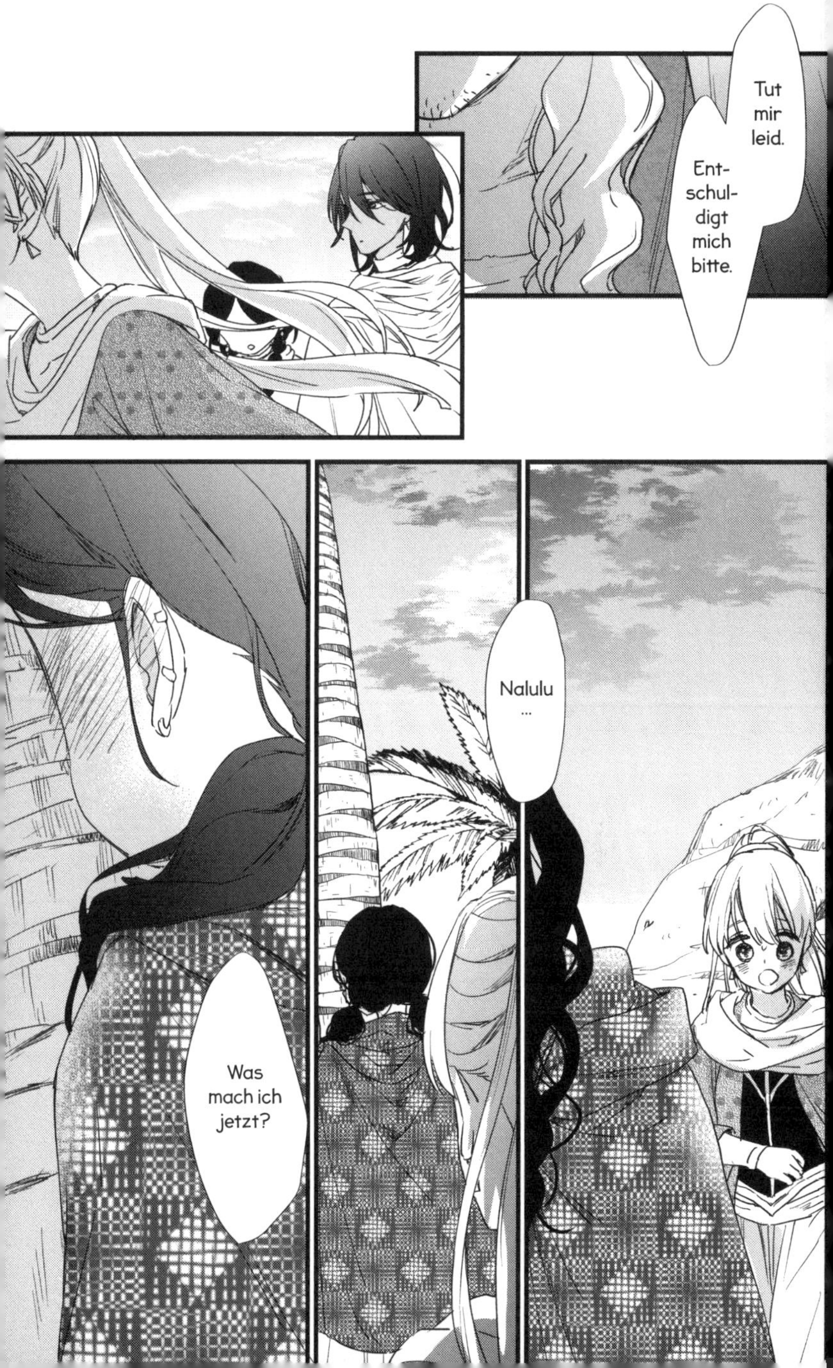

Tut mir leid.
Ent-schul-digt mich bitte.
Nalulu ...
Was mach ich jetzt?

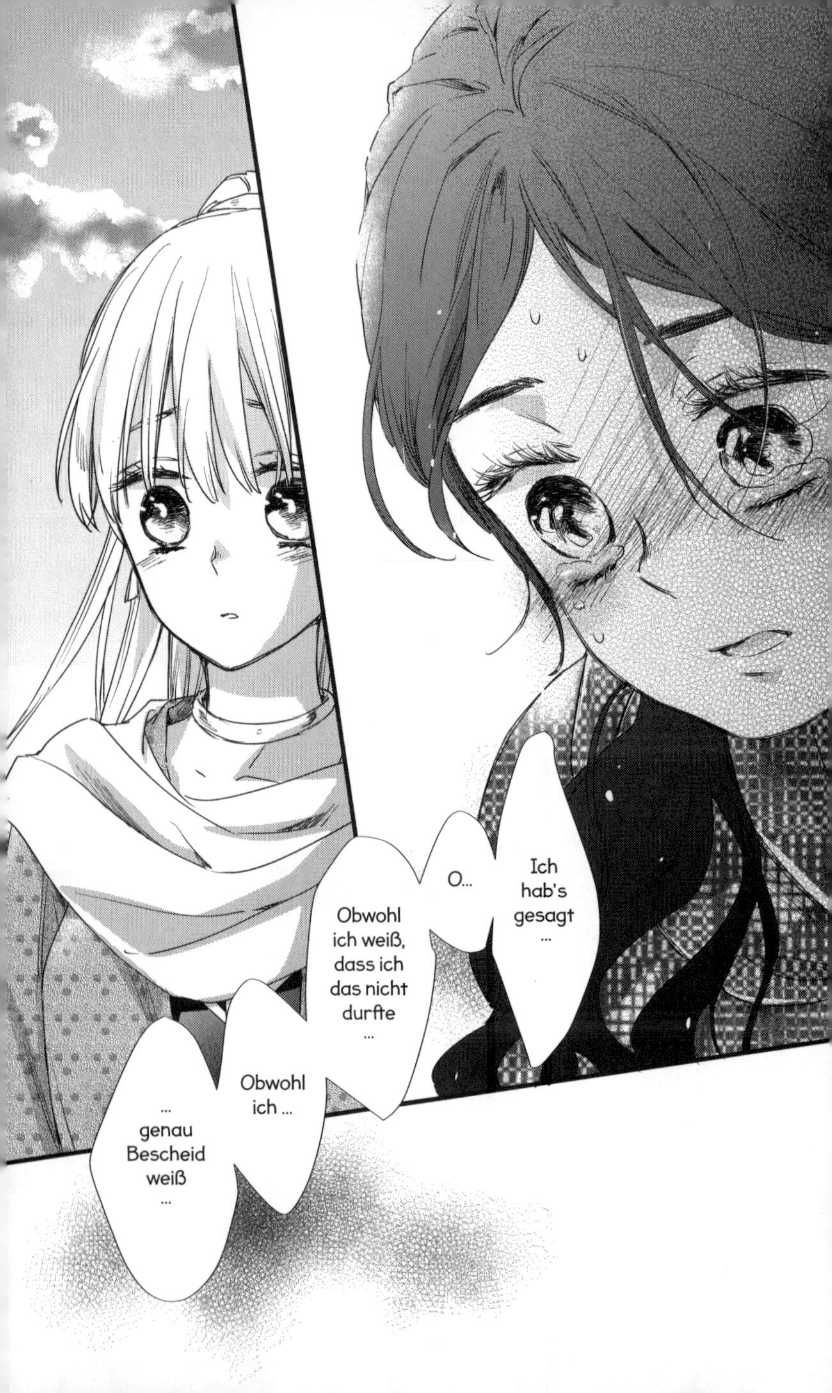
Ich hab's gesagt ...
O...
Obwohl ich weiß, dass ich das nicht durfte ...
Obwohl ich ...
... genau Bescheid weiß ...

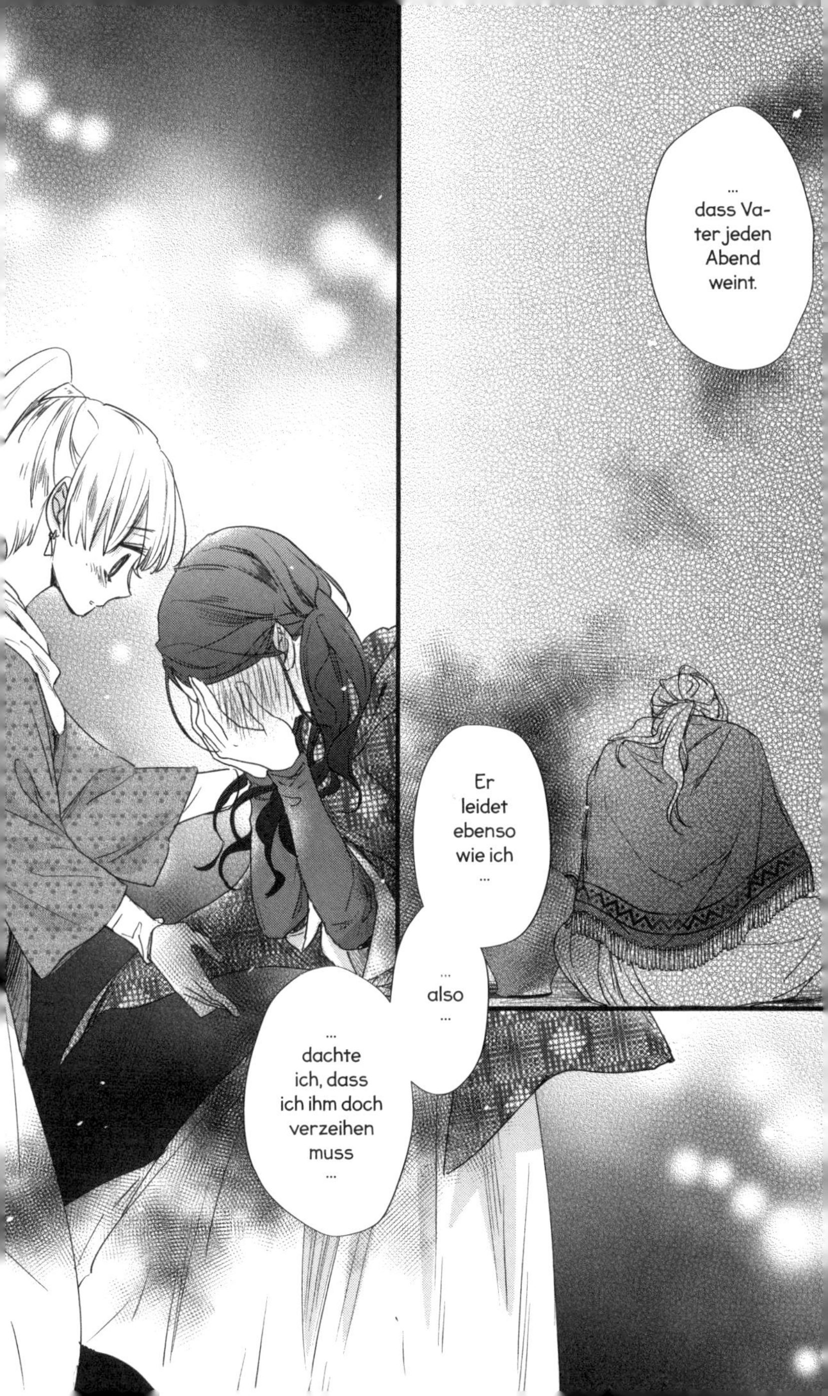
... dass Vater jeden Abend weint.
Er leidet ebenso wie ich ...
... also ...
... dachte ich, dass ich ihm doch verzeihen muss ...

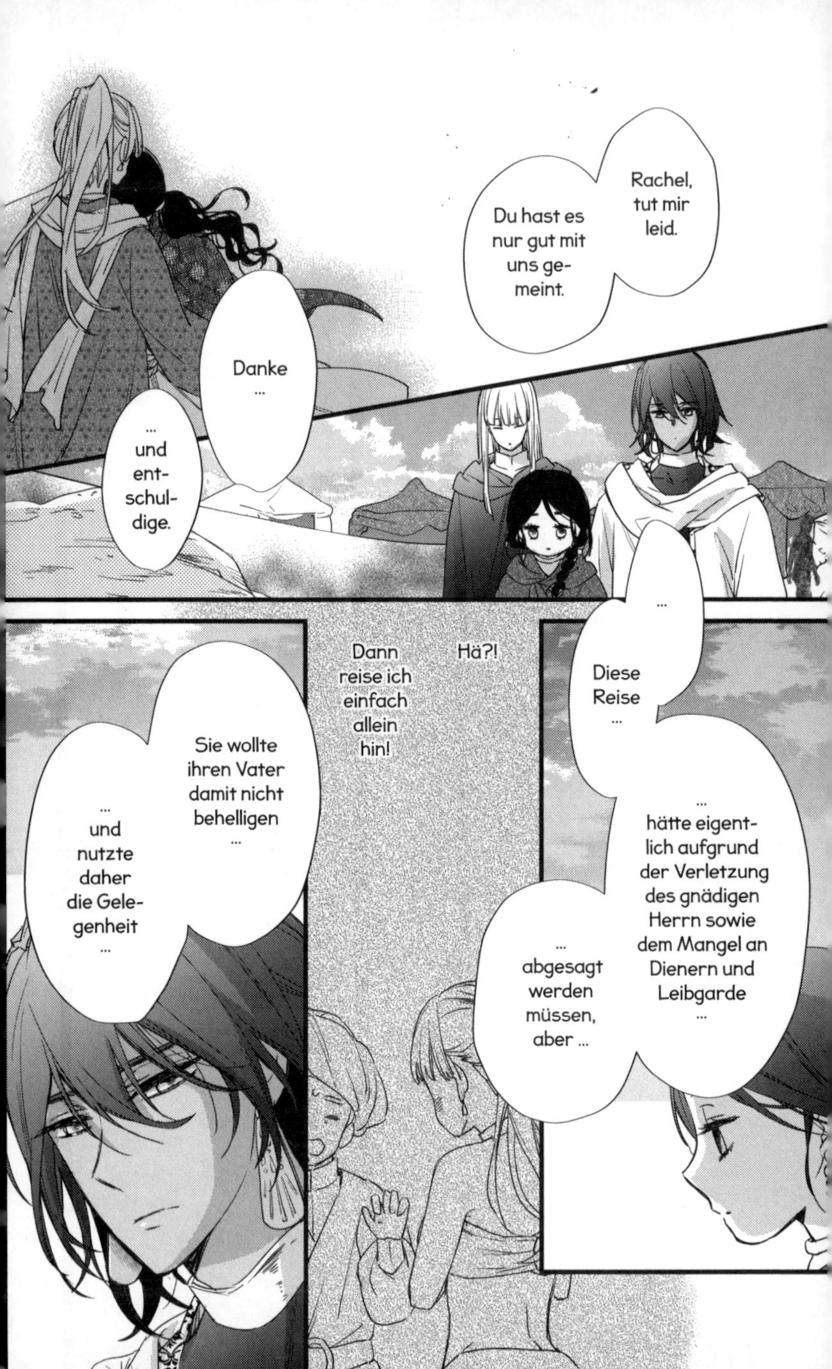
Rachel, tut mir leid.
Du hast es nur gut mit uns gemeint.
Danke …
… und entschuldige.
… Diese Reise …
… hätte eigentlich aufgrund der Verletzung des gnädigen Herrn sowie dem Mangel an Dienern und Leibgarde …
… abgesagt werden müssen, aber …
Hä?!
Dann reise ich einfach allein hin!
Sie wollte ihren Vater damit nicht behelligen …
… und nutzte daher die Gelegenheit …

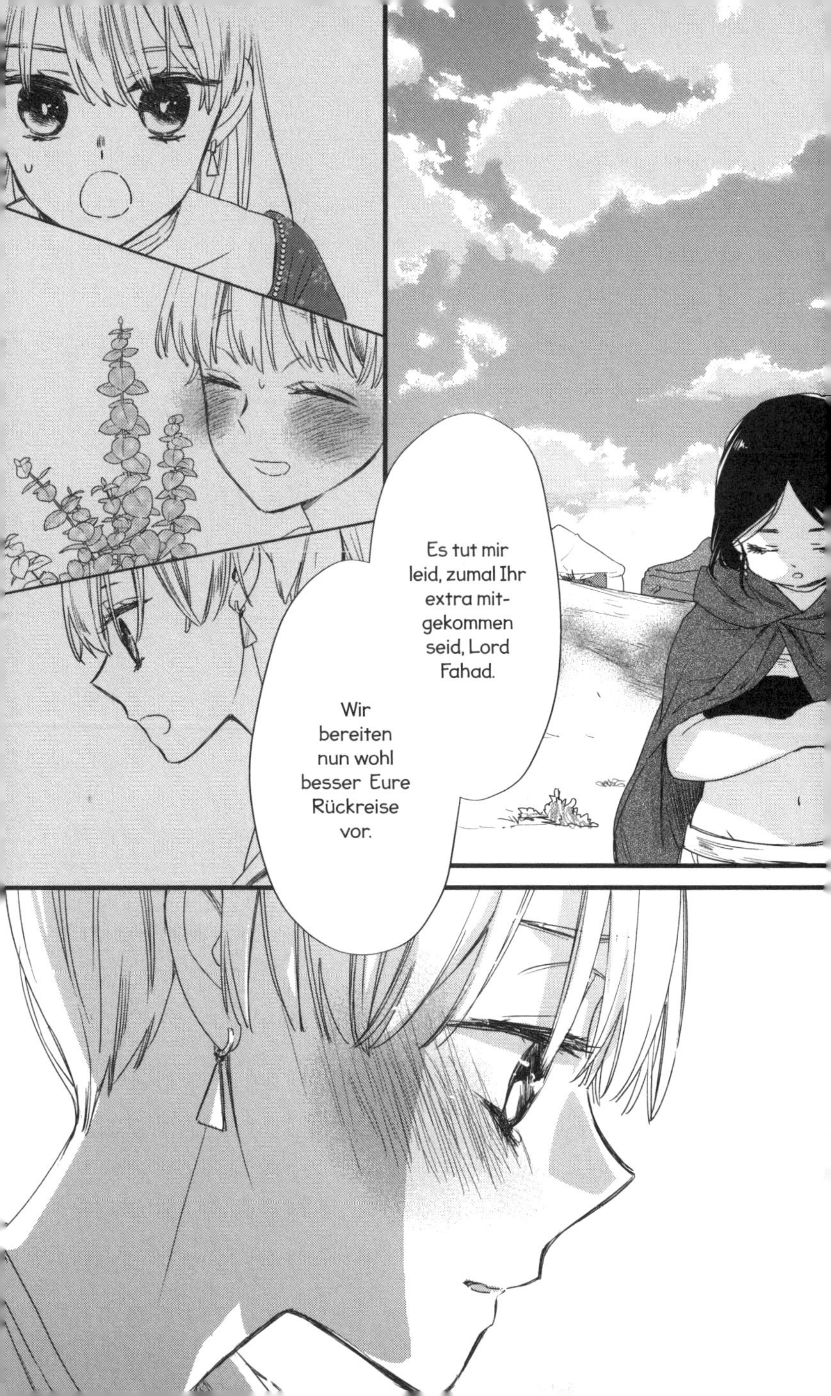
Es tut mir leid, zumal Ihr extra mit-gekommen seid, Lord Fahad.
Wir bereiten nun wohl besser Eure Rückreise vor.

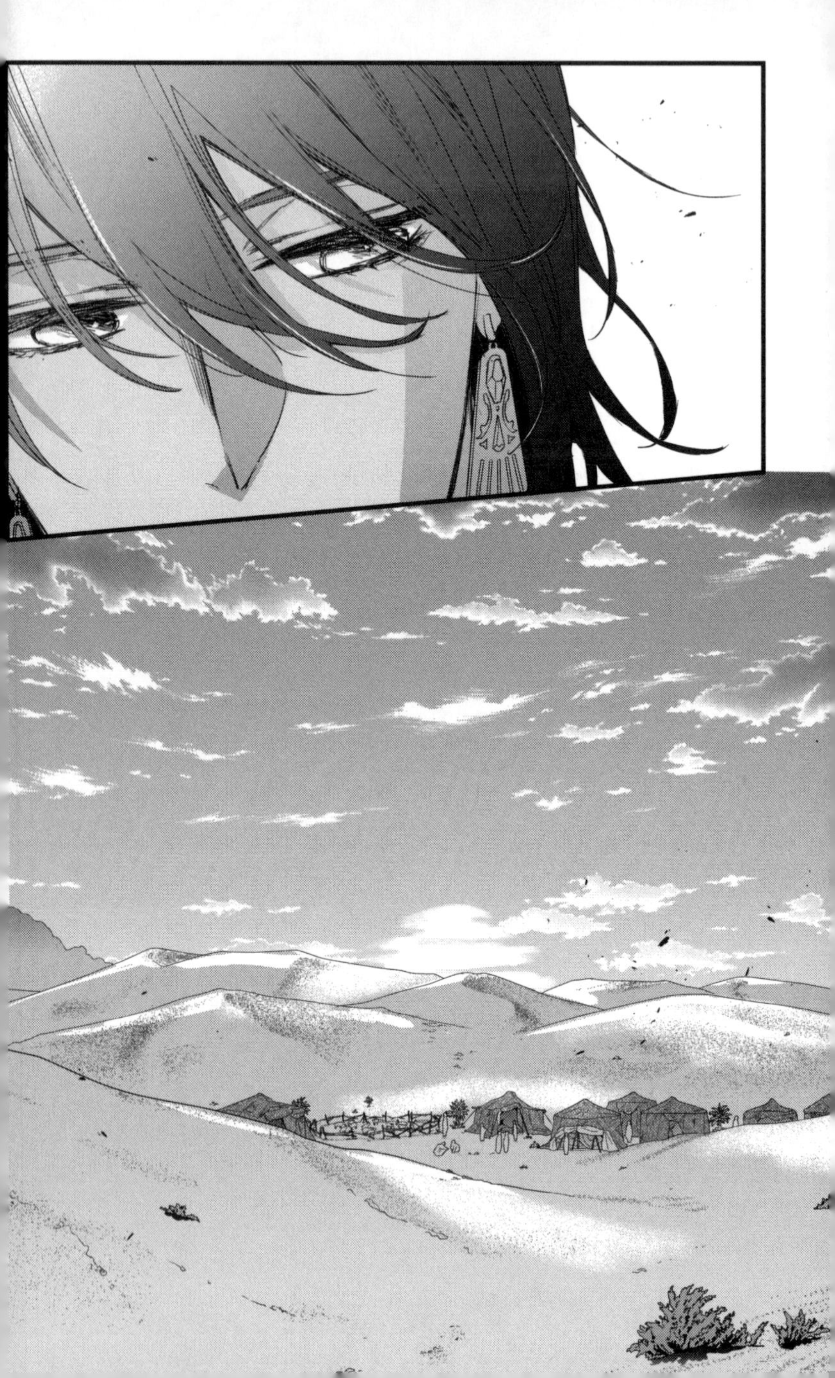

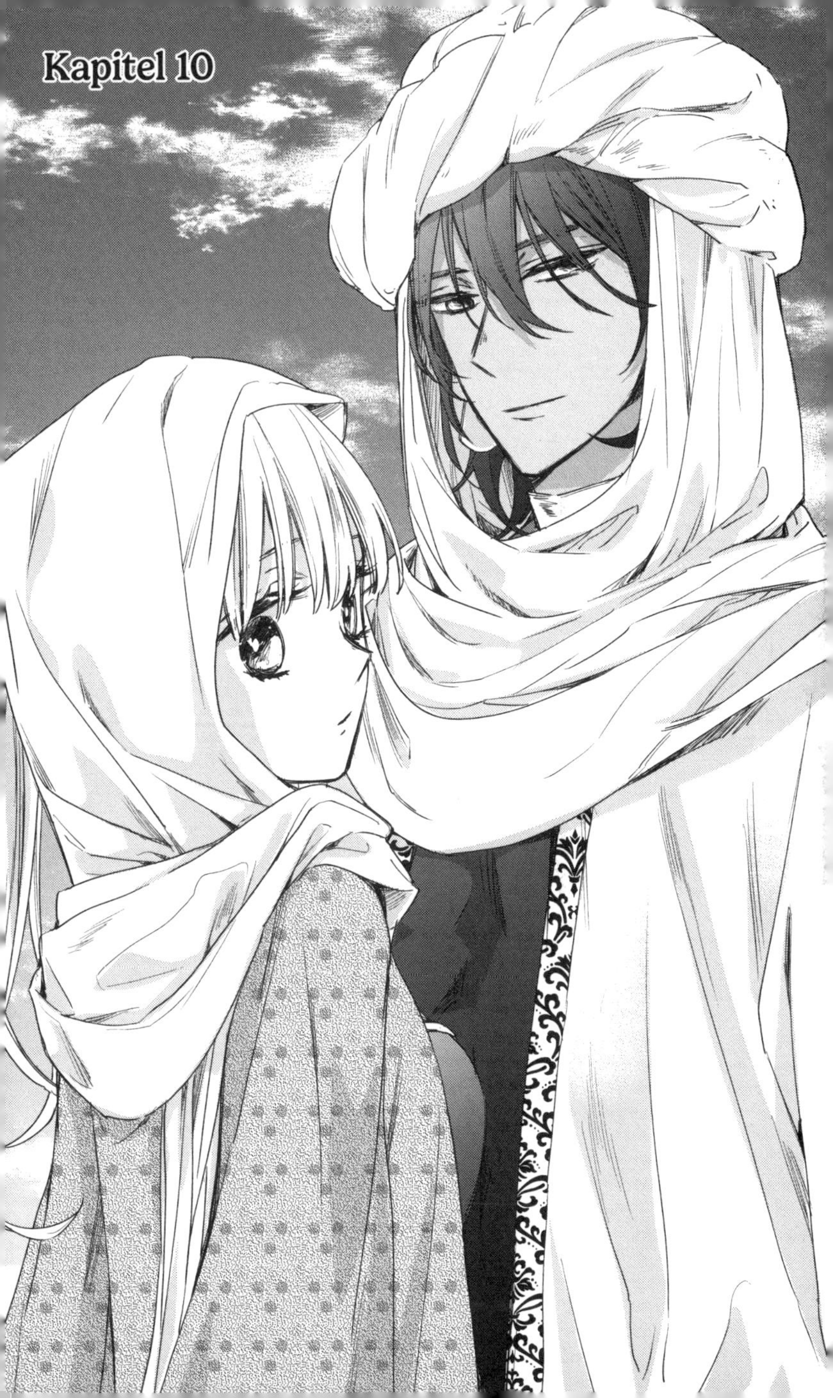
Kapitel 10

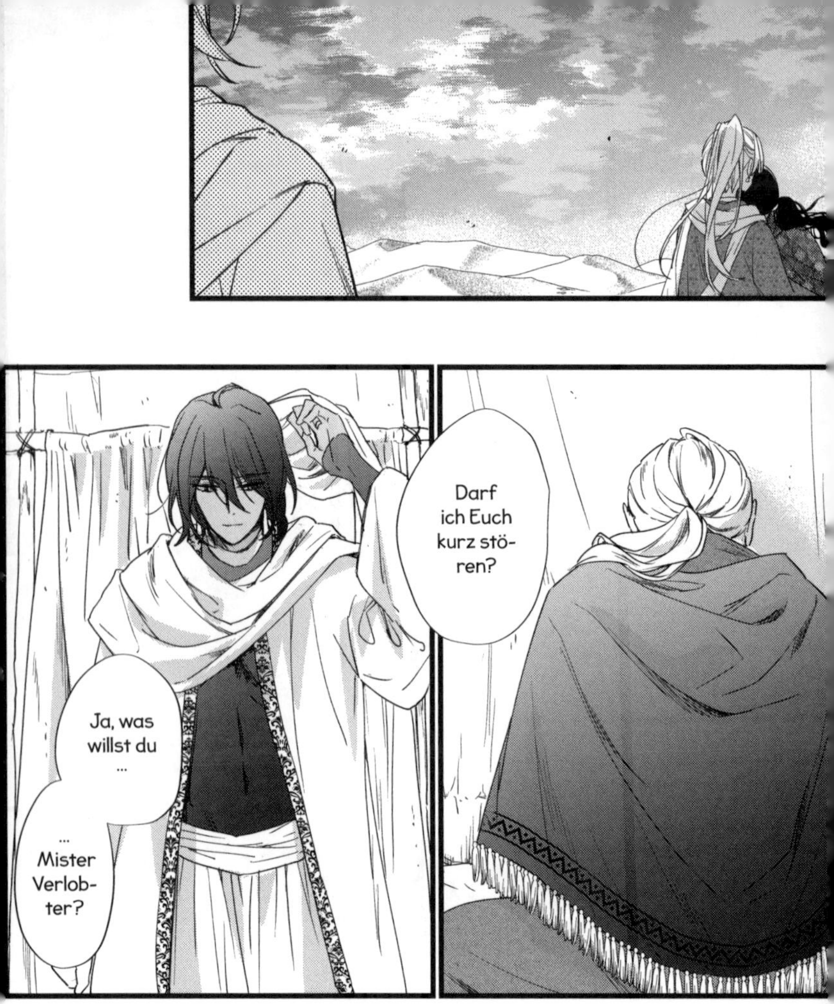

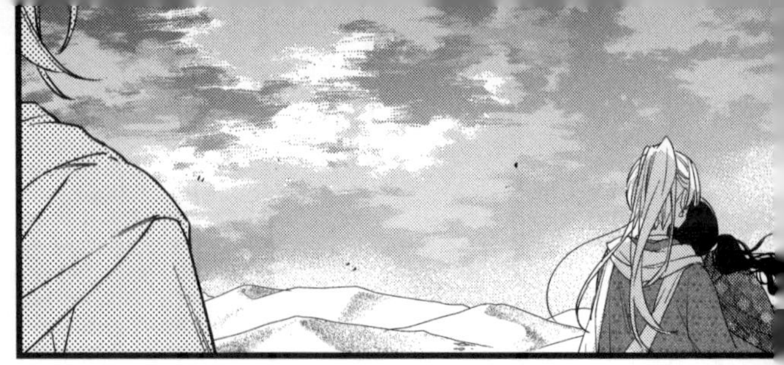

Darf ich Euch kurz stö-ren?

Ja, was willst du ...

... Mister Verlob-ter?

Gespielte Liebe

... oder doch nicht?

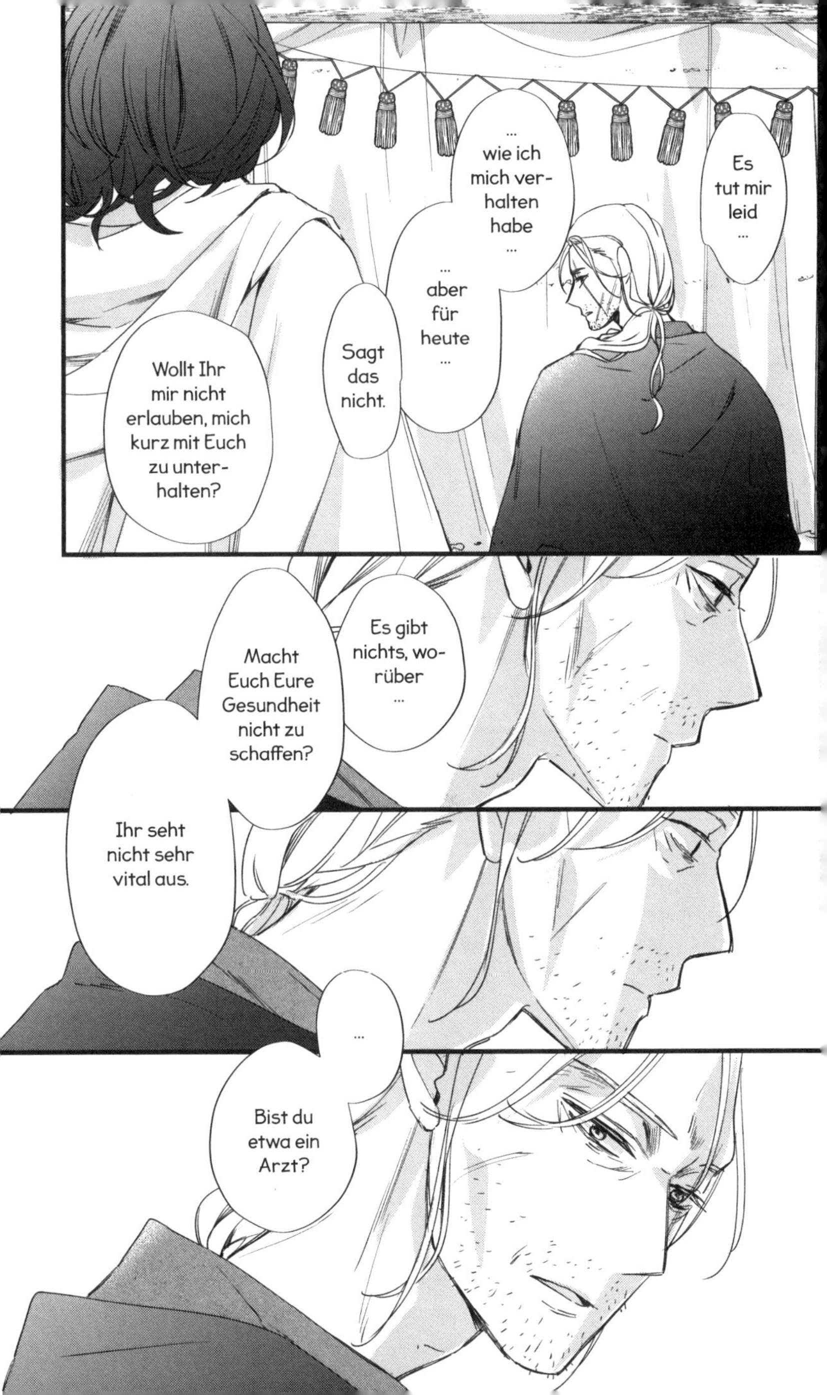
Es tut mir leid ...
... wie ich mich verhalten habe ...
... aber für heute ...
Sagt das nicht.
Wollt Ihr mir nicht erlauben, mich kurz mit Euch zu unterhalten?
Es gibt nichts, worüber ...
Macht Euch Eure Gesundheit nicht zu schaffen?
Ihr seht nicht sehr vital aus.
...
Bist du etwa ein Arzt?

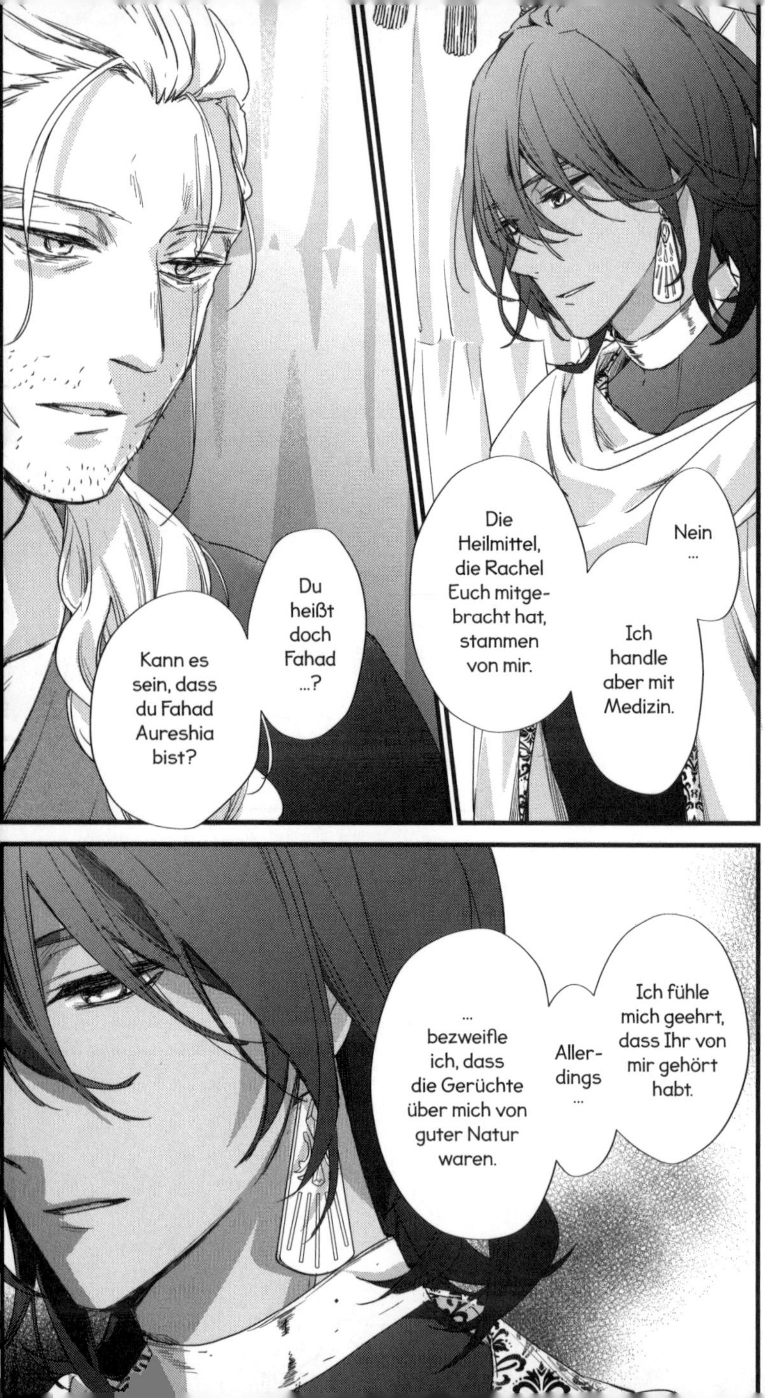

Nein ...
Ich handle aber mit Medizin.
Die Heilmittel, die Rachel Euch mitgebracht hat, stammen von mir.
Du heißt doch Fahad ...?
Kann es sein, dass du Fahad Aureshia bist?
Ich fühle mich geehrt, dass Ihr von mir gehört habt.
Allerdings ...
... bezweifle ich, dass die Gerüchte über mich von guter Natur waren.

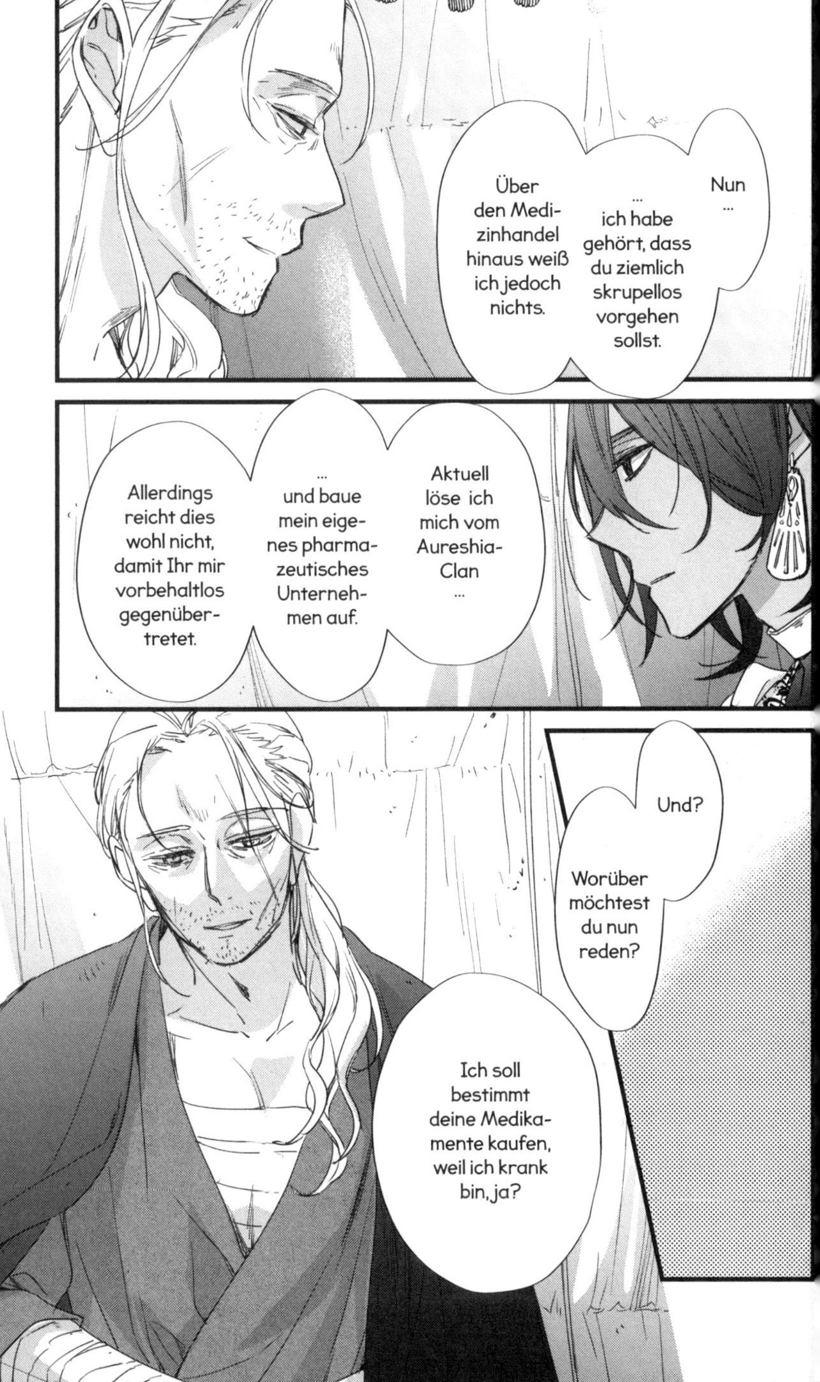

Nun ...
... ich habe gehört, dass du ziemlich skrupellos vorgehen sollst.
Über den Medizinhandel hinaus weiß ich jedoch nichts.
Aktuell löse ich mich vom Aureshia-Clan ...
... und baue mein eigenes pharmazeutisches Unternehmen auf.
Allerdings reicht dies wohl nicht, damit Ihr mir vorbehaltlos gegenübertretet.
Und?
Worüber möchtest du nun reden?
Ich soll bestimmt deine Medikamente kaufen, weil ich krank bin, ja?

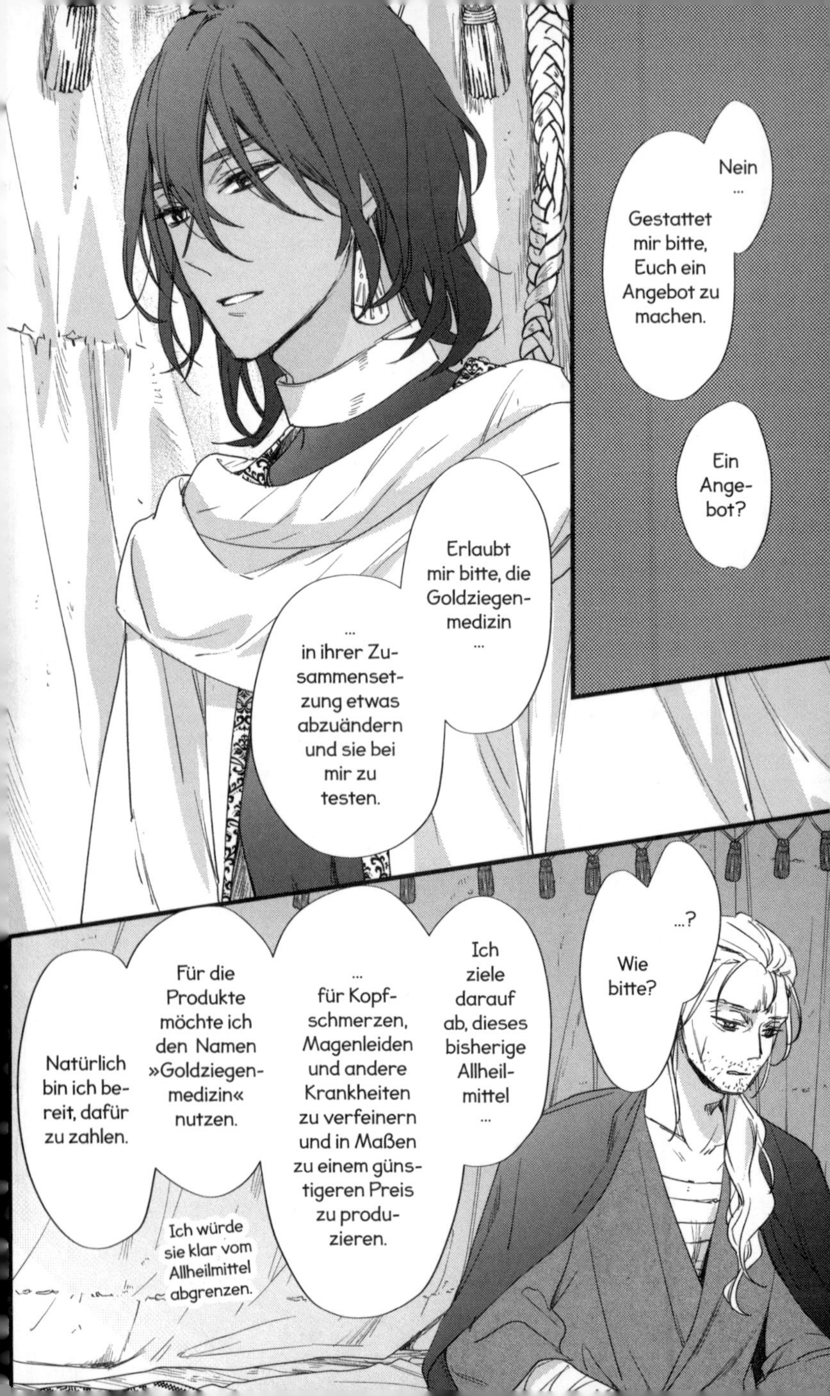

Nein ...
Gestattet mir bitte, Euch ein Angebot zu machen.
Ein Angebot?
Erlaubt mir bitte, die Goldziegenmedizin ...
... in ihrer Zusammensetzung etwas abzuändern und sie bei mir zu testen.
...?
Wie bitte?
Ich ziele darauf ab, dieses bisherige Allheilmittel ...
... für Kopfschmerzen, Magenleiden und andere Krankheiten zu verfeinern und in Maßen zu einem günstigeren Preis zu produzieren.
Für die Produkte möchte ich den Namen »Goldziegenmedizin« nutzen.
Ich würde sie klar vom Allheilmittel abgrenzen.
Natürlich bin ich bereit, dafür zu zahlen.

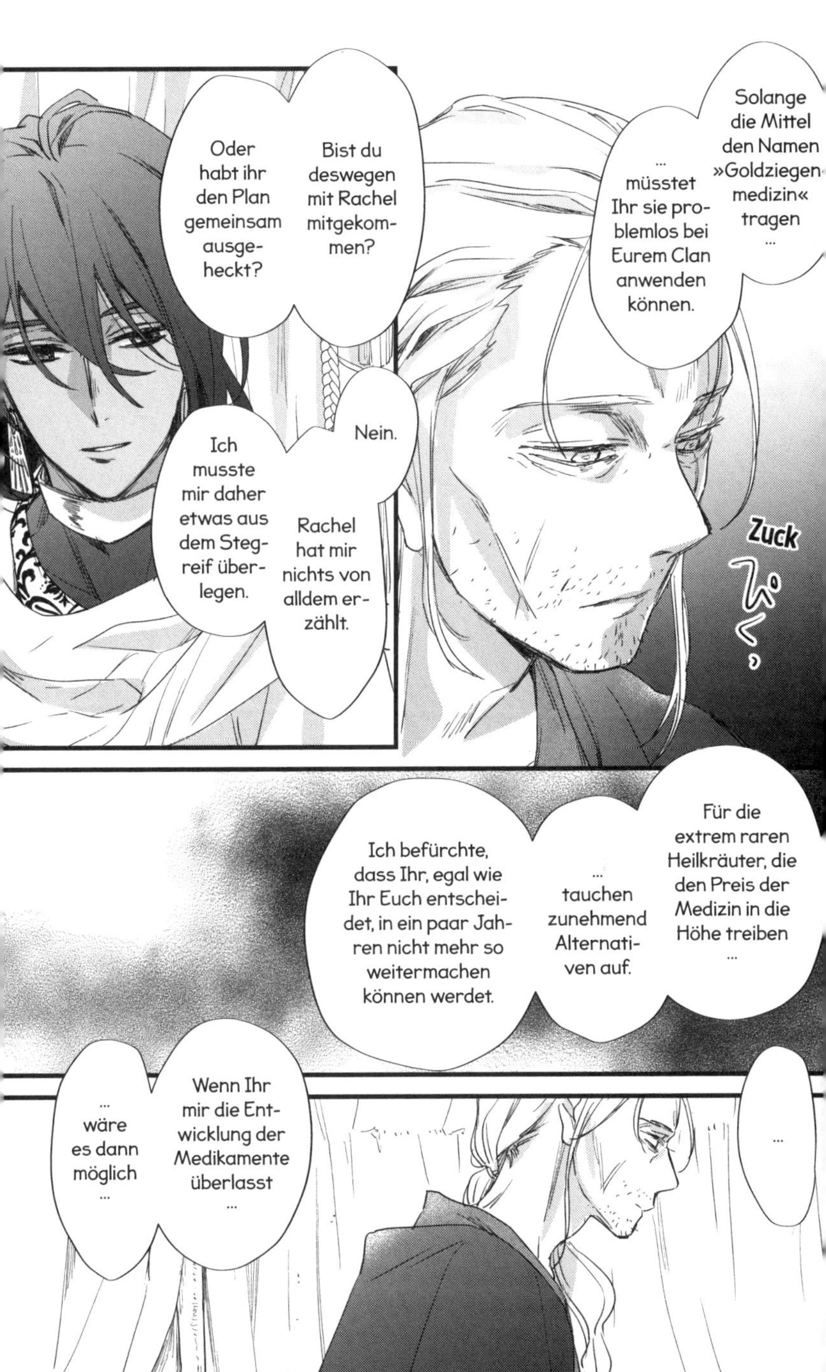
Solange die Mittel den Namen »Goldziegenmedizin« tragen ...
... müsstet Ihr sie problemlos bei Eurem Clan anwenden können.
Zuck
Bist du deswegen mit Rachel mitgekommen?
Oder habt ihr den Plan gemeinsam ausgeheckt?
Nein.
Rachel hat mir nichts von alldem erzählt.
Ich musste mir daher etwas aus dem Stegreif überlegen.
Für die extrem raren Heilkräuter, die den Preis der Medizin in die Höhe treiben ...
... tauchen zunehmend Alternativen auf.
Ich befürchtete, dass Ihr, egal wie Ihr Euch entscheidet, in ein paar Jahren nicht mehr so weitermachen können werdet.
...
Wenn Ihr mir die Entwicklung der Medikamente überlasst ...
... wäre es dann möglich ...

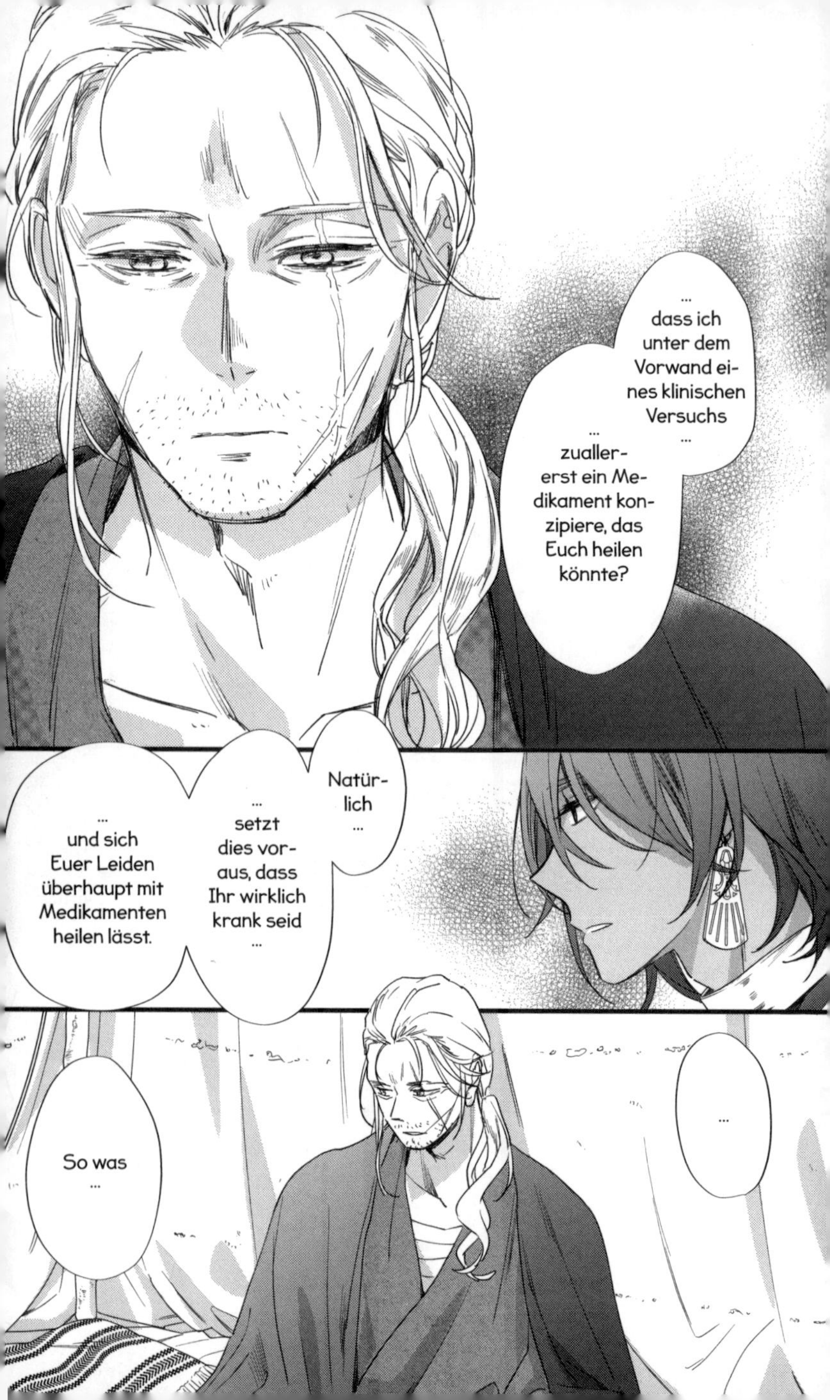
... dass ich unter dem Vorwand ei-nes klinischen Versuchs ...
... zualler-erst ein Me-dikament kon-zipiere, das Euch heilen könnte?
Natür-lich ...
... setzt dies vor-aus, dass Ihr wirklich krank seid ...
... und sich Euer Leiden überhaupt mit Medikamenten heilen lässt.
...
So was ...

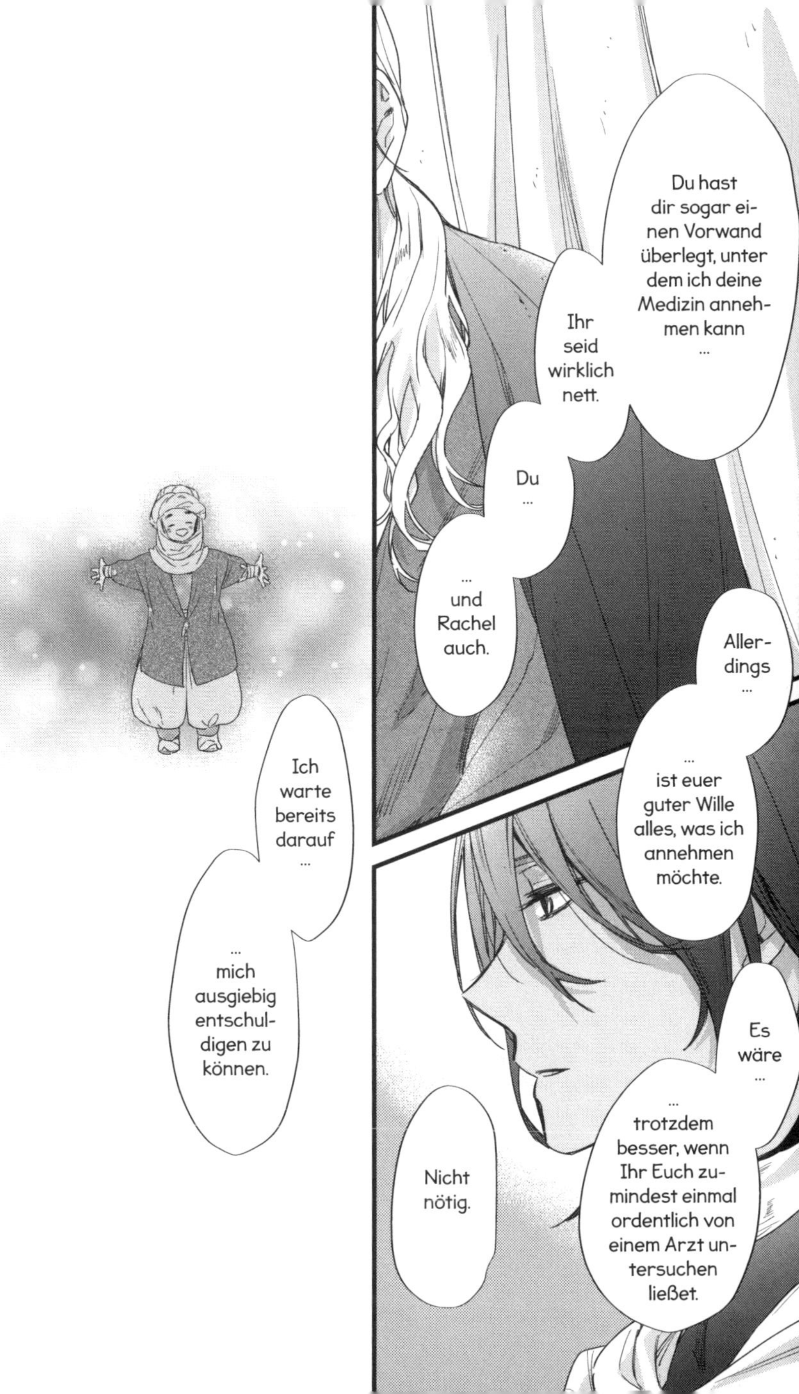

Du hast dir sogar einen Vorwand überlegt, unter dem ich deine Medizin annehmen kann ...
Ihr seid wirklich nett.
Du ...
... und Rachel auch.
Allerdings ...
... ist euer guter Wille alles, was ich annehmen möchte.
Es wäre ...
... trotzdem besser, wenn Ihr Euch zumindest einmal ordentlich von einem Arzt untersuchen ließet.
Nicht nötig.
Ich warte bereits darauf ...
... mich ausgiebig entschuldigen zu können.

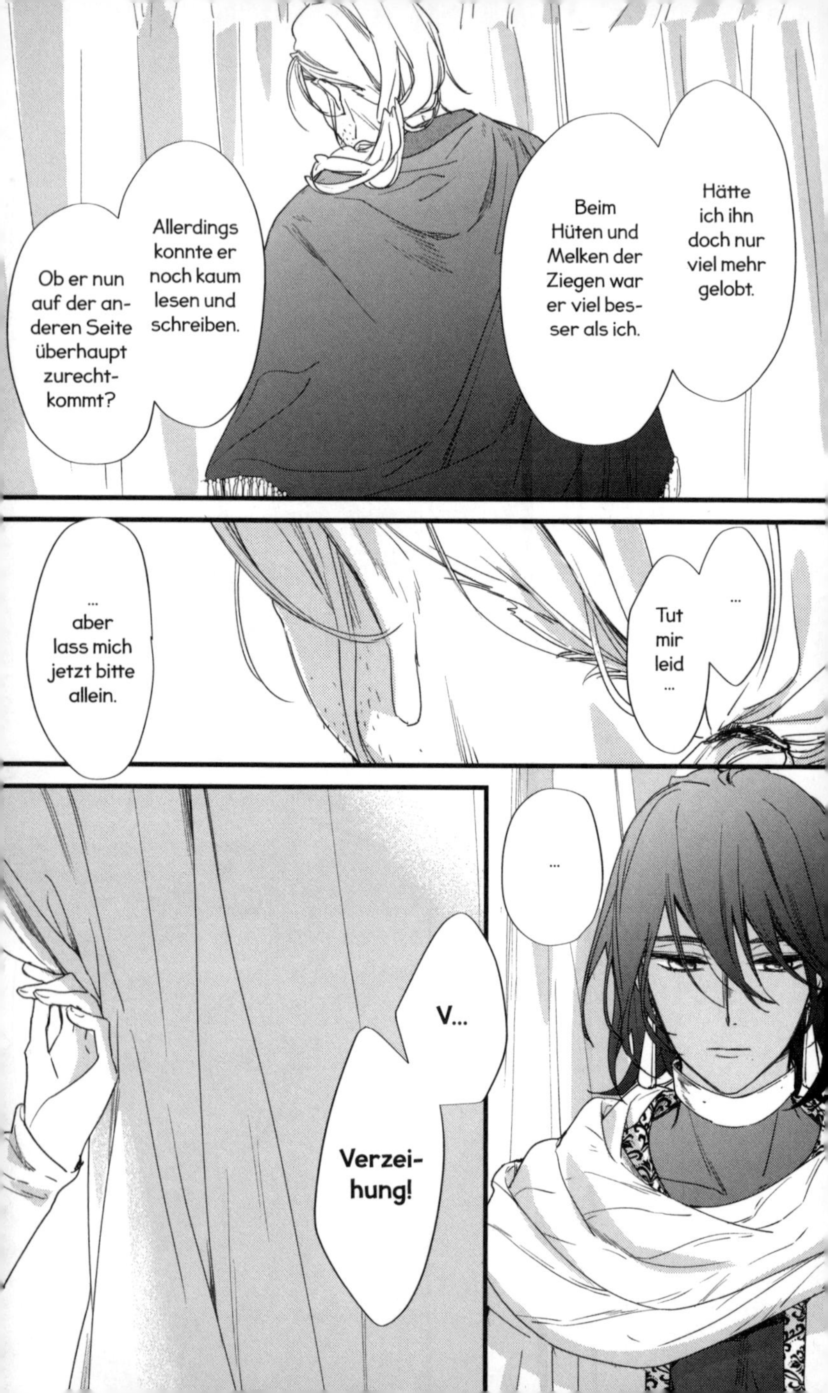
Hätte ich ihn doch nur viel mehr gelobt.
Beim Hüten und Melken der Ziegen war er viel besser als ich.
Allerdings konnte er noch kaum lesen und schreiben.
Ob er nun auf der anderen Seite überhaupt zurechtkommt?
... Tut mir leid ...
... aber lass mich jetzt bitte allein.
...
V...
Verzeihung!

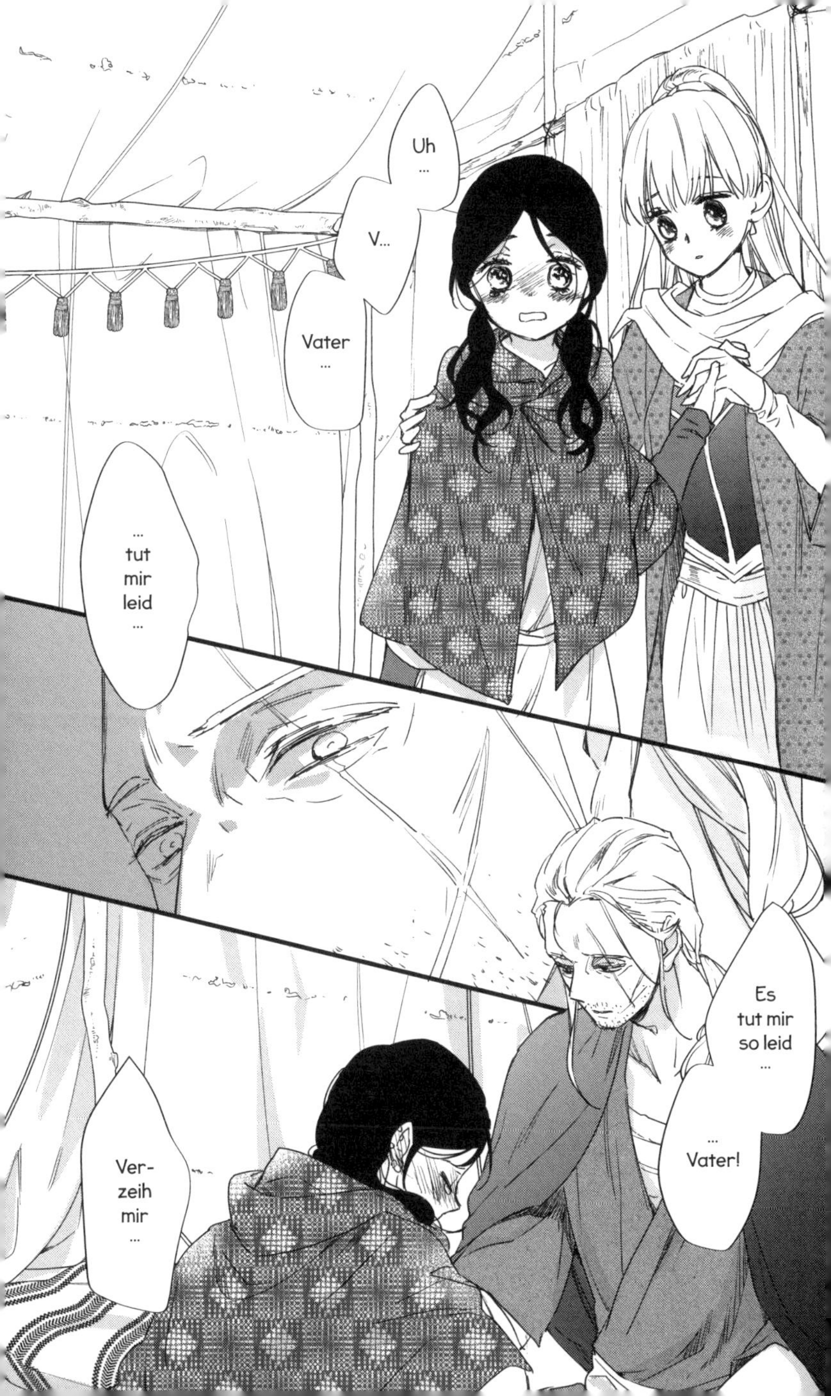
Uh …
V…
Vater …
… tut mir leid …
Es tut mir so leid …
… Vater!
Ver-zeih mir …

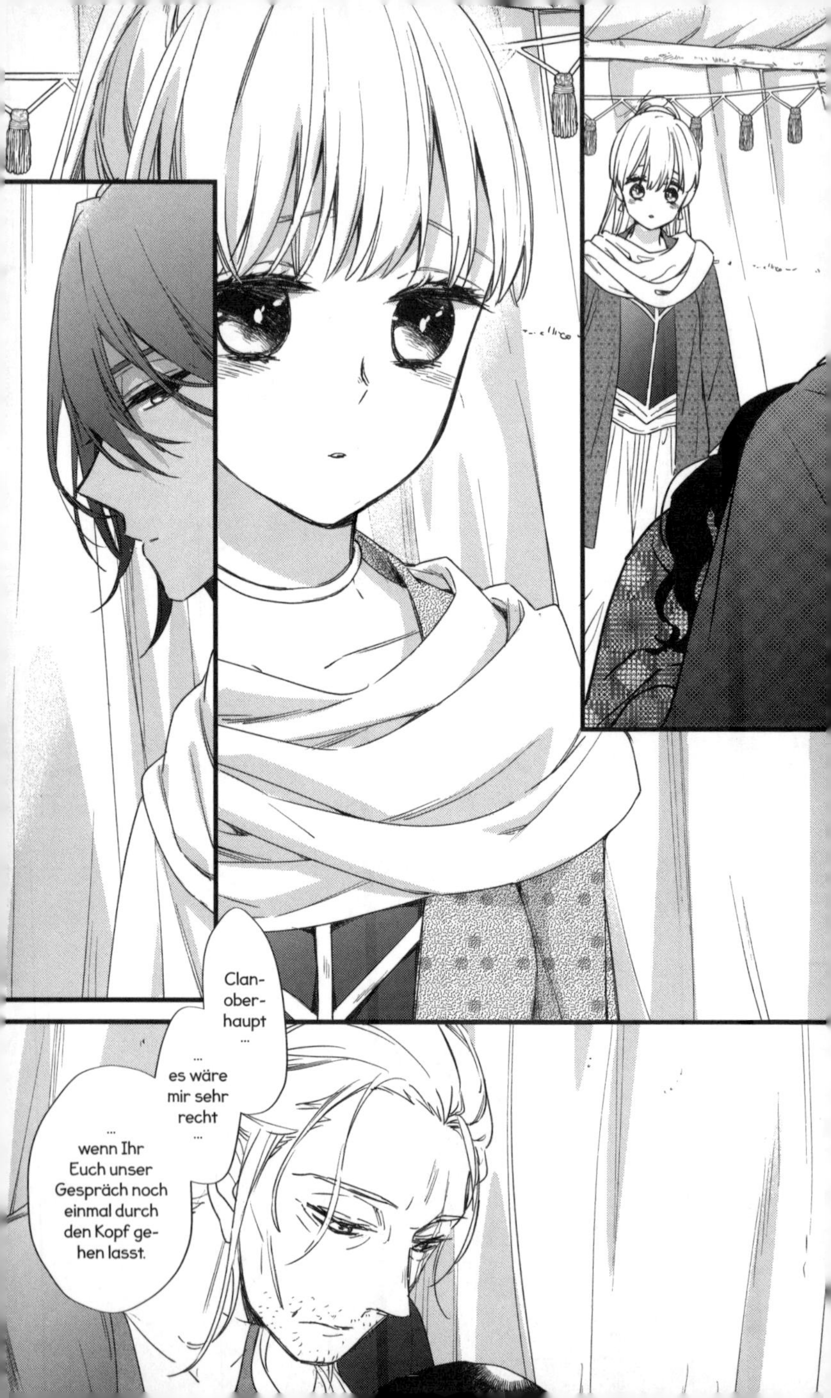
Clan-
oberhaupt
...
... es wäre mir sehr recht ...
... wenn Ihr Euch unser Gespräch noch einmal durch den Kopf gehen lasst.

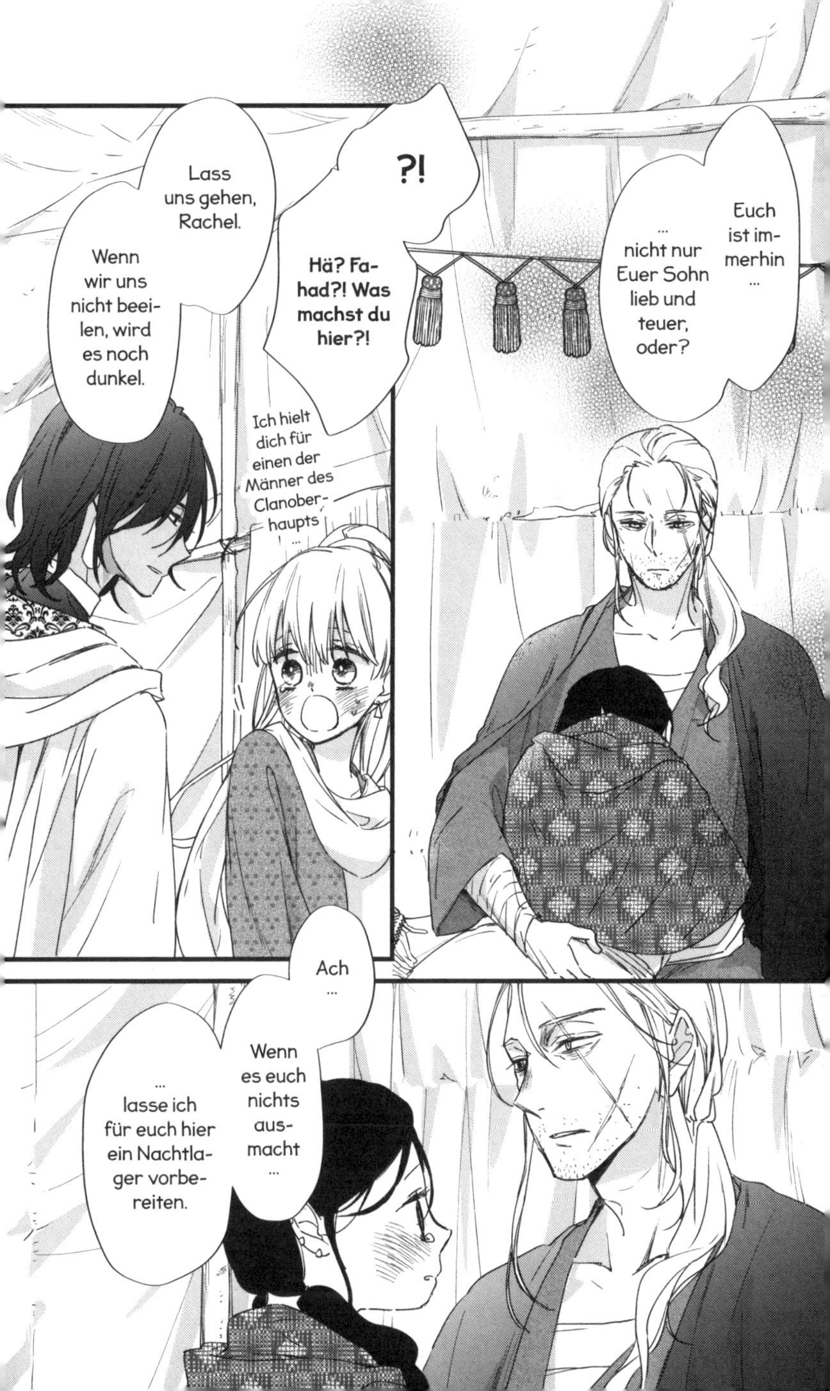

Euch ist immerhin ...
... nicht nur Euer Sohn lieb und teuer, oder?
?!
Hä? Fahad?! Was machst du hier?!
Lass uns gehen, Rachel.
Wenn wir uns nicht beeilen, wird es noch dunkel.
Ich hielt dich für einen der Männer des Clanoberhaupts ...
Ach ...
Wenn es euch nichts ausmacht ...
... lasse ich für euch hier ein Nachtlager vorbereiten.

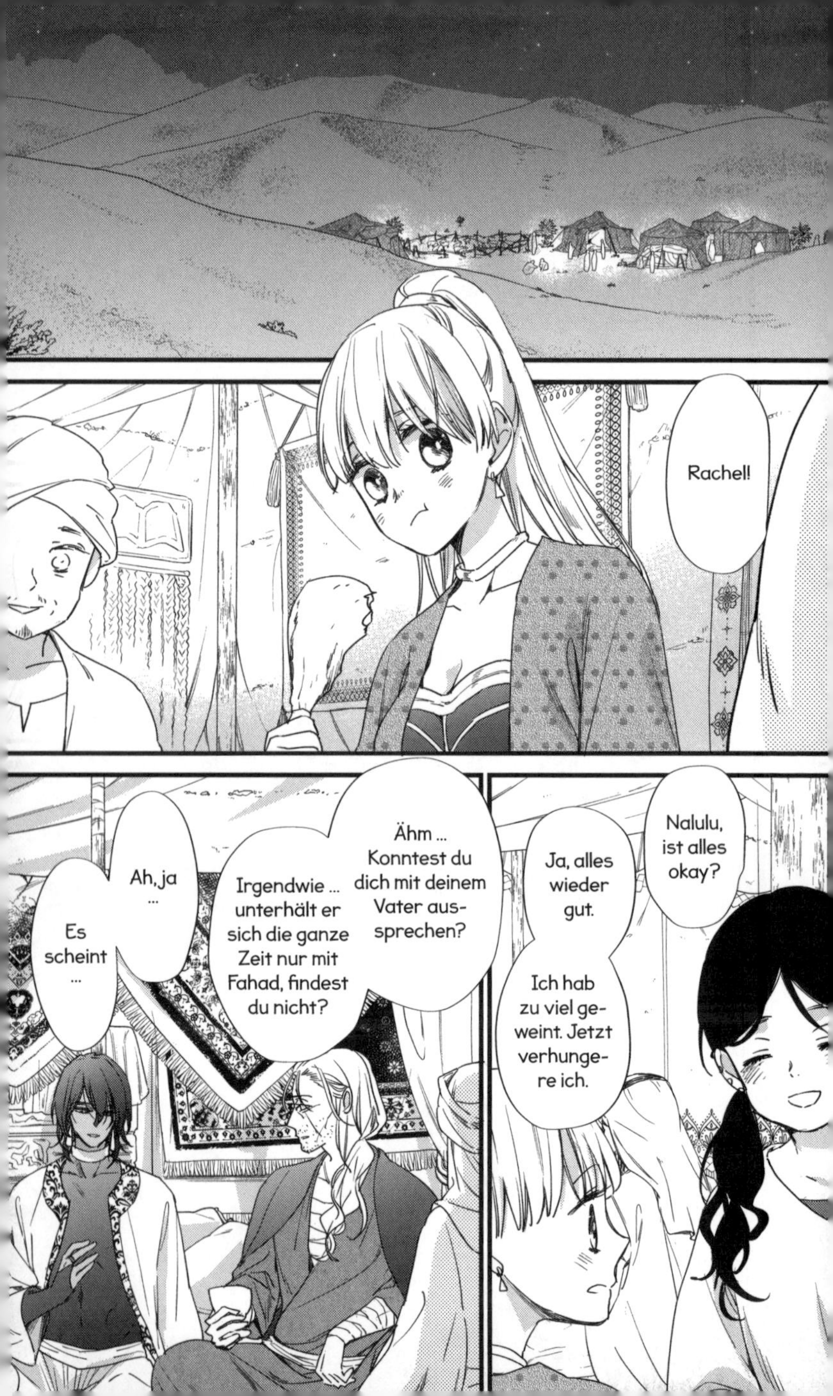
Rachel!
Nalulu, ist alles okay?
Ja, alles wieder gut.
Ich hab zu viel geweint. Jetzt verhungere ich.
Ähm ... Konntest du dich mit deinem Vater aussprechen?
Irgendwie ... unterhält er sich die ganze Zeit nur mit Fahad, findest du nicht?
Ah, ja ...
Es scheint ...

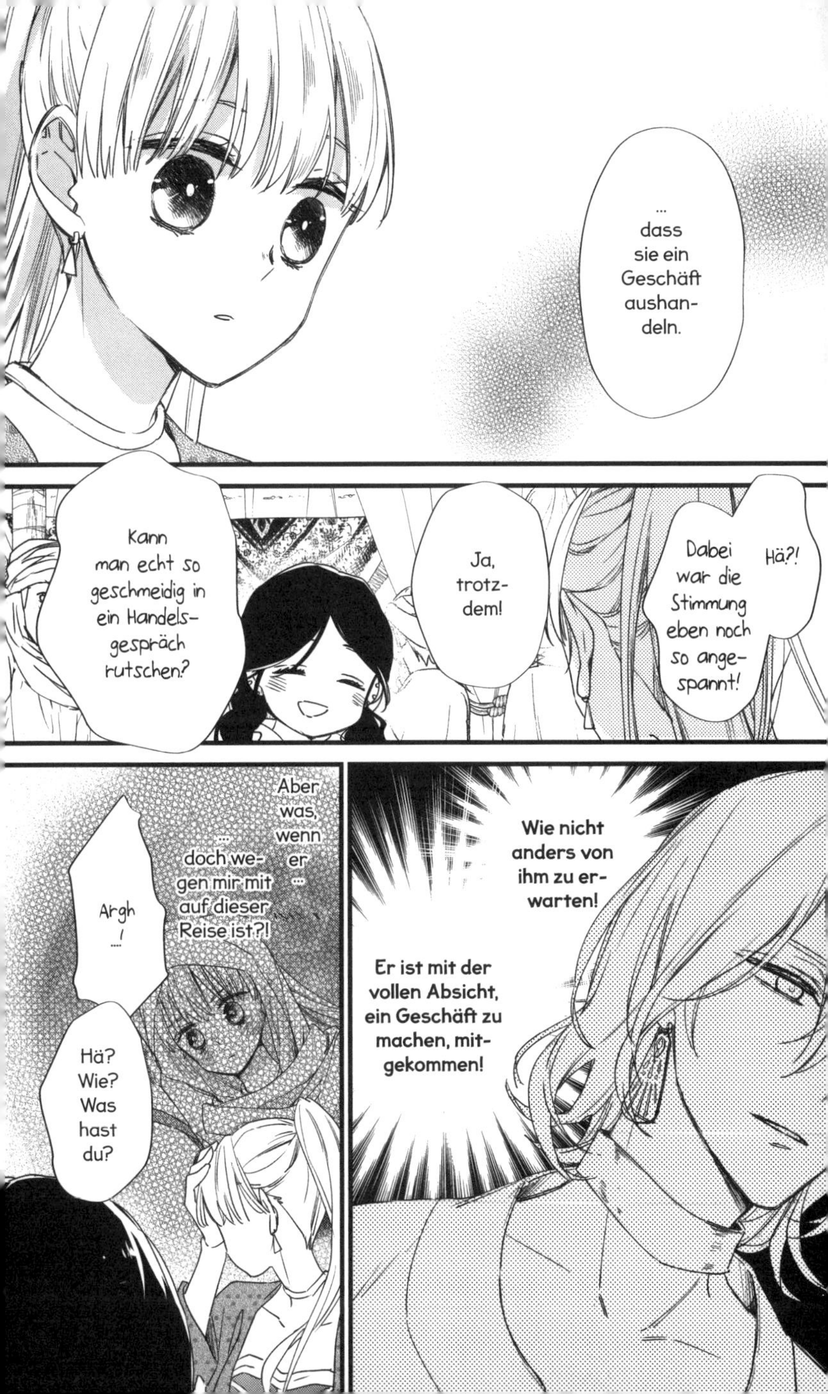
... dass sie ein Geschäft aushandeln.
Hä?!
Dabei war die Stimmung eben noch so angespannt!
Ja, trotzdem!
Kann man echt so geschmeidig in ein Handelsgespräch rutschen?
Wie nicht anders von ihm zu erwarten!
Er ist mit der vollen Absicht, ein Geschäft zu machen, mitgekommen!
Aber was, wenn er ...
... doch wegen mir mit auf dieser Reise ist?!
Argh ...!
Hä? Wie? Was hast du?

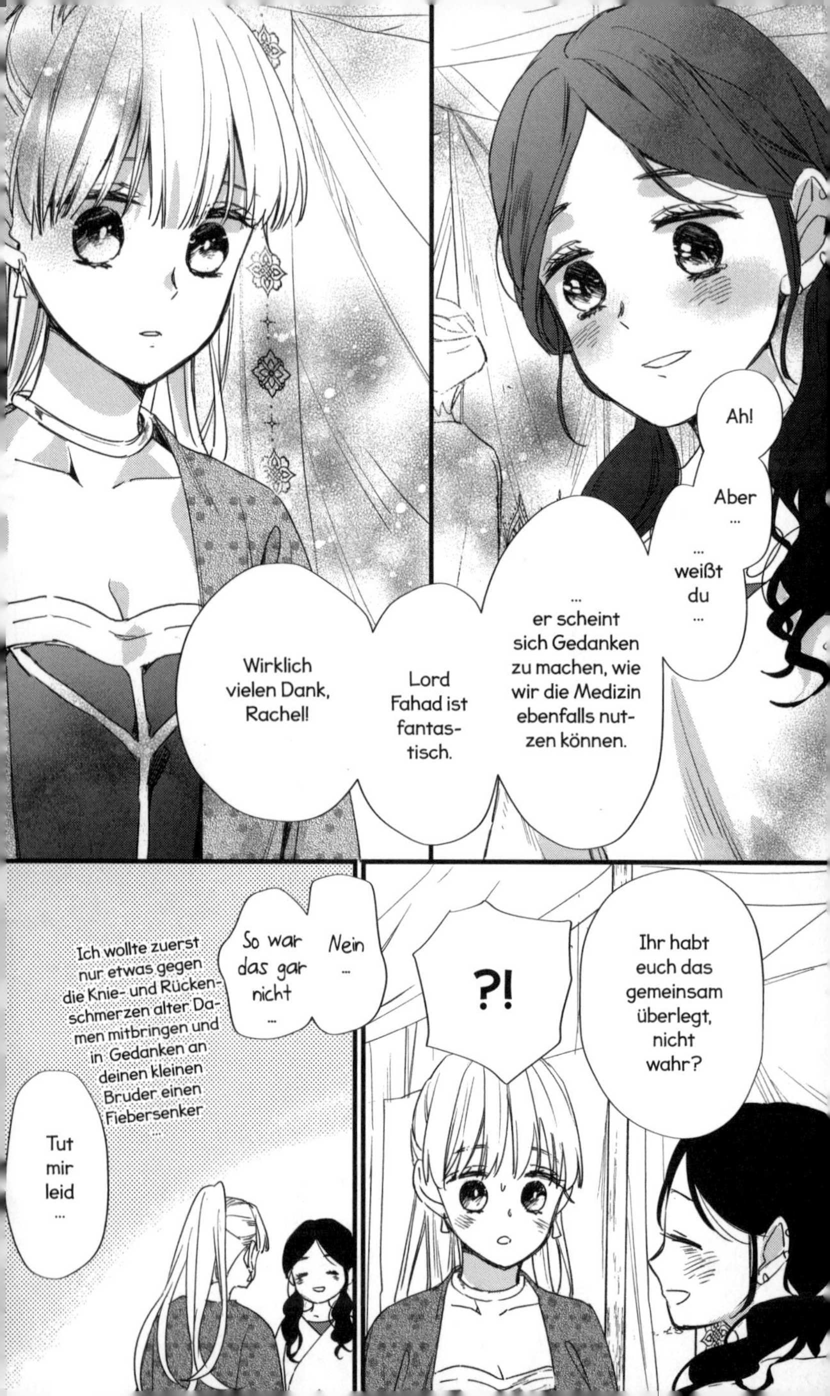
Ah!
Aber ...
... weißt du ...
... er scheint sich Gedanken zu machen, wie wir die Medizin ebenfalls nut-zen können.
Lord Fahad ist fantas-tisch.
Wirklich vielen Dank, Rachel!
Ihr habt euch das gemeinsam überlegt, nicht wahr?
?!
Nein ...
So war das gar nicht ...
Ich wollte zuerst nur etwas gegen die Knie- und Rücken-schmerzen alter Da-men mitbringen und in Gedanken an deinen kleinen Bruder einen Fiebersenker ...
Tut mir leid ...

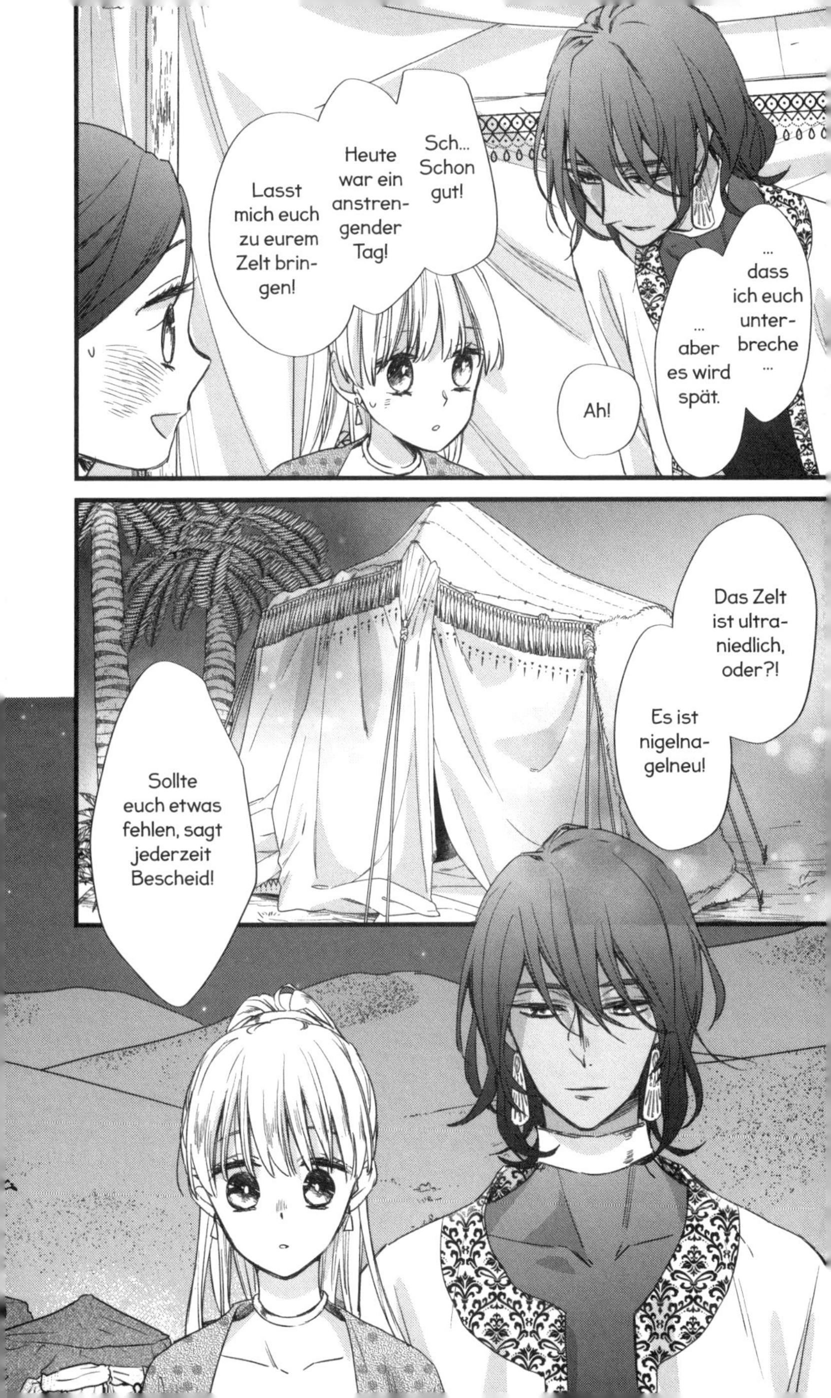

... dass ich euch unterbreche ... ... aber es wird spät.
Ah!
Sch... Schon gut!
Heute war ein anstrengender Tag!
Lasst mich euch zu eurem Zelt bringen!
Das Zelt ist ultraniedlich, oder?!
Es ist nigelnagelneu!
Sollte euch etwas fehlen, sagt jederzeit Bescheid!

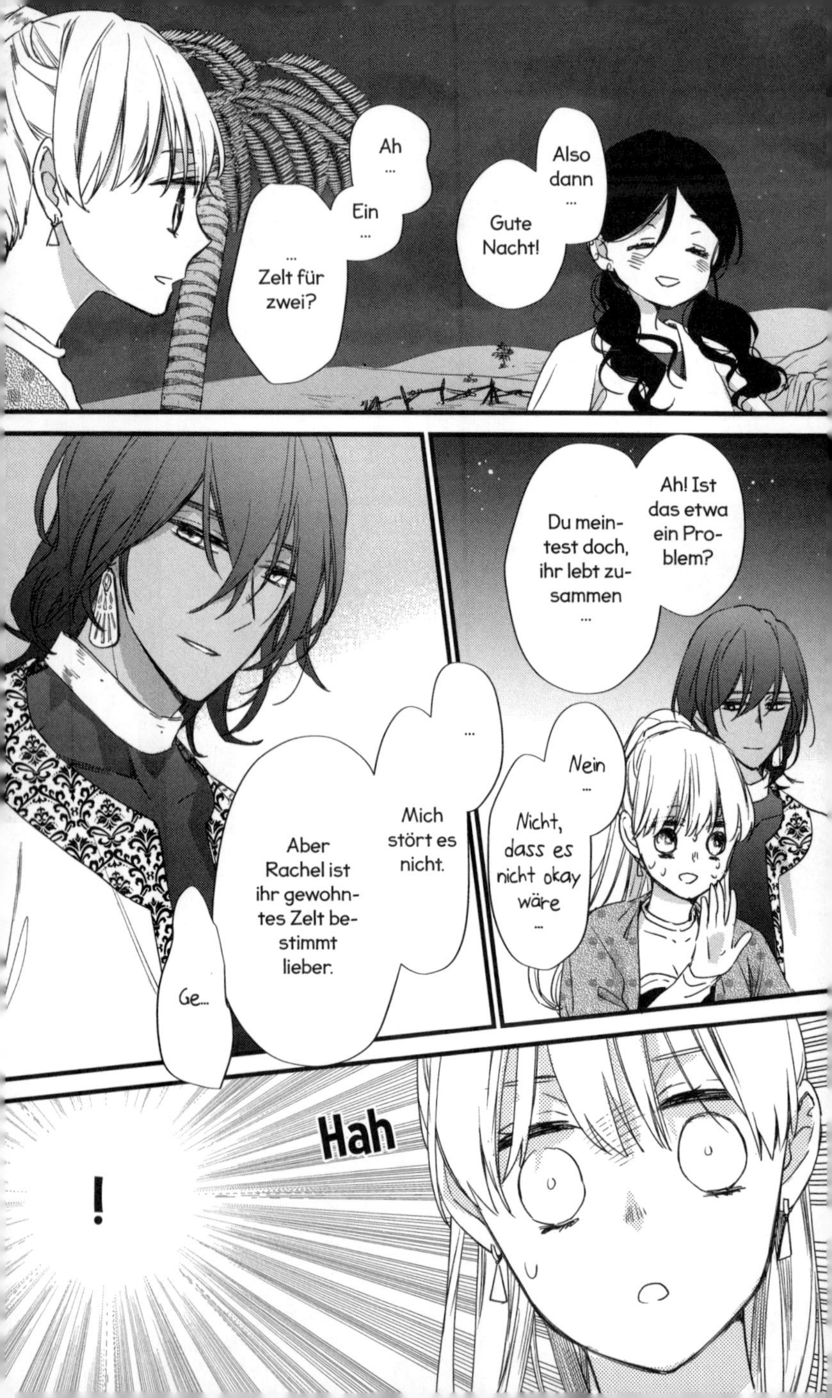

Also dann ...
Gute Nacht!
Ah ...
Ein ...
... Zelt für zwei?
Ah! Ist das etwa ein Problem?
Du meintest doch, ihr lebt zusammen ...
Nein ...
Nicht, dass es nicht okay wäre ...
...
Mich stört es nicht.
Aber Rachel ist ihr gewohntes Zelt bestimmt lieber.
Ge...
Hah
!

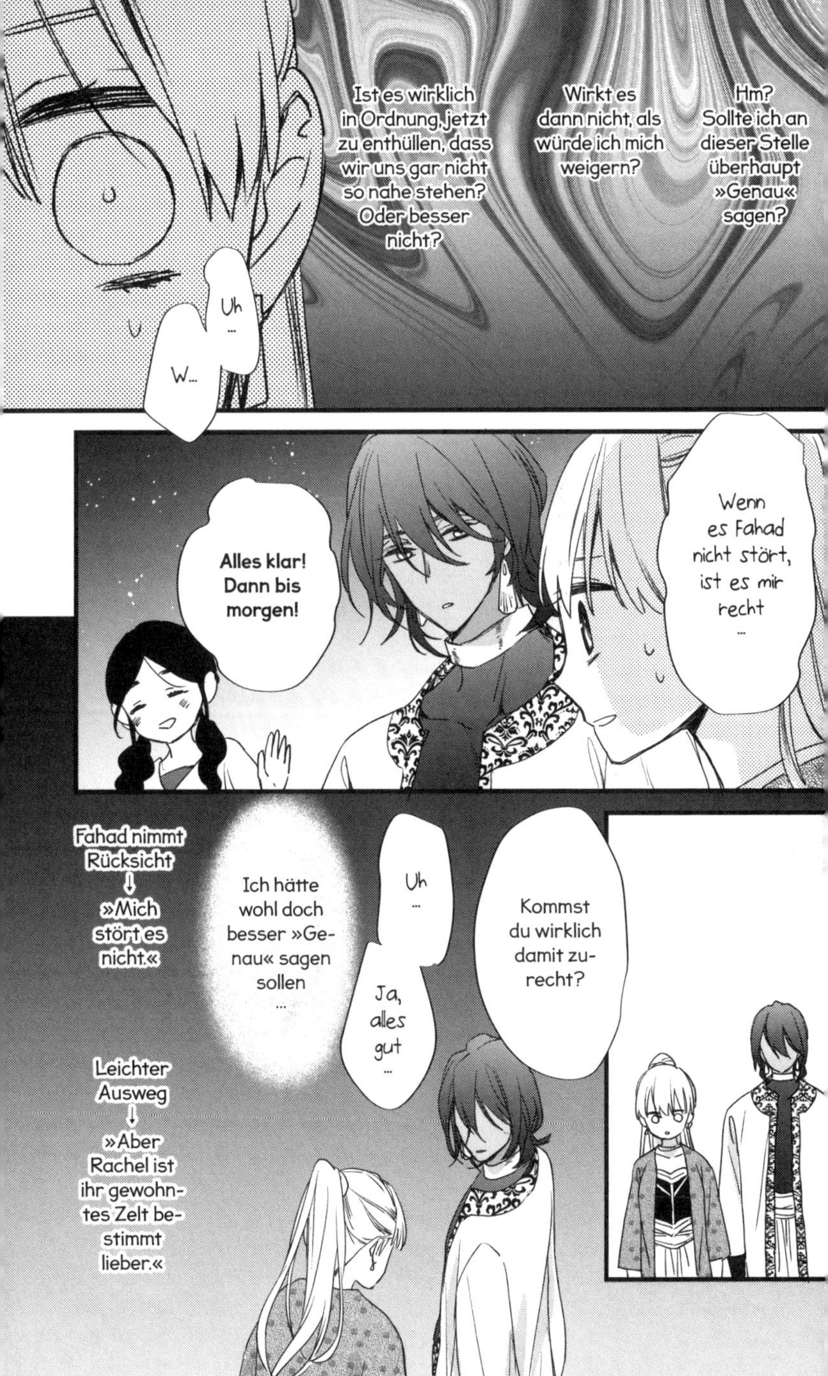
Hm? Sollte ich an dieser Stelle überhaupt »Genau« sagen?
Wirkt es dann nicht, als würde ich mich weigern?
Ist es wirklich in Ordnung, jetzt zu enthüllen, dass wir uns gar nicht so nahe stehen? Oder besser nicht?
Uh …
W…
Wenn es Fahad nicht stört, ist es mir recht …
Alles klar! Dann bis morgen!
Kommst du wirklich damit zurecht?
Uh …
Ja, alles gut …
Ich hätte wohl doch besser »Genau« sagen sollen …
Fahad nimmt Rücksicht ⇩ »Mich stört es nicht.«
Leichter Ausweg ⇩ »Aber Rachel ist ihr gewohntes Zelt bestimmt lieber.«

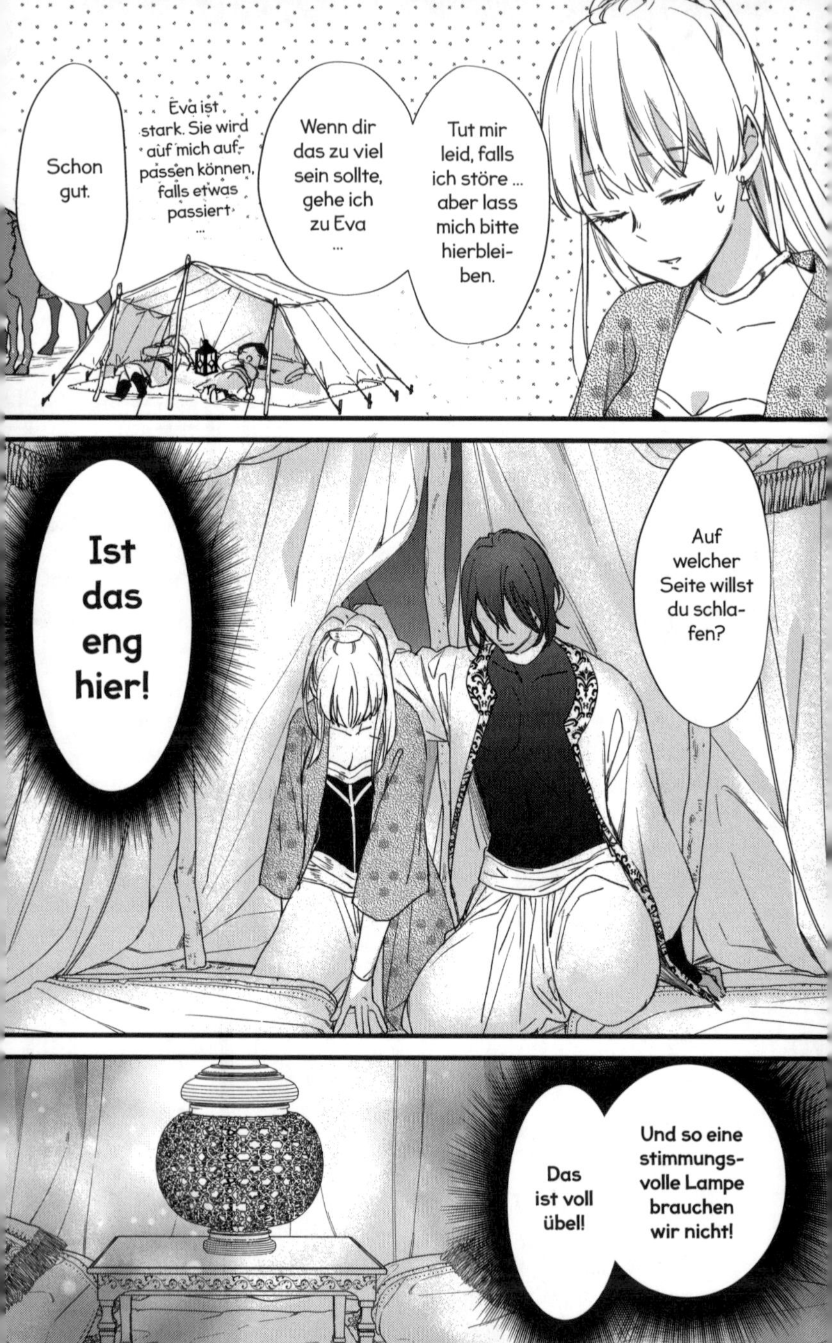

Tut mir leid, falls ich störe ... aber lass mich bitte hierbleiben.
Wenn dir das zu viel sein sollte, gehe ich zu Eva ...
Eva ist stark. Sie wird auf mich aufpassen können, falls etwas passiert ...
Schon gut.
Auf welcher Seite willst du schlafen?
Ist das eng hier!
Und so eine stimmungsvolle Lampe brauchen wir nicht!
Das ist voll übel!

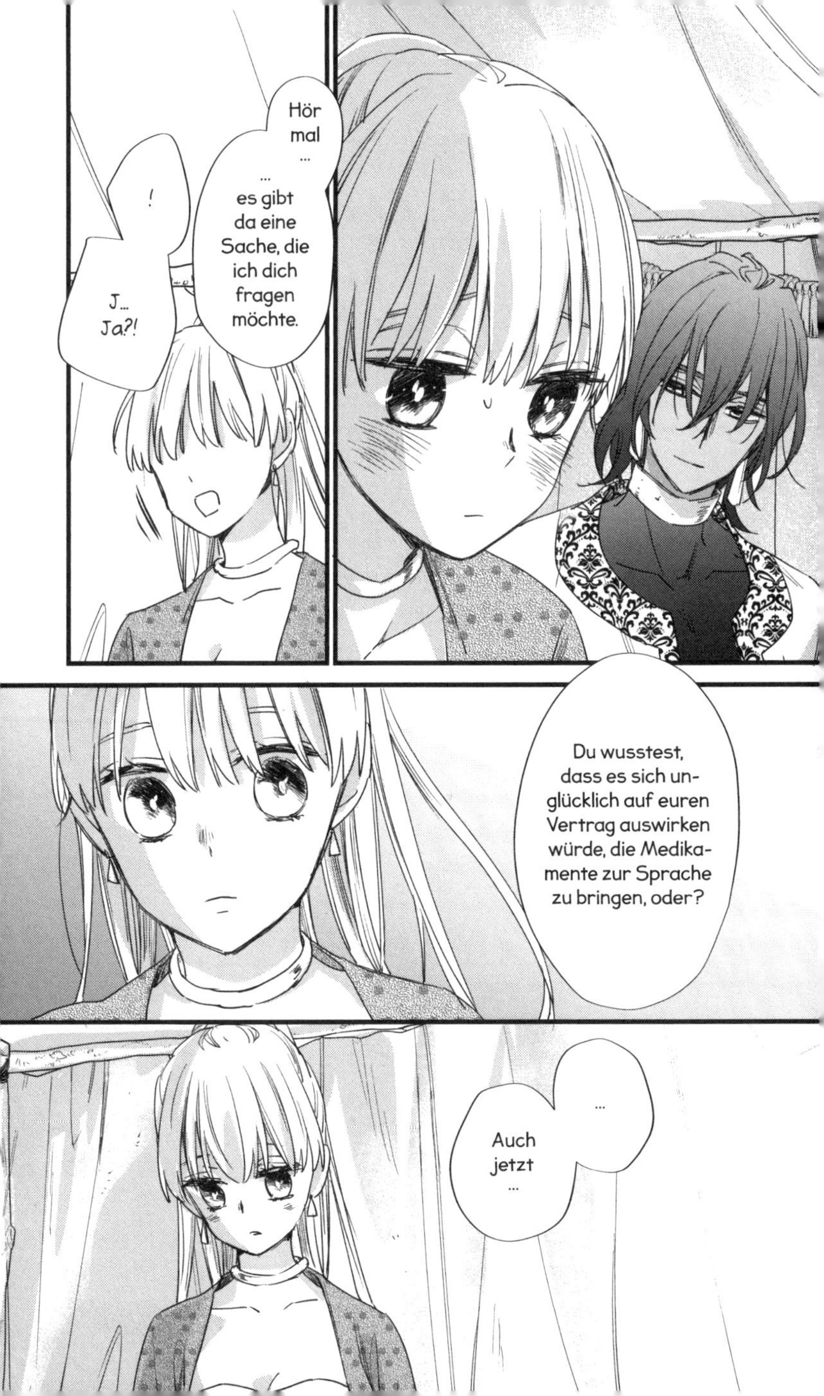
Hör mal …
… es gibt da eine Sache, die ich dich fragen möchte.
!
J… Ja?!
Du wusstest, dass es sich unglücklich auf euren Vertrag auswirken würde, die Medikamente zur Sprache zu bringen, oder?
…
Auch jetzt …

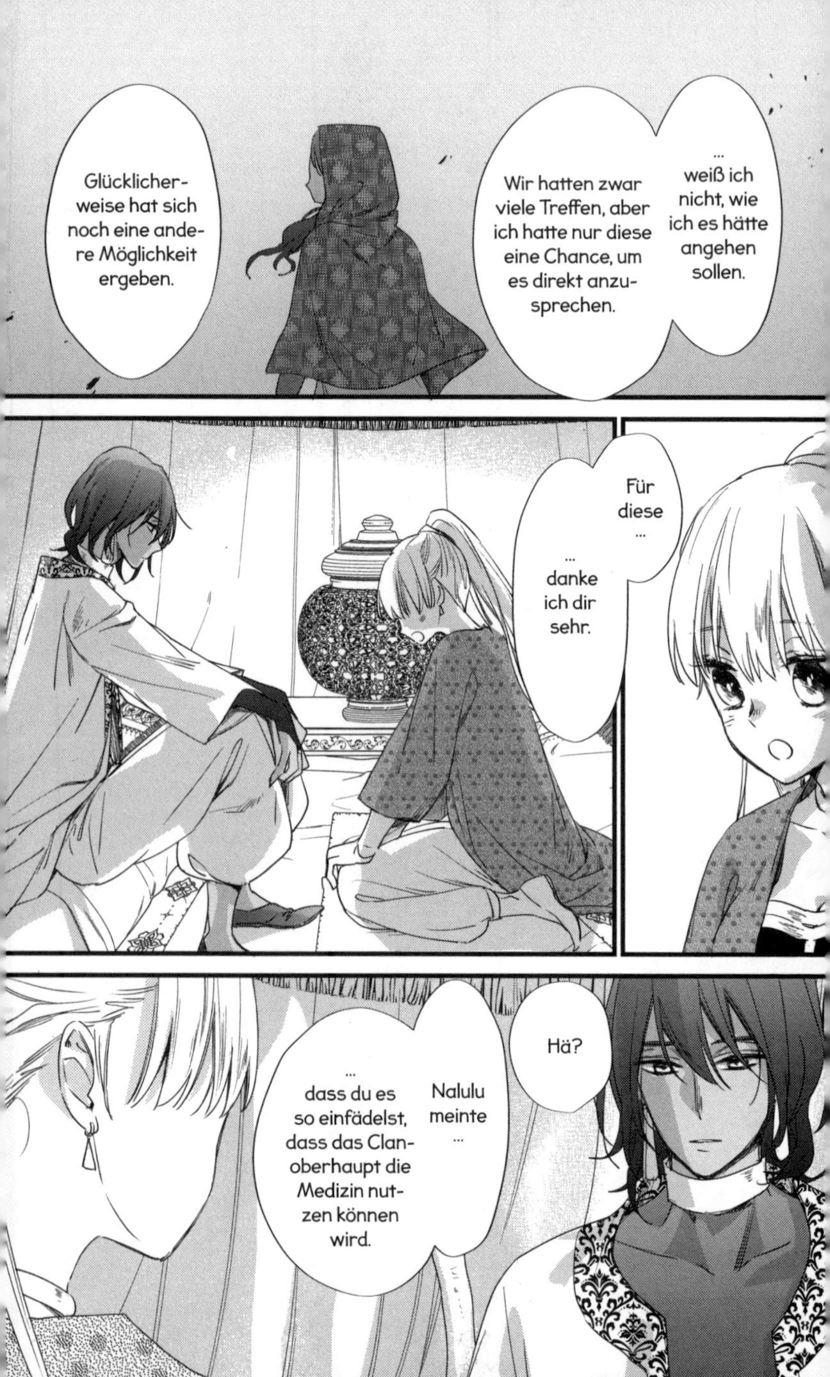

… weiß ich nicht, wie ich es hätte angehen sollen.
Wir hatten zwar viele Treffen, aber ich hatte nur diese eine Chance, um es direkt anzusprechen.
Glücklicherweise hat sich noch eine andere Möglichkeit ergeben.
Für diese …
… danke ich dir sehr.
Hä?
Nalulu meinte …
… dass du es so einfädelst, dass das Clanoberhaupt die Medizin nutzen können wird.

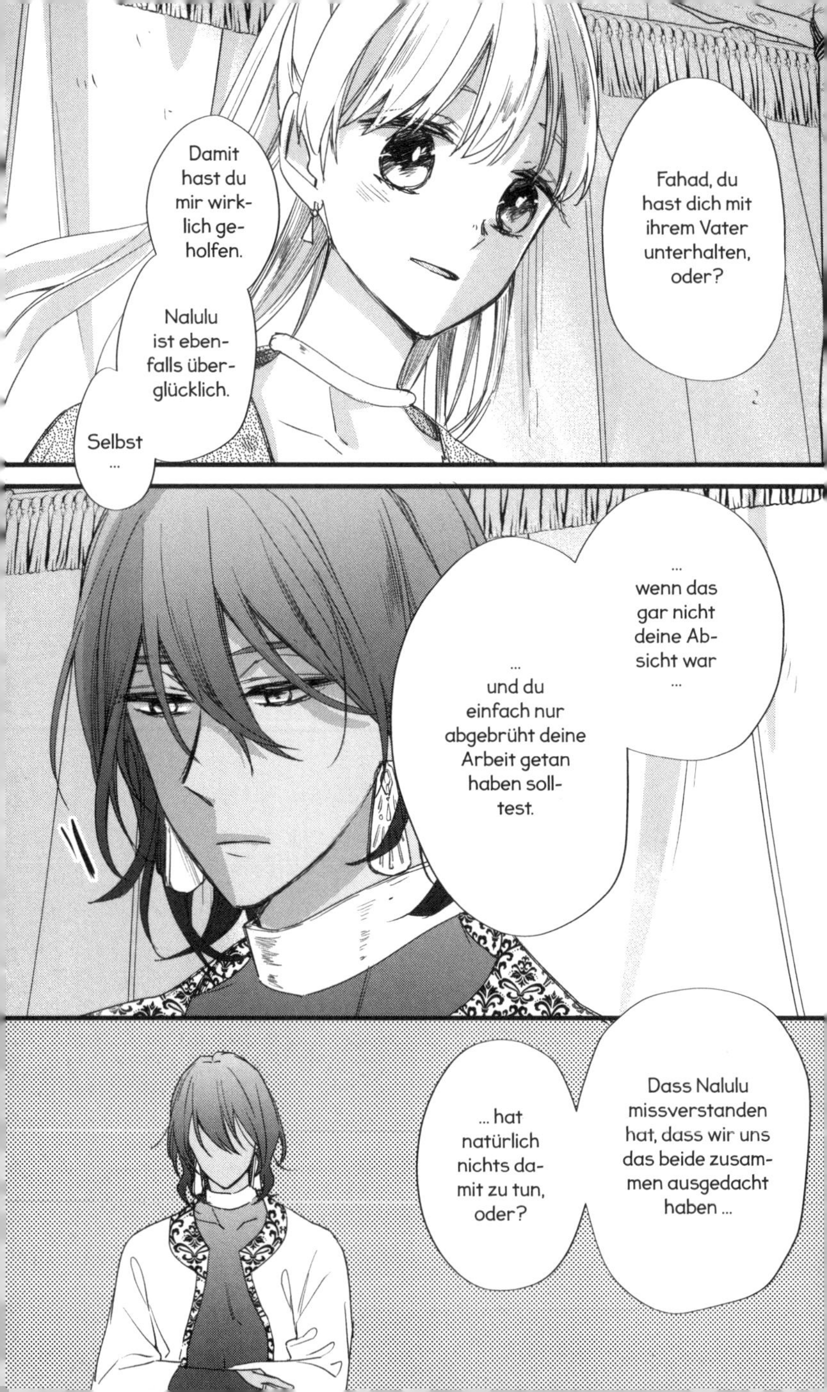
Fahad, du hast dich mit ihrem Vater unterhalten, oder?
Damit hast du mir wirk-lich ge-holfen.
Nalulu ist eben-falls über-glücklich.
Selbst …
… wenn das gar nicht deine Ab-sicht war …
… und du einfach nur abgebrüht deine Arbeit getan haben soll-test.
Dass Nalulu missverstanden hat, dass wir uns das beide zusam-men ausgedacht haben …
… hat natürlich nichts da-mit zu tun, oder?

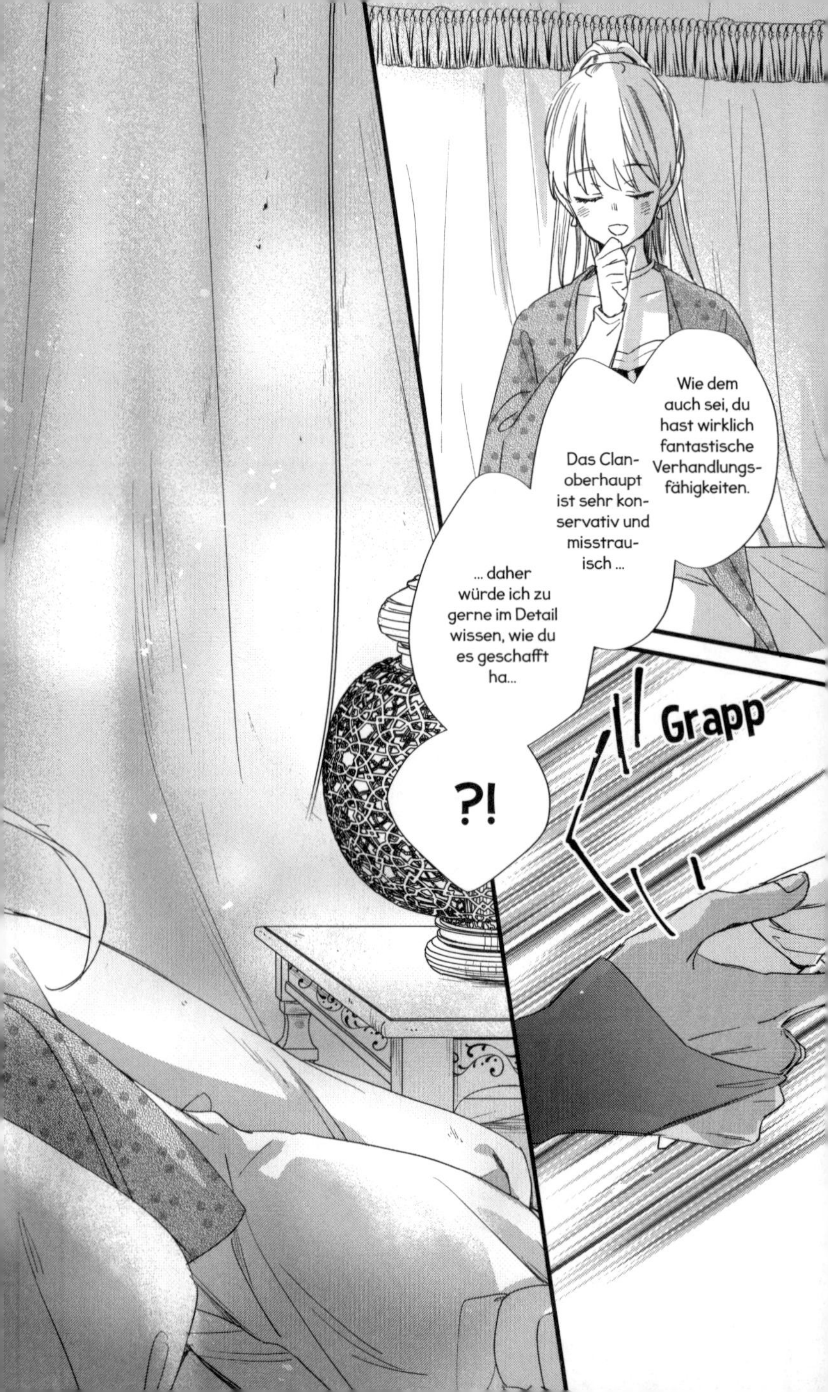
Wie dem auch sei, du hast wirklich fantastische Verhandlungs-fähigkeiten.
Das Clan-oberhaupt ist sehr kon-servativ und misstrau-isch ...
... daher würde ich zu gerne im Detail wissen, wie du es geschafft ha...
Grapp
?!

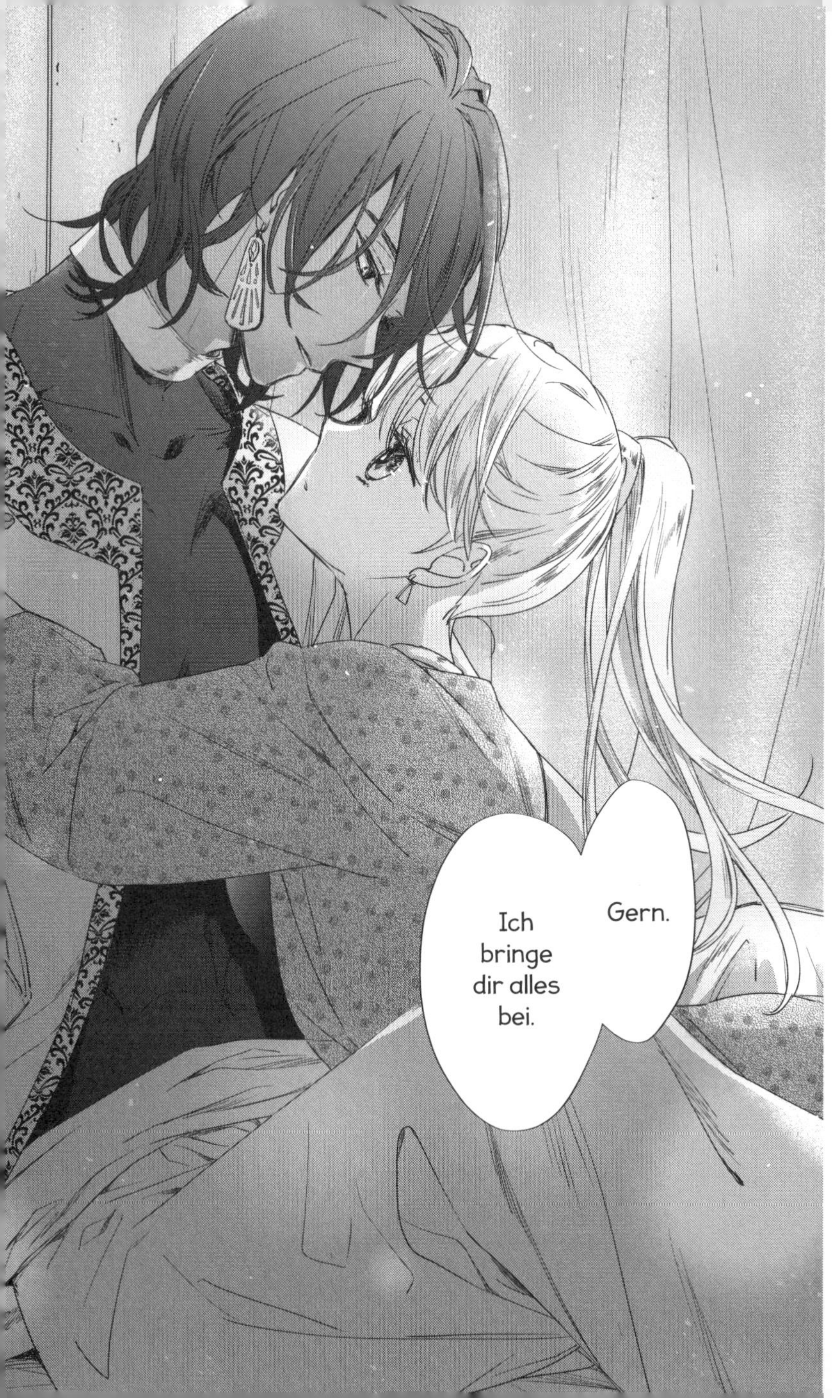
Gern.
Ich bringe dir alles bei.

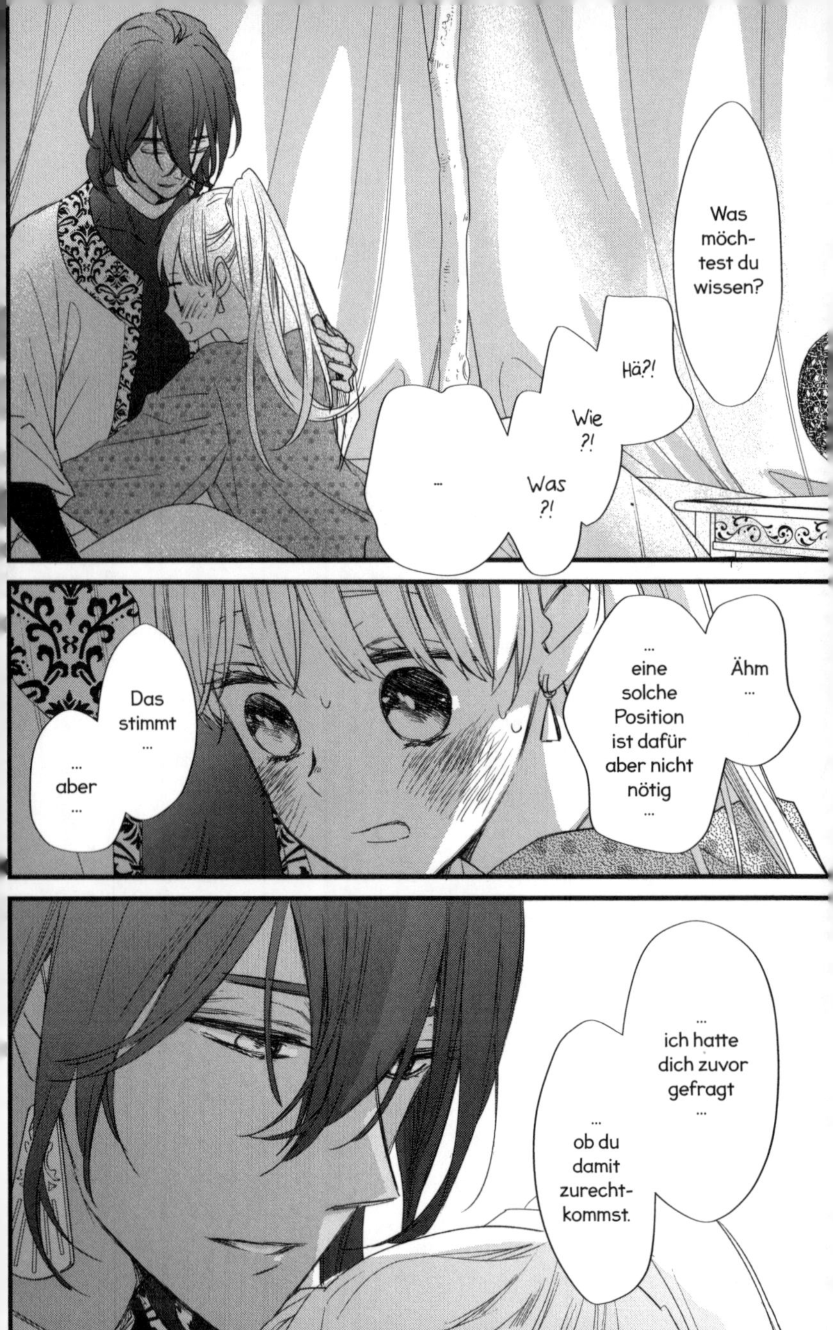
Was möch-test du wissen?
Hä?! Wie ?! Was ?! ...
Ähm ...
... eine solche Position ist dafür aber nicht nötig ...
Das stimmt ... ... aber ...
... ich hatte dich zuvor gefragt ...
... ob du damit zurecht-kommst.

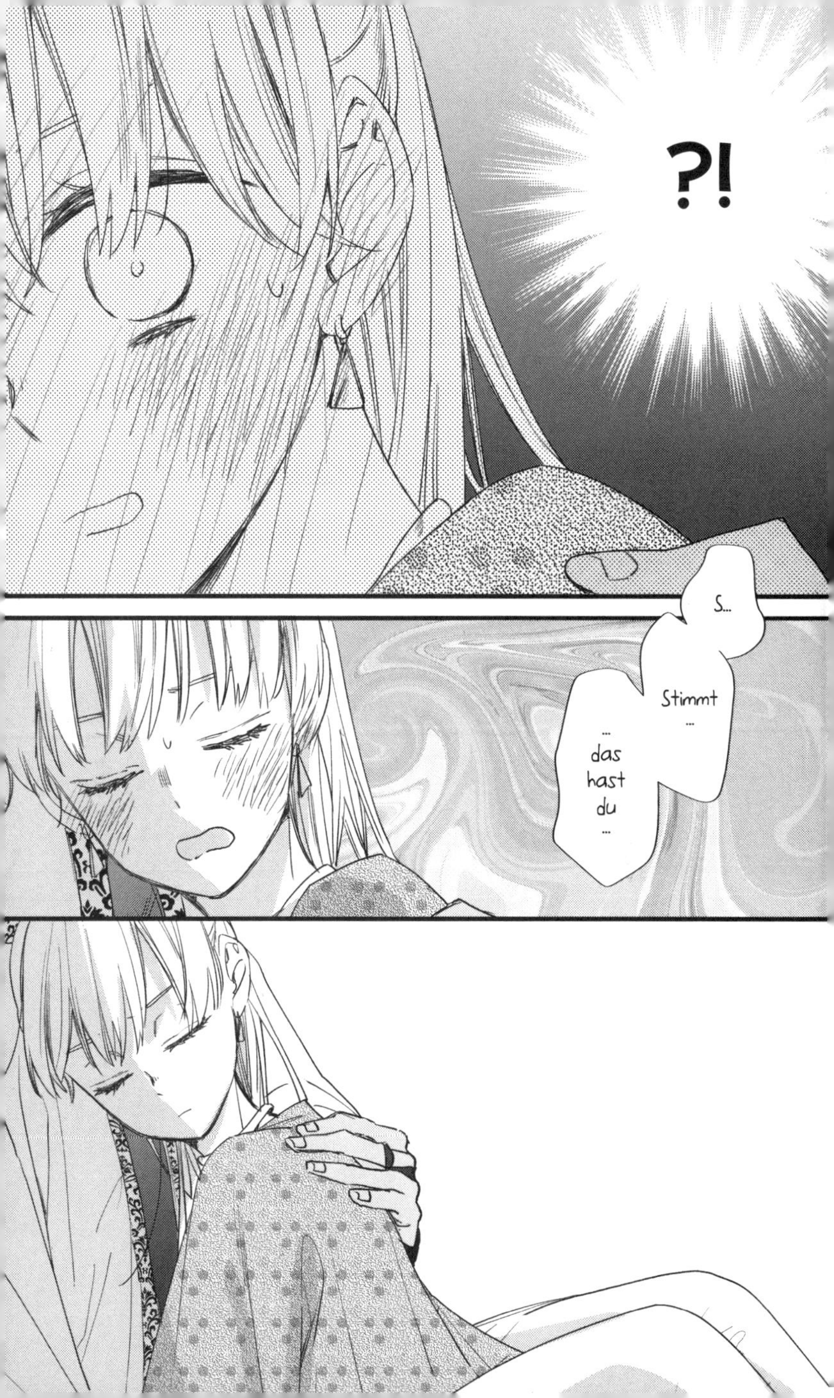
?!
S...
Stimmt ...
... das hast du ...

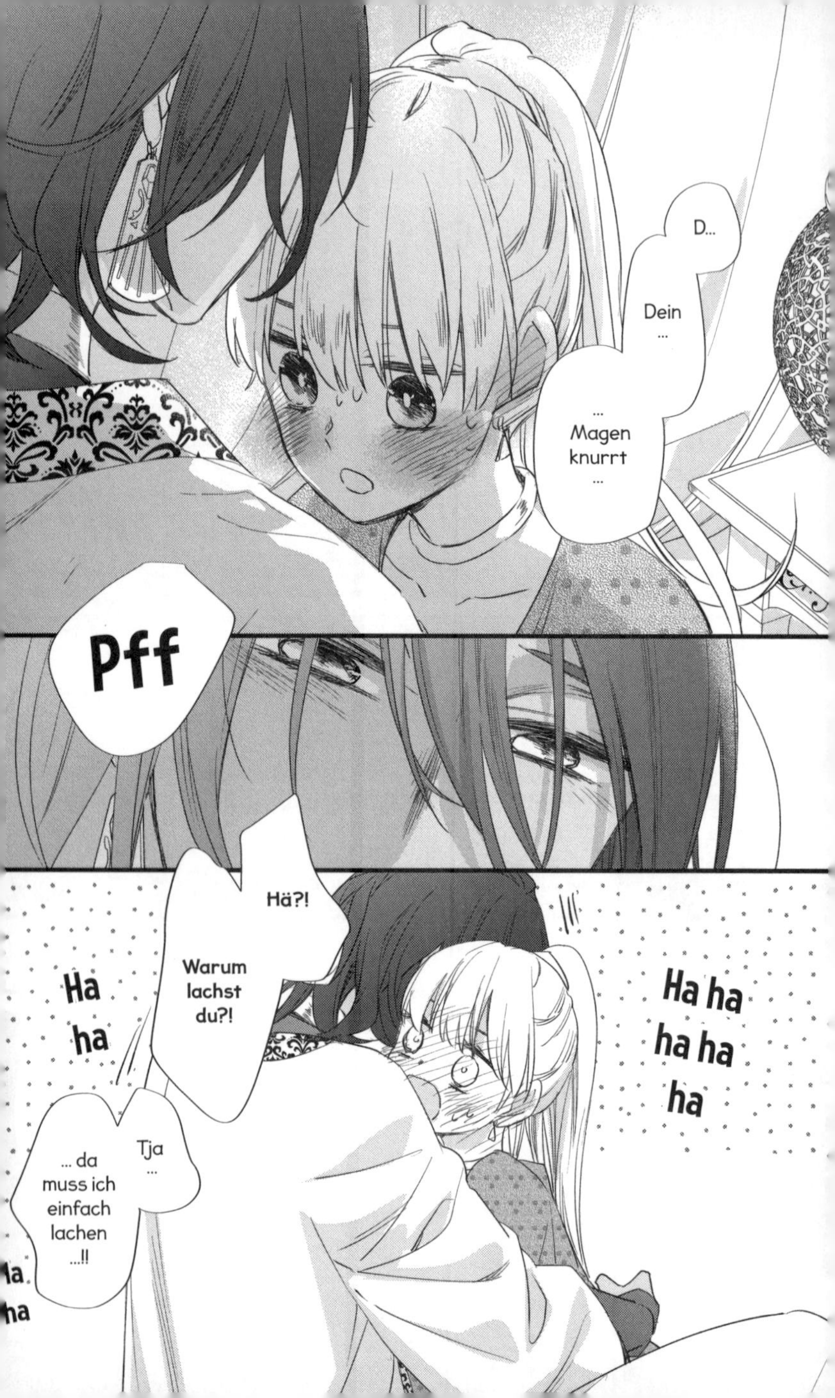
D...
Dein ...
... Magen knurrt ...
Pff
Hä?!
Warum lachst du?!
Ha ha ha ha ha ha
Ha ha
Tja ...
... da muss ich einfach lachen ...!!
Ha ha

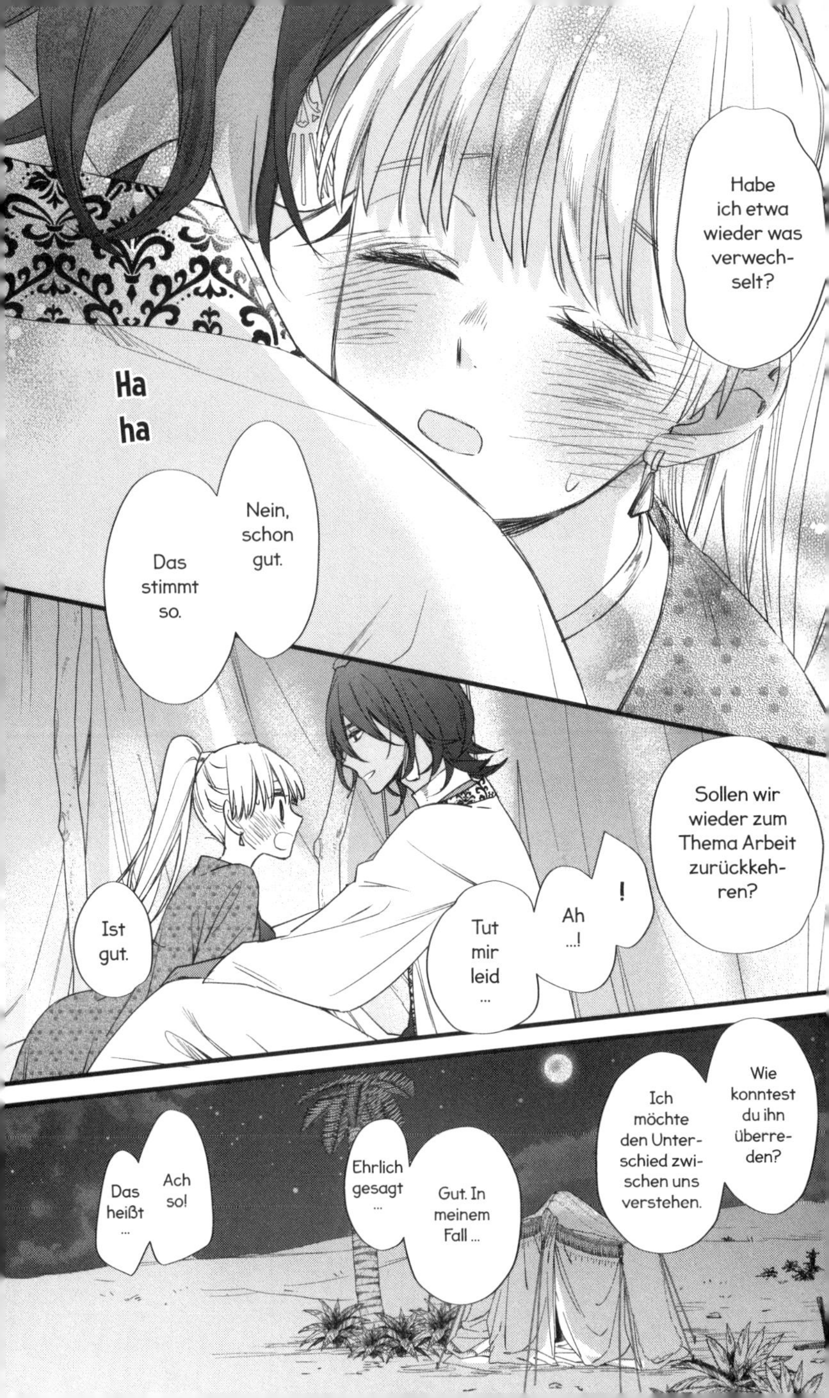

Habe ich etwa wieder was verwech-selt?
Ha ha
Nein, schon gut.
Das stimmt so.
Sollen wir wieder zum Thema Arbeit zurückkeh-ren?
!
Ah ...!
Tut mir leid ...
Ist gut.
Wie konntest du ihn überre-den?
Ich möchte den Unter-schied zwi-schen uns verstehen.
Gut. In meinem Fall ...
Ehrlich gesagt ...
Ach so!
Das heißt ...

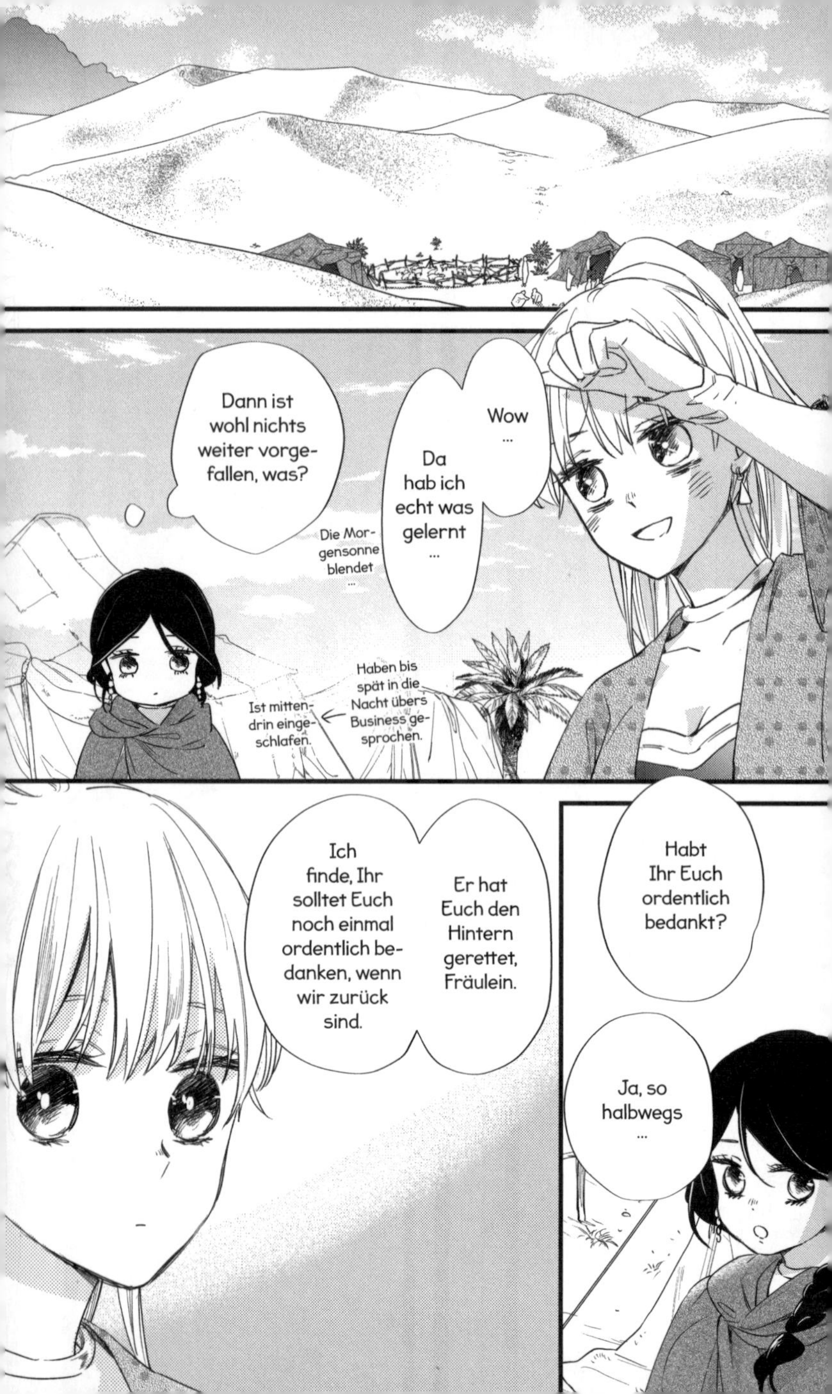
Wow ...
Da hab ich echt was gelernt ...
Die Morgensonne blendet ...
Dann ist wohl nichts weiter vorgefallen, was?
Haben bis spät in die Nacht übers Business gesprochen.
Ist mittendrin eingeschlafen.
Habt Ihr Euch ordentlich bedankt?
Ja, so halbwegs ...
Er hat Euch den Hintern gerettet, Fräulein.
Ich finde, Ihr solltet Euch noch einmal ordentlich bedanken, wenn wir zurück sind.

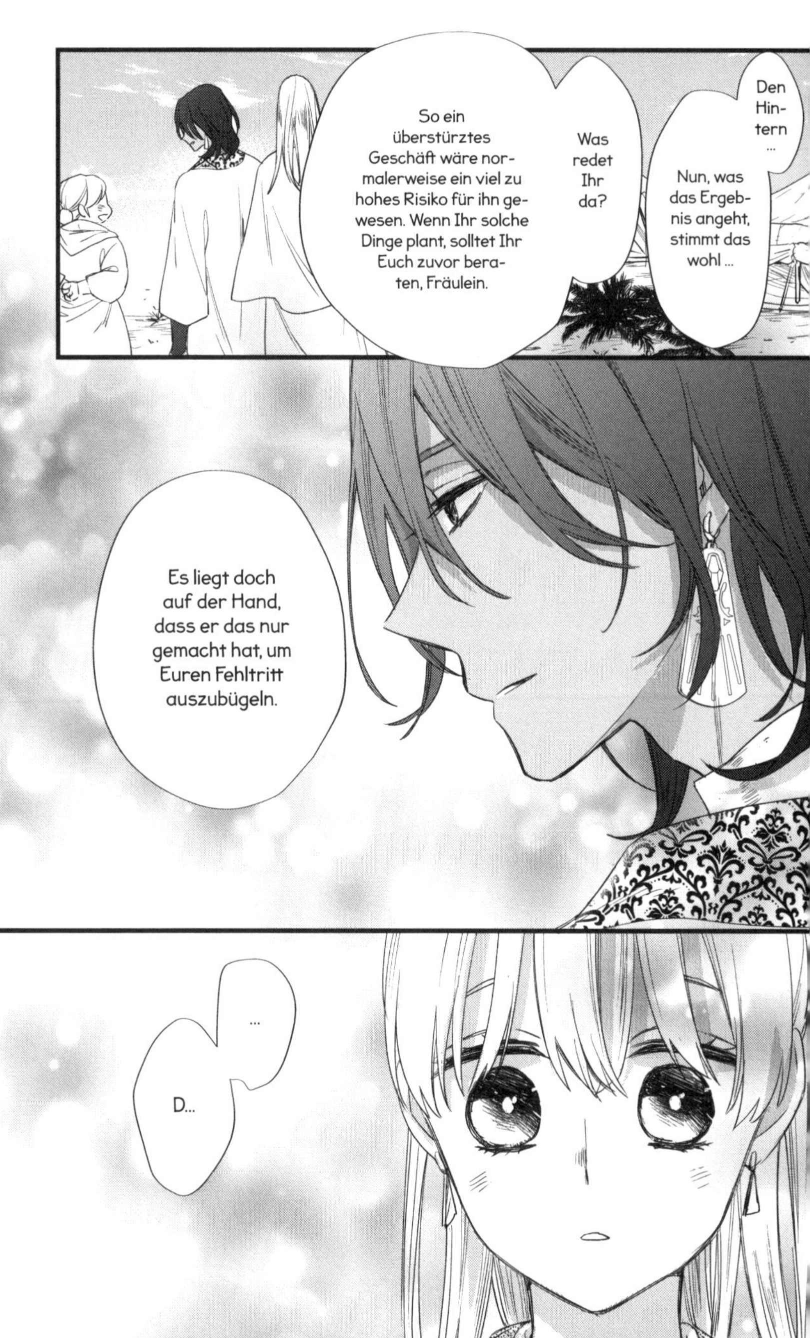
Den Hintern …
Nun, was das Ergebnis angeht, stimmt das wohl …
Was redet Ihr da?
So ein überstürztes Geschäft wäre normalerweise ein viel zu hohes Risiko für ihn gewesen. Wenn Ihr solche Dinge plant, solltet Ihr Euch zuvor beraten, Fräulein.
Es liegt doch auf der Hand, dass er das nur gemacht hat, um Euren Fehltritt auszubügeln.
…
D…

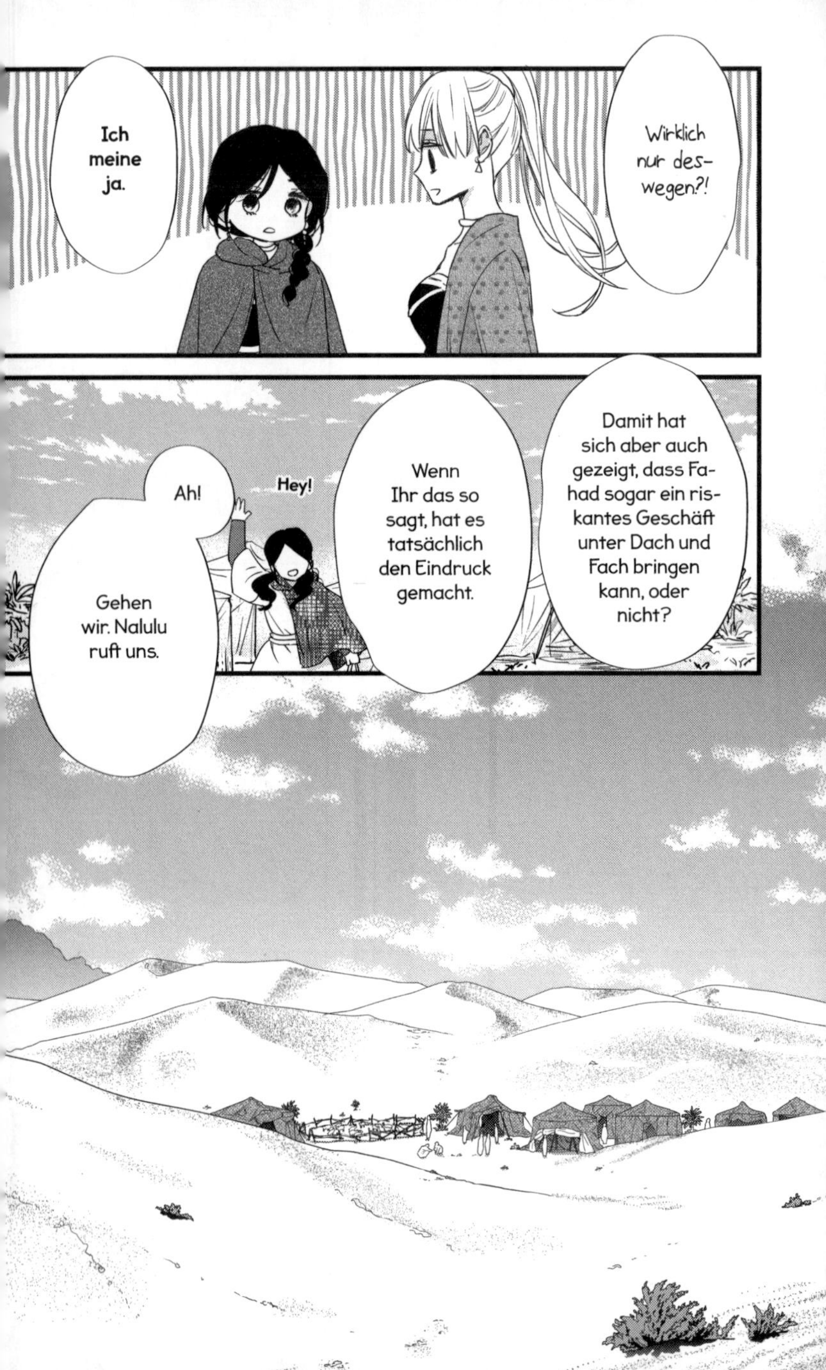
Wirklich nur deswegen?!
Ich meine ja.
Damit hat sich aber auch gezeigt, dass Fahad sogar ein riskantes Geschäft unter Dach und Fach bringen kann, oder nicht?
Wenn Ihr das so sagt, hat es tatsächlich den Eindruck gemacht.
Hey!
Ah!
Gehen wir. Nalulu ruft uns.

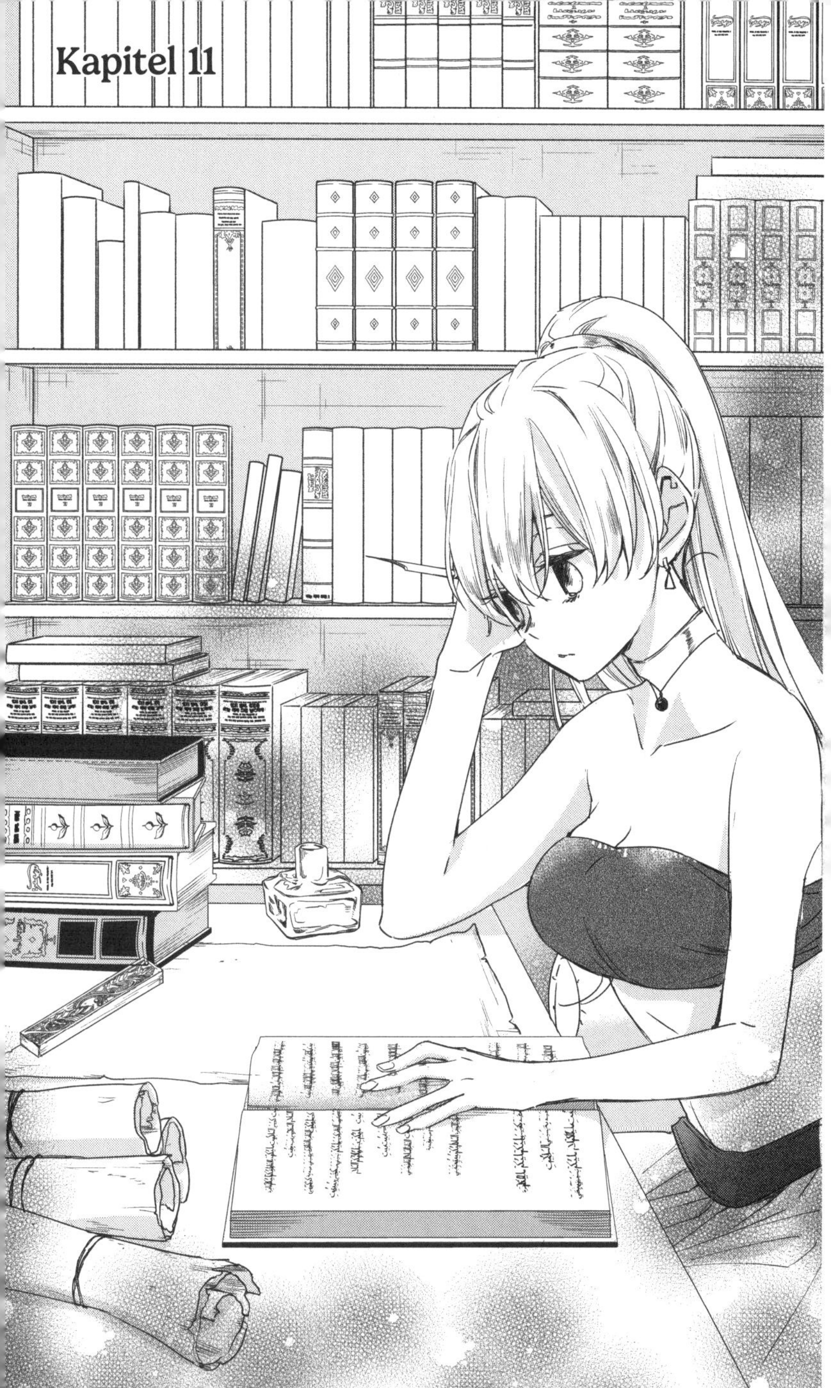
Kapitel 11

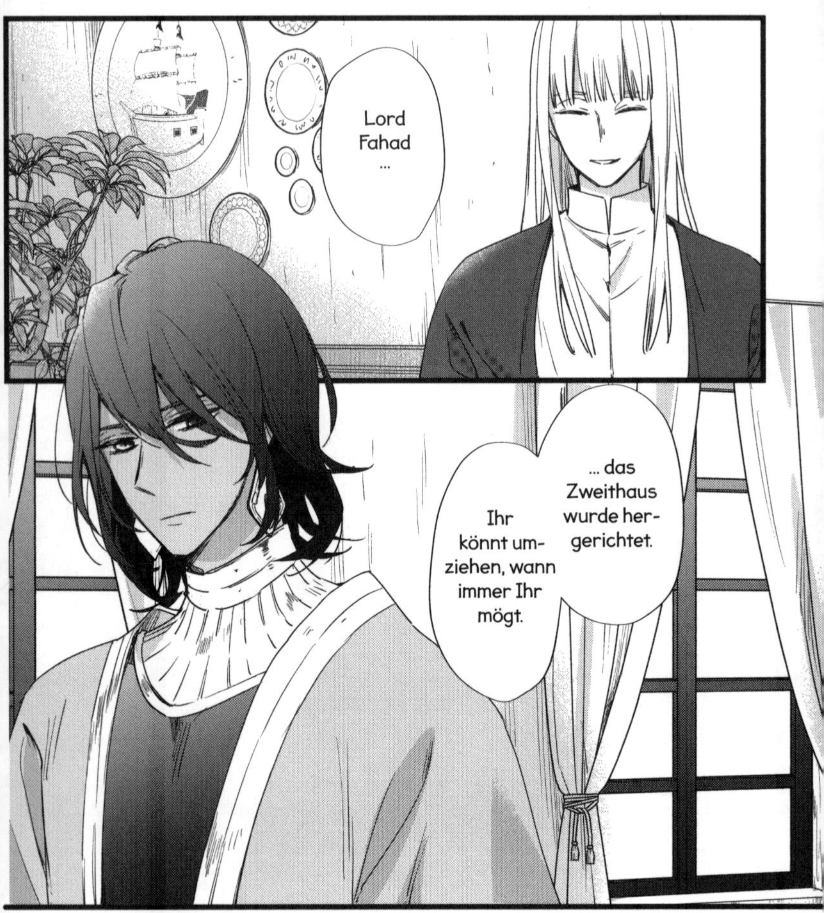
Lord Fahad …
… das Zweithaus wurde her-gerichtet.
Ihr könnt um-ziehen, wann immer Ihr mögt.

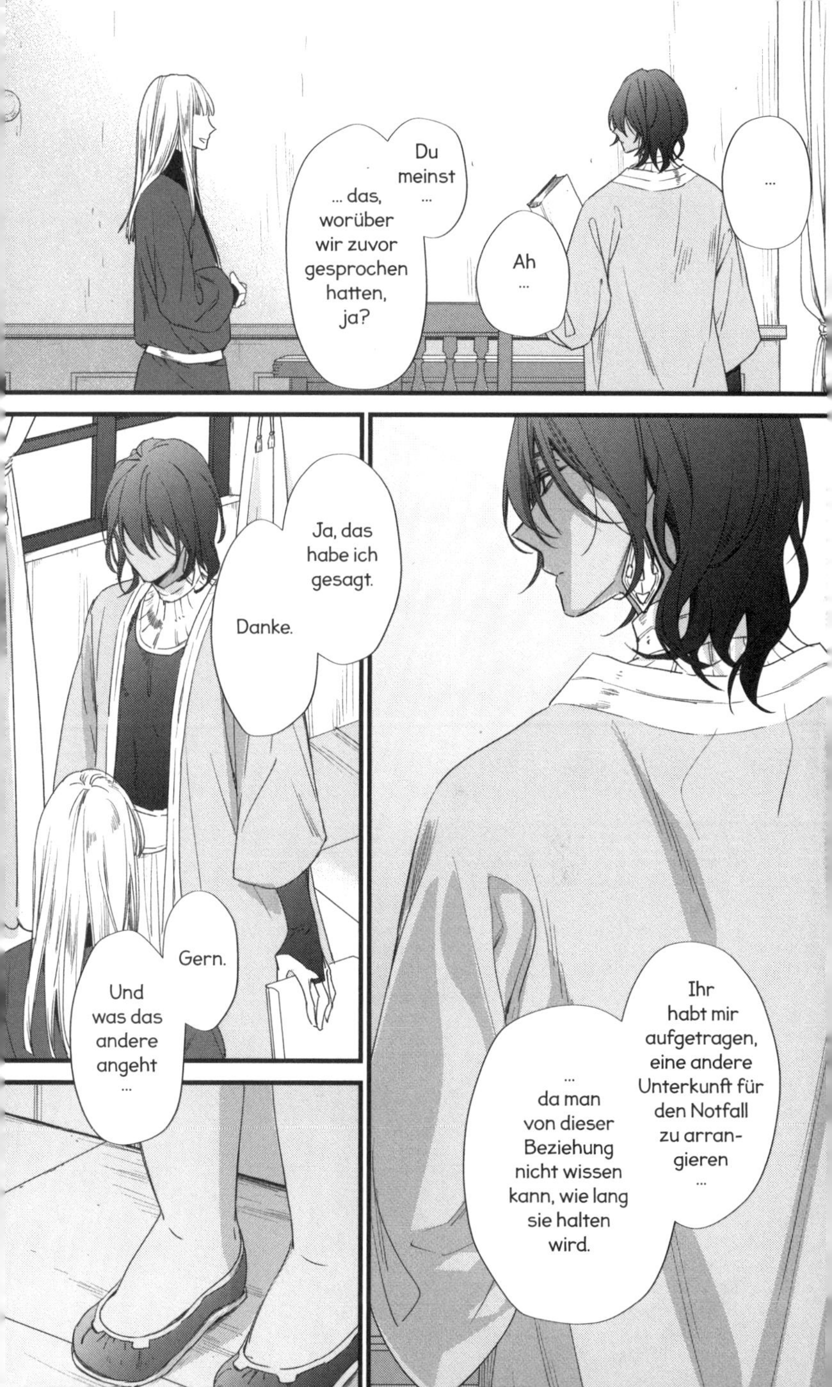
…
Ah …
Du meinst …
… das, worüber wir zuvor gesprochen hatten, ja?
Ja, das habe ich gesagt.
Danke.
Ihr habt mir aufgetragen, eine andere Unterkunft für den Notfall zu arran-gieren …
… da man von dieser Beziehung nicht wissen kann, wie lang sie halten wird.
Gern.
Und was das andere angeht …

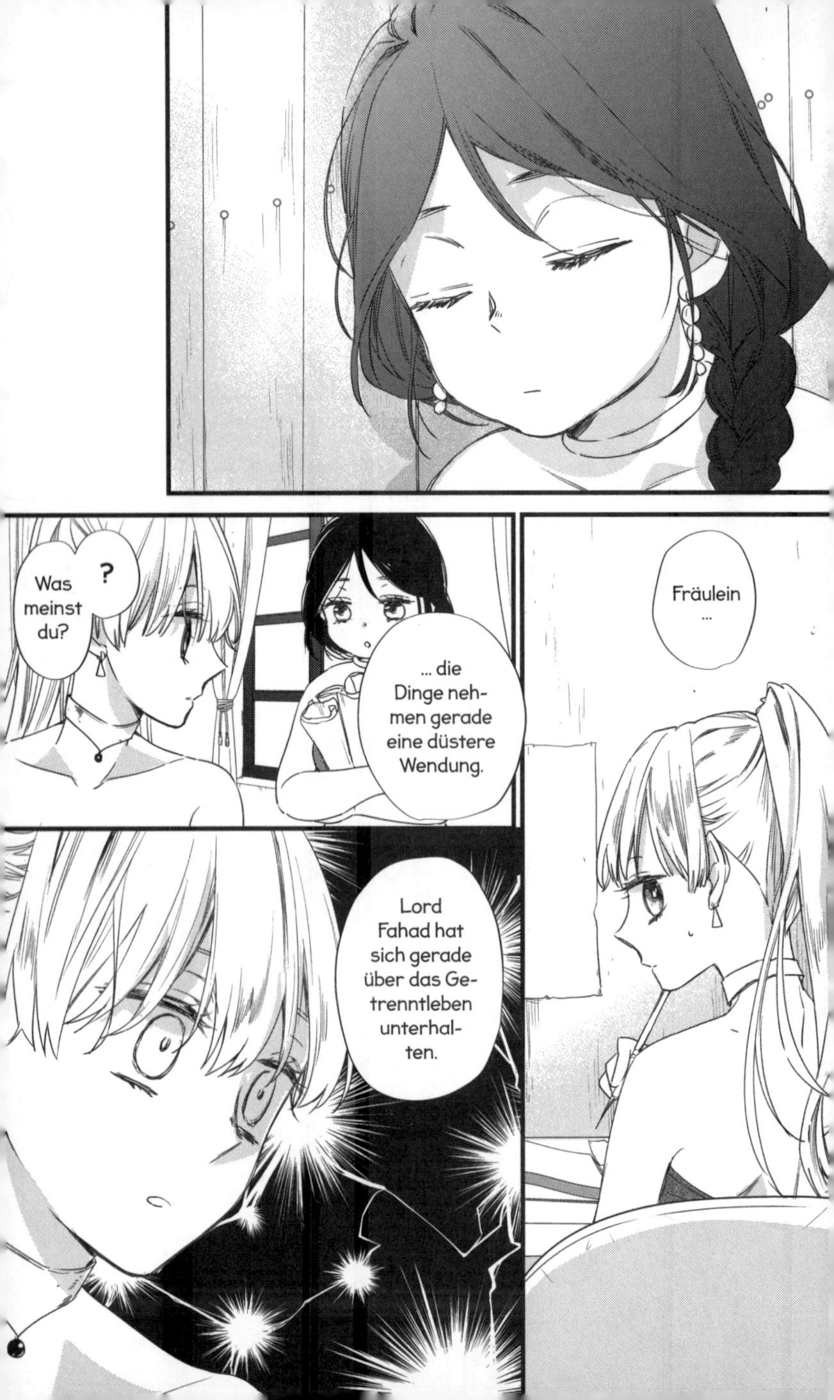

Fräulein ...

... die Dinge nehmen gerade eine düstere Wendung.

Was meinst du?

?

Lord Fahad hat sich gerade über das Getrenntleben unterhalten.

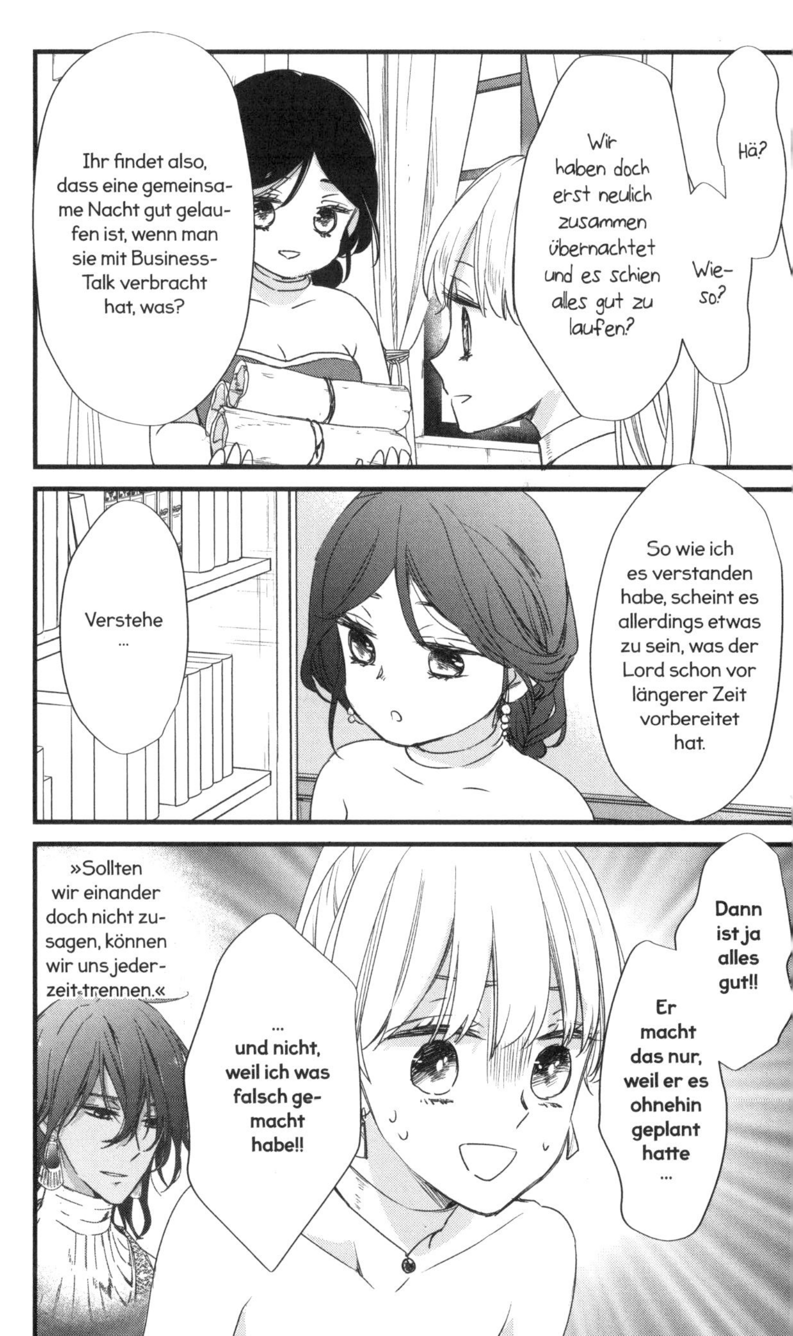
Hä?
Wie-so?
Wir haben doch erst neulich zusammen übernachtet und es schien alles gut zu laufen?
Ihr findet also, dass eine gemeinsame Nacht gut gelaufen ist, wenn man sie mit Business-Talk verbracht hat, was?
So wie ich es verstanden habe, scheint es allerdings etwas zu sein, was der Lord schon vor längerer Zeit vorbereitet hat.
Verstehe …
Dann ist ja alles gut!!
Er macht das nur, weil er es ohnehin geplant hatte …
… und nicht, weil ich was falsch gemacht habe!!
»Sollten wir einander doch nicht zusagen, können wir uns jederzeit trennen.«

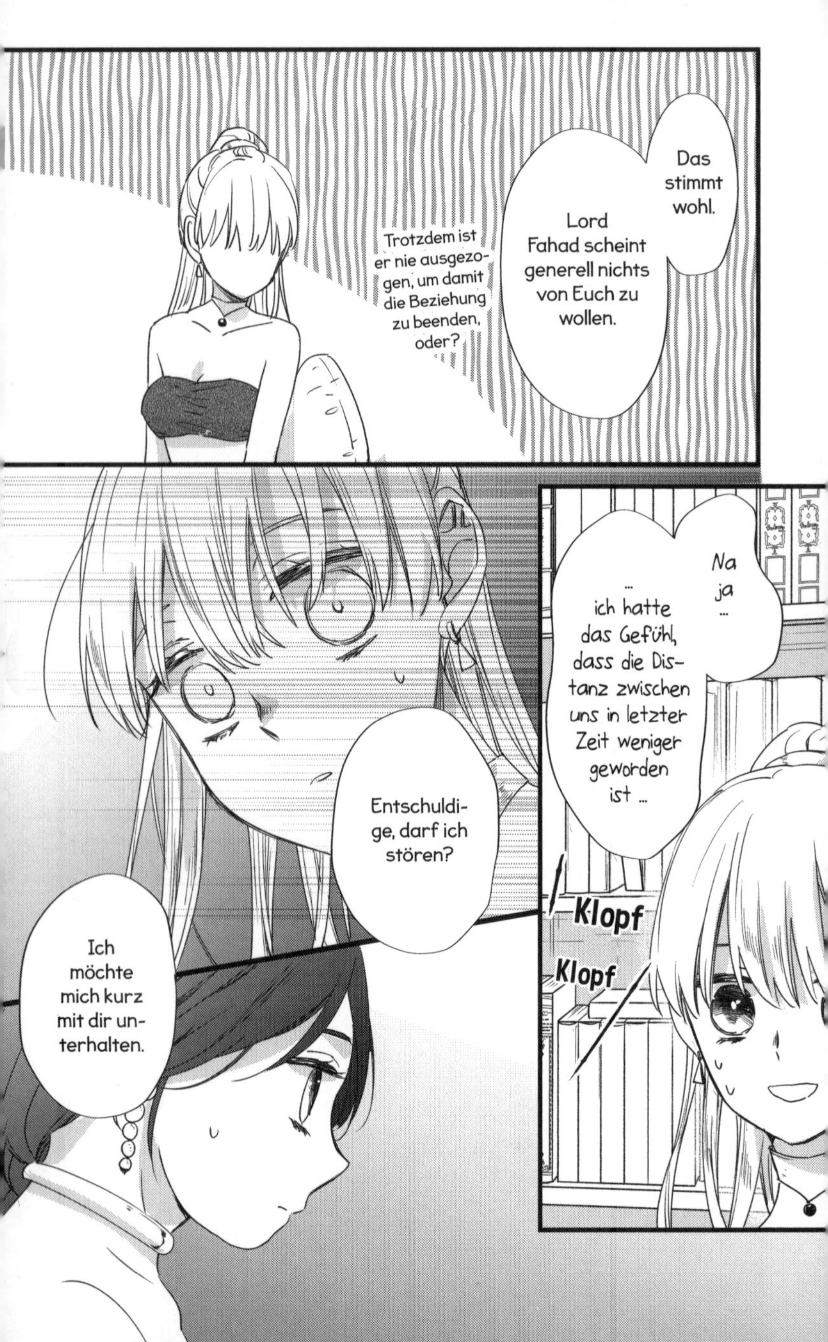
Das stimmt wohl.
Lord Fahad scheint generell nichts von Euch zu wollen.
Trotzdem ist er nie ausgezogen, um damit die Beziehung zu beenden, oder?
Na ja …
… ich hatte das Gefühl, dass die Distanz zwischen uns in letzter Zeit weniger geworden ist …
Klopf
Klopf
Entschuldige, darf ich stören?
Ich möchte mich kurz mit dir unterhalten.

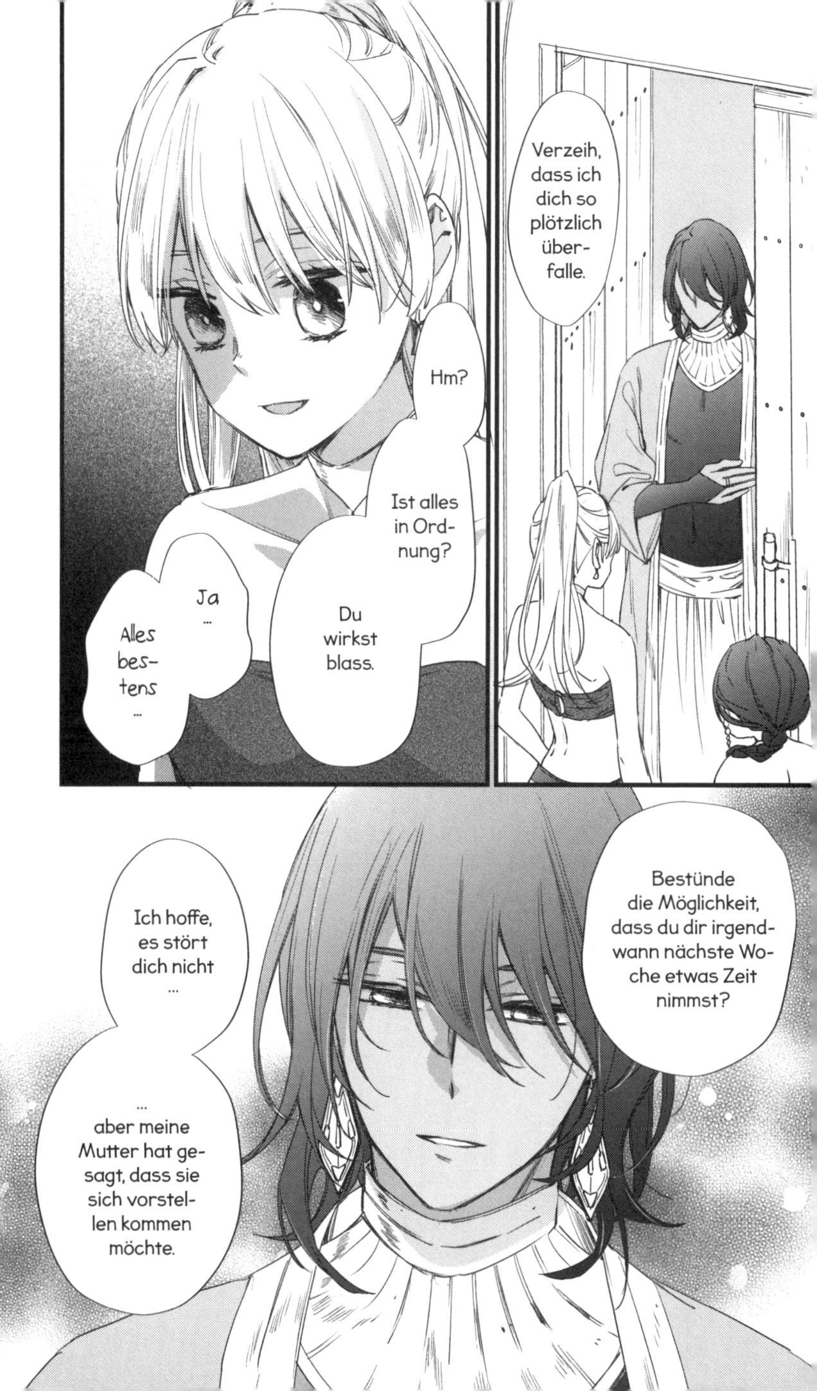
Verzeih, dass ich dich so plötzlich über-falle.
Hm?
Ist alles in Ord-nung?
Du wirkst blass.
Ja …
Alles bes-tens …
Bestünde die Möglichkeit, dass du dir irgend-wann nächste Wo-che etwas Zeit nimmst?
Ich hoffe, es stört dich nicht …
… aber meine Mutter hat ge-sagt, dass sie sich vorstel-len kommen möchte.

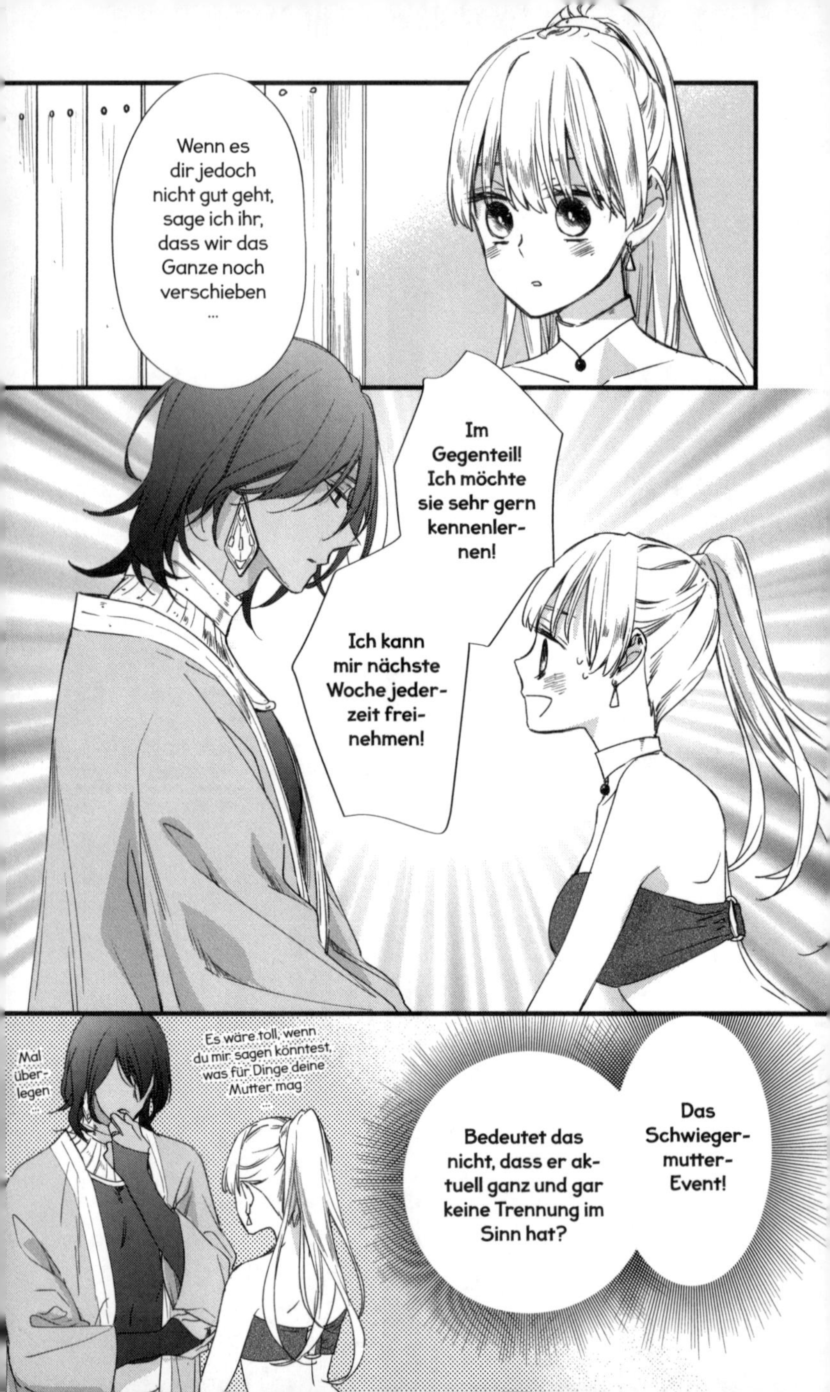

Wenn es dir jedoch nicht gut geht, sage ich ihr, dass wir das Ganze noch verschieben …
Im Gegenteil! Ich möchte sie sehr gern kennenler-nen!
Ich kann mir nächste Woche jeder-zeit frei-nehmen!
Das Schwieger-mutter-Event!
Bedeutet das nicht, dass er ak-tuell ganz und gar keine Trennung im Sinn hat?
Es wäre toll, wenn du mir sagen könntest, was für Dinge deine Mutter mag.
Mal über-legen …

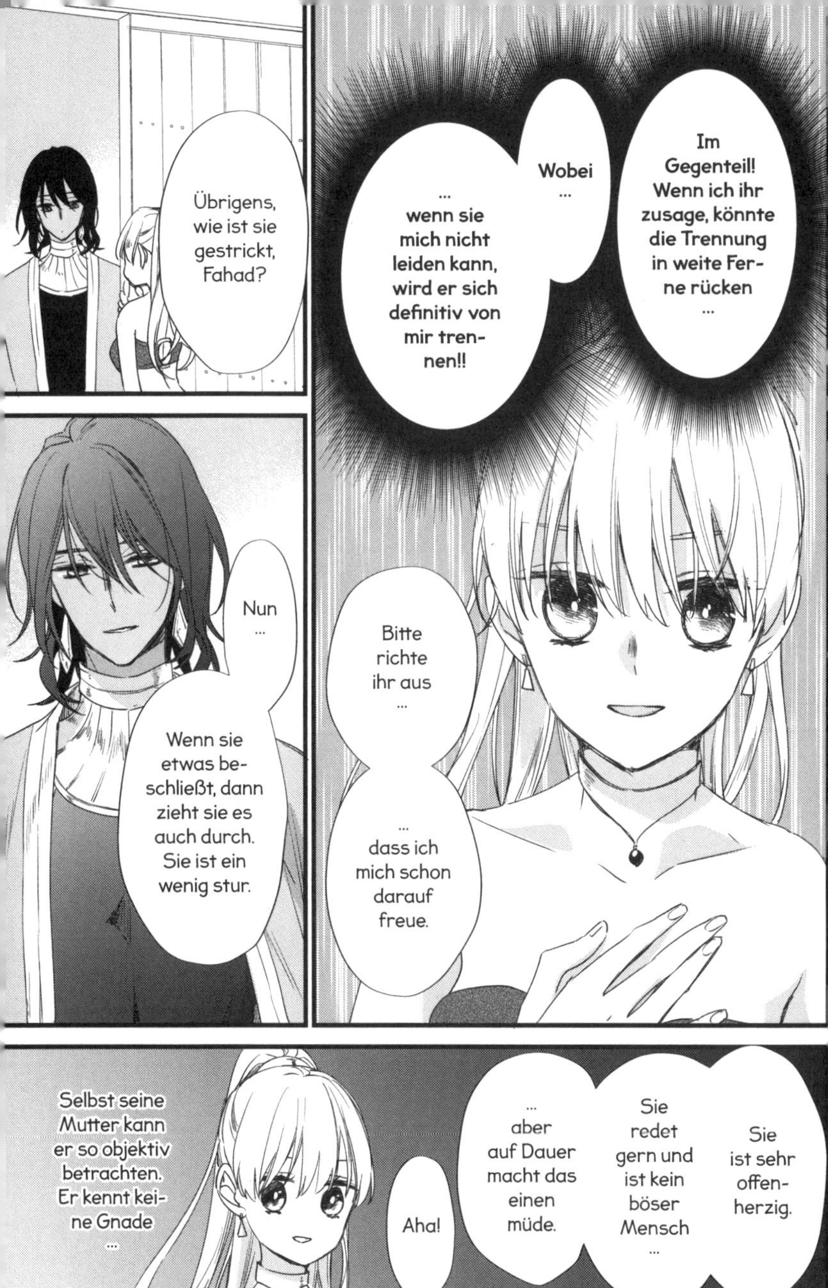
Im Gegenteil! Wenn ich ihr zusage, könnte die Trennung in weite Ferne rücken …
Wobei …
… wenn sie mich nicht leiden kann, wird er sich definitiv von mir trennen!!
Bitte richte ihr aus …
… dass ich mich schon darauf freue.
Übrigens, wie ist sie gestrickt, Fahad?
Nun …
Wenn sie etwas beschließt, dann zieht sie es auch durch. Sie ist ein wenig stur.
Sie ist sehr offenherzig.
Sie redet gern und ist kein böser Mensch …
… aber auf Dauer macht das einen müde.
Aha!
Selbst seine Mutter kann er so objektiv betrachten. Er kennt keine Gnade …

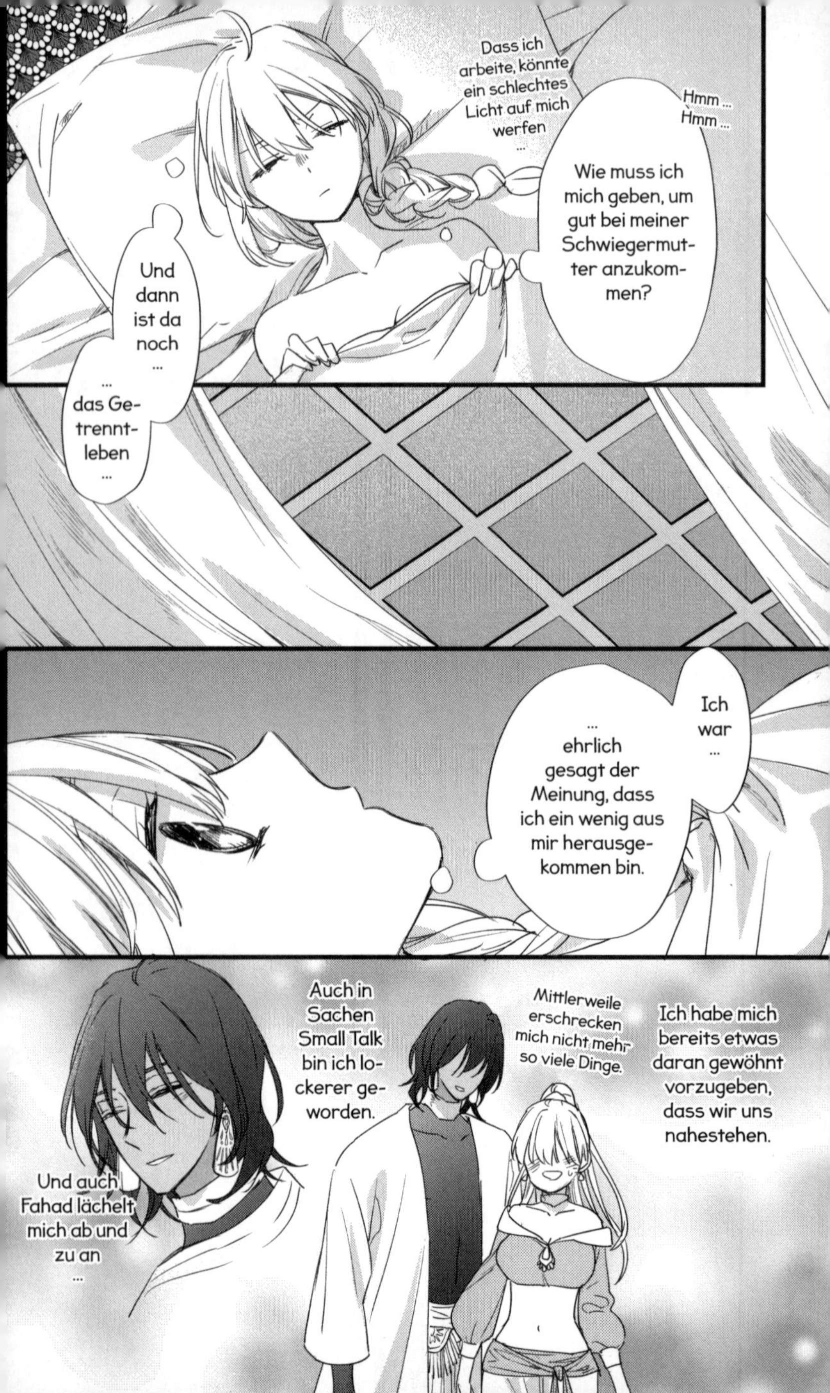
Hmm ... Hmm ...
Wie muss ich mich geben, um gut bei meiner Schwiegermutter anzukommen?
Dass ich arbeite, könnte ein schlechtes Licht auf mich werfen ...
Und dann ist da noch ... ... das Getrenntleben ...
Ich war ...
... ehrlich gesagt der Meinung, dass ich ein wenig aus mir herausgekommen bin.
Ich habe mich bereits etwas daran gewöhnt vorzugeben, dass wir uns nahestehen.
Mittlerweile erschrecken mich nicht mehr so viele Dinge.
Auch in Sachen Small Talk bin ich lockerer geworden.
Und auch Fahad lächelt mich ab und zu an ...

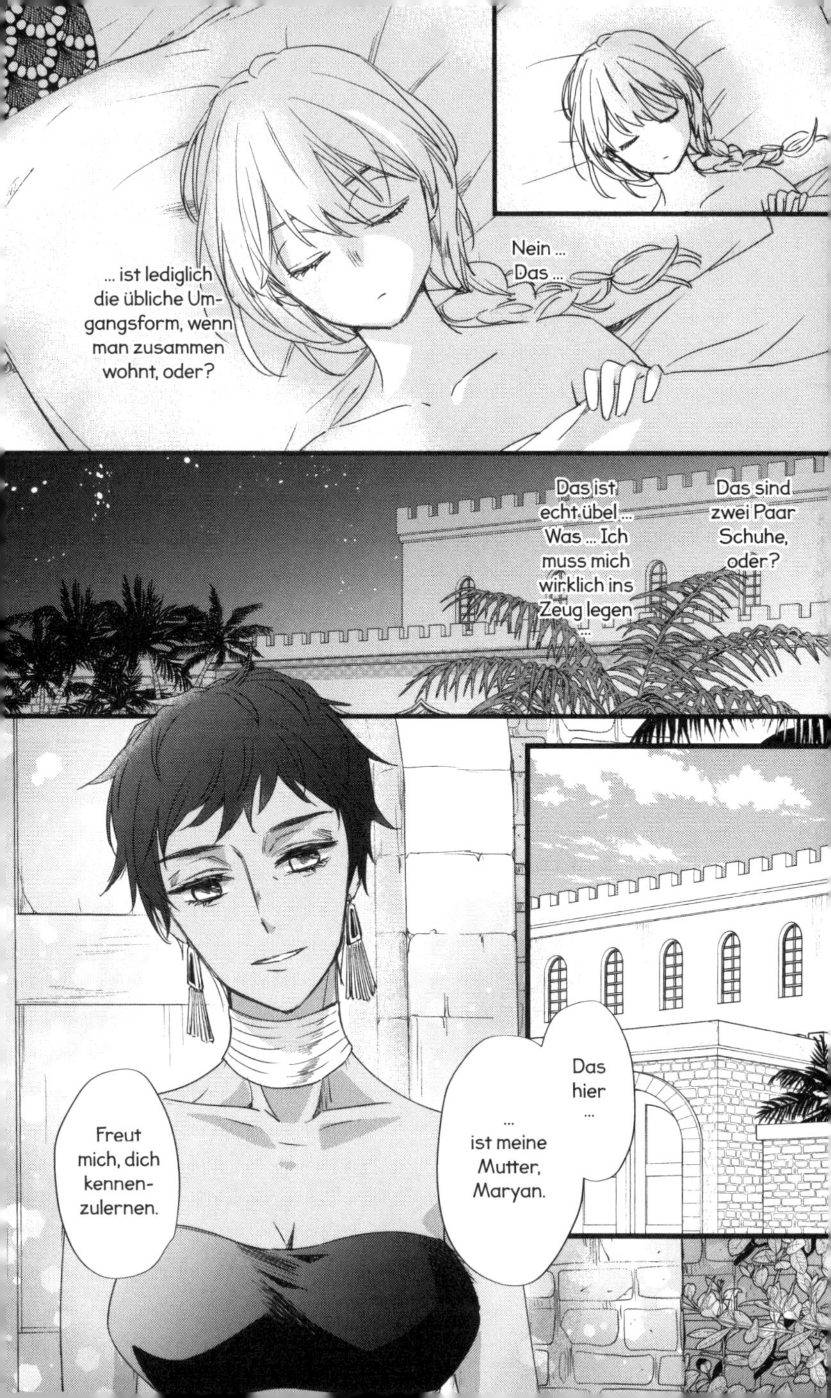
Nein ...
Das ...
... ist lediglich die übliche Umgangsform, wenn man zusammen wohnt, oder?
Das sind zwei Paar Schuhe, oder?
Das ist echt übel ... Was ... Ich muss mich wirklich ins Zeug legen ...
Das hier ...
... ist meine Mutter, Maryan.
Freut mich, dich kennenzulernen.

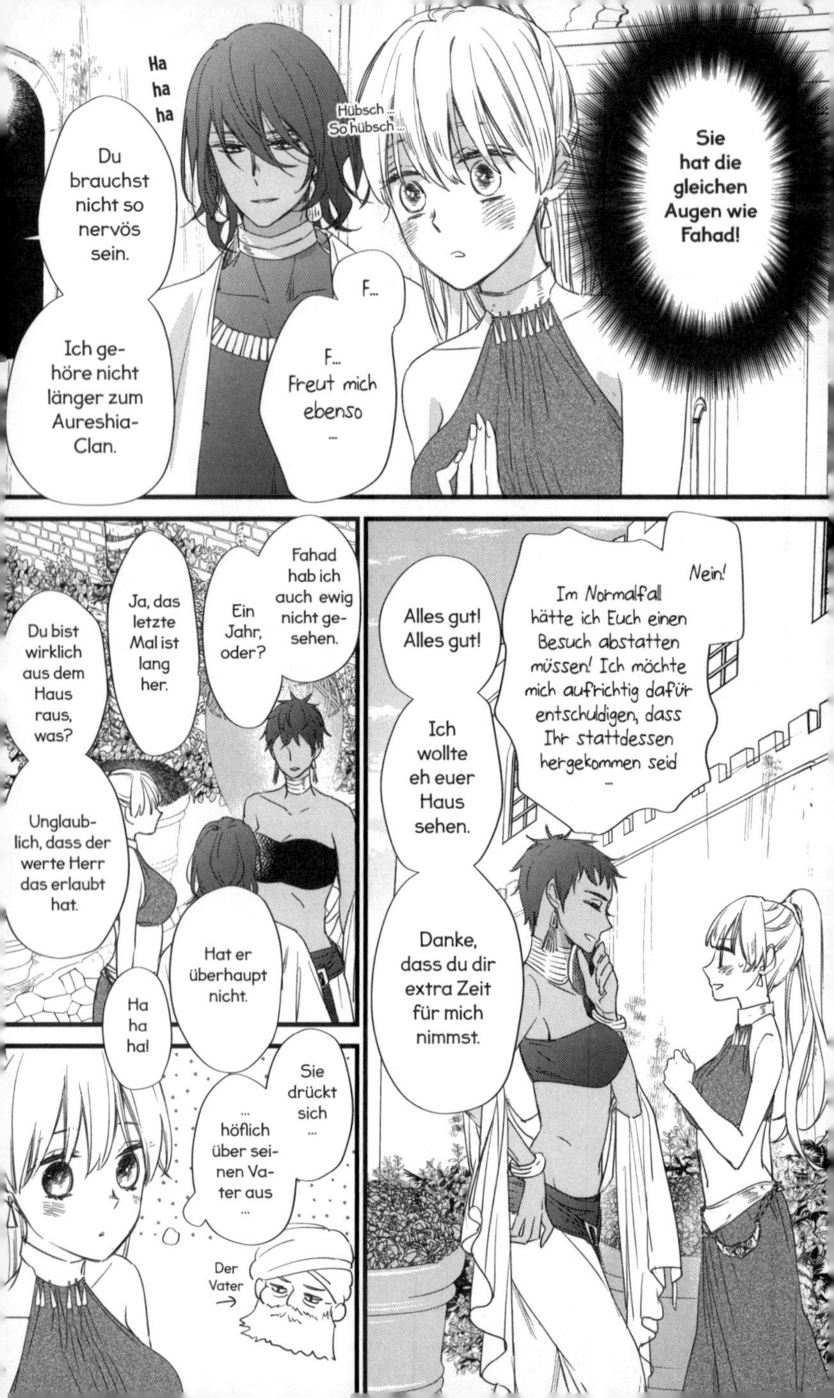
Sie hat die gleichen Augen wie Fahad!
Hübsch ... So hübsch ...
F... F... Freut mich ebenso ...
Ha ha ha
Du brauchst nicht so nervös sein.
Ich gehöre nicht länger zum Aureshia-Clan.
Nein! Im Normalfall hätte ich Euch einen Besuch abstatten müssen! Ich möchte mich aufrichtig dafür entschuldigen, dass Ihr stattdessen hergekommen seid ...
Alles gut! Alles gut!
Ich wollte eh euer Haus sehen.
Danke, dass du dir extra Zeit für mich nimmst.
Fahad hab ich auch ewig nicht gesehen.
Ein Jahr, oder?
Ja, das letzte Mal ist lang her.
Du bist wirklich aus dem Haus raus, was?
Unglaublich, dass der werte Herr das erlaubt hat.
Hat er überhaupt nicht.
Ha ha ha!
Sie drückt sich ...
... höflich über seinen Vater aus ...
Der Vater

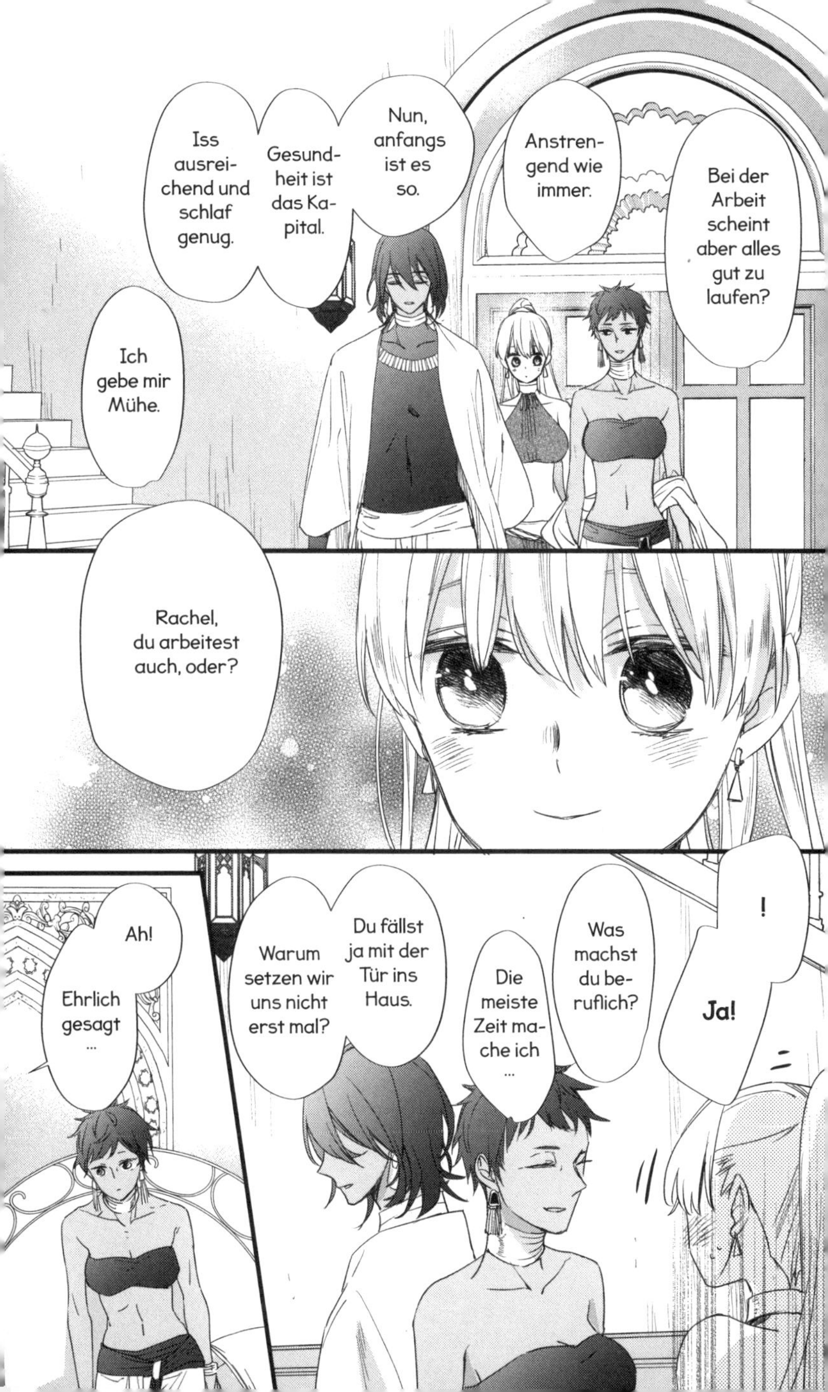
Bei der Arbeit scheint aber alles gut zu laufen?
Anstrengend wie immer.
Nun, anfangs ist es so.
Gesundheit ist das Kapital.
Iss ausreichend und schlaf genug.
Ich gebe mir Mühe.
Rachel, du arbeitest auch, oder?
!
Ja!
Was machst du beruflich?
Die meiste Zeit mache ich …
Du fällst ja mit der Tür ins Haus.
Warum setzen wir uns nicht erst mal?
Ah!
Ehrlich gesagt …

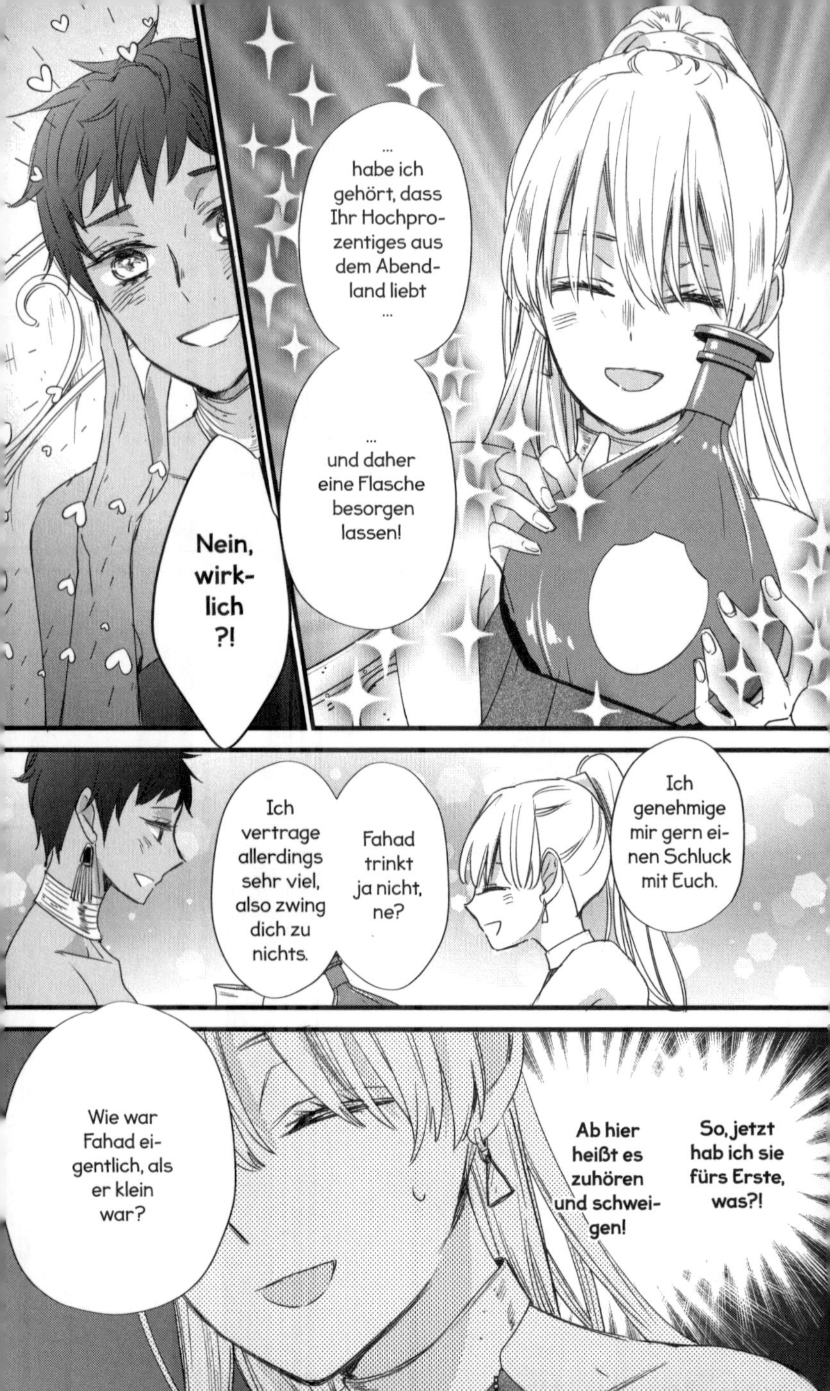

... habe ich gehört, dass Ihr Hochprozentiges aus dem Abendland liebt ...
... und daher eine Flasche besorgen lassen!
Nein, wirklich?!
Ich genehmige mir gern einen Schluck mit Euch.
Fahad trinkt ja nicht, ne?
Ich vertrage allerdings sehr viel, also zwing dich zu nichts.
So, jetzt hab ich sie fürs Erste, was?!
Ab hier heißt es zuhören und schweigen!
Wie war Fahad eigentlich, als er klein war?

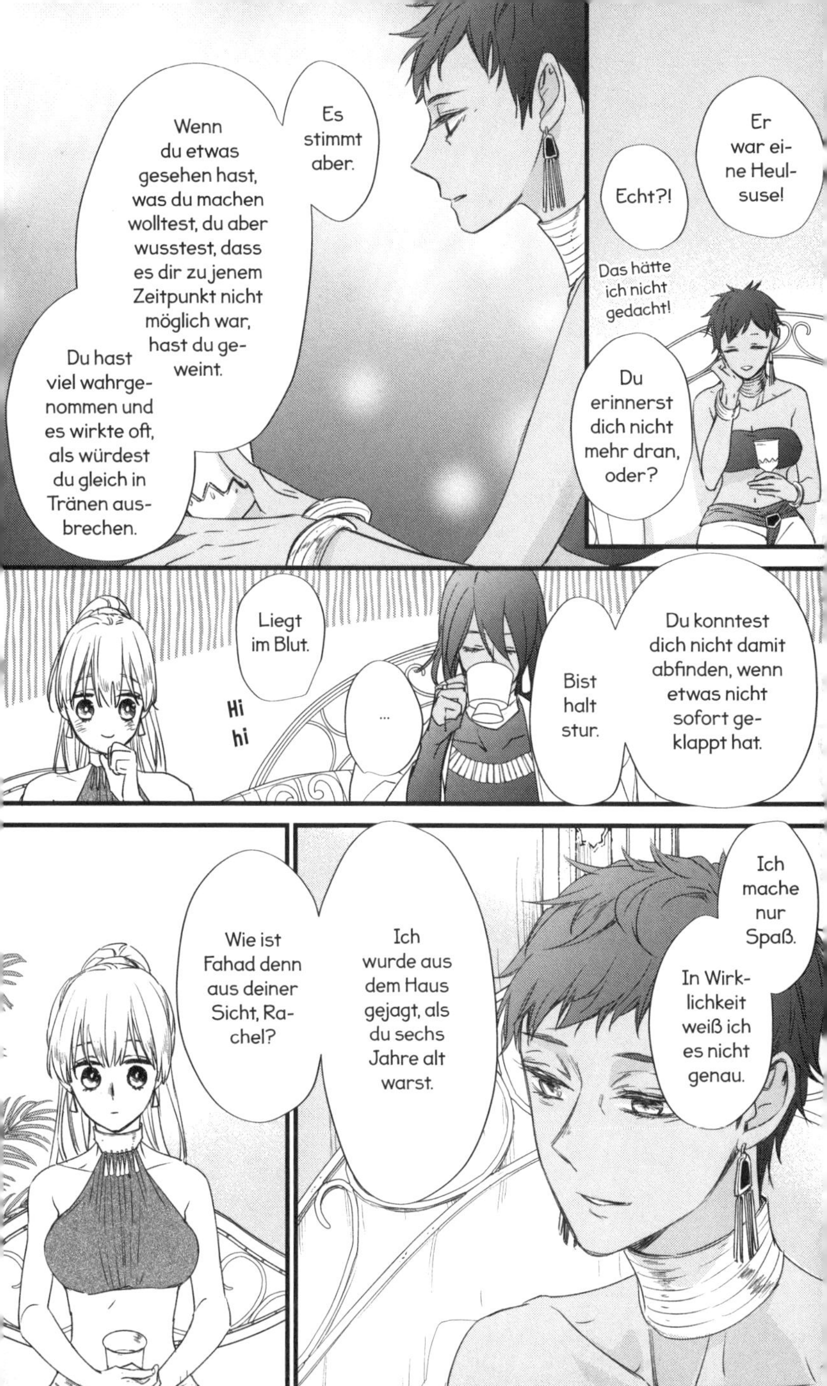
Er war eine Heulsuse!
Echt?!
Das hätte ich nicht gedacht!
Du erinnerst dich nicht mehr dran, oder?
Es stimmt aber.
Wenn du etwas gesehen hast, was du machen wolltest, du aber wusstest, dass es dir zu jenem Zeitpunkt nicht möglich war, hast du geweint.
Du hast viel wahrgenommen und es wirkte oft, als würdest du gleich in Tränen ausbrechen.
Du konntest dich nicht damit abfinden, wenn etwas nicht sofort geklappt hat.
Bist halt stur.
...
Liegt im Blut.
Hi hi
Ich mache nur Spaß.
In Wirklichkeit weiß ich es nicht genau.
Ich wurde aus dem Haus gejagt, als du sechs Jahre alt warst.
Wie ist Fahad denn aus deiner Sicht, Rachel?

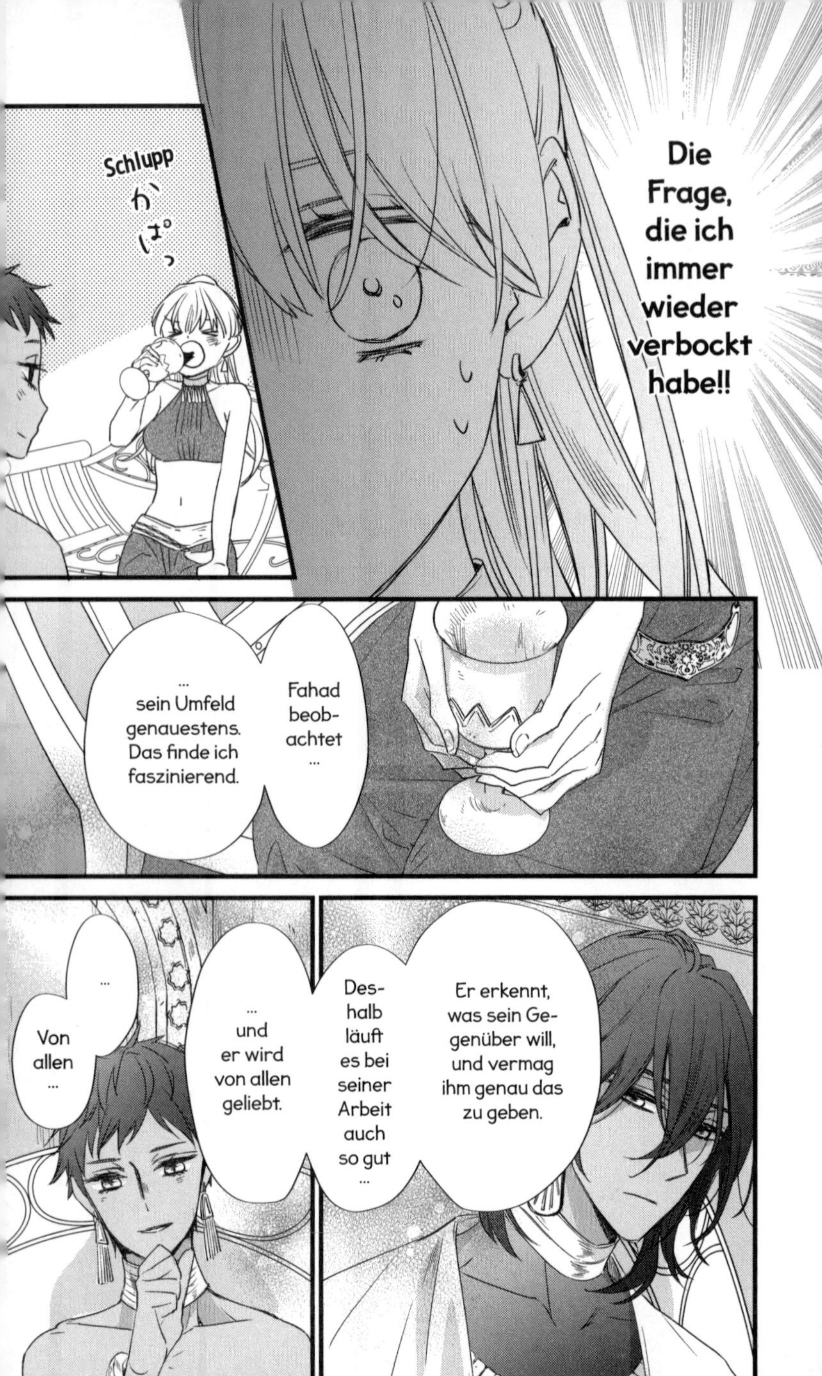
Schlupp
かぱっ
Die Frage, die ich immer wieder verbockt habe!!
Fahad beob-achtet …
… sein Umfeld genauestens. Das finde ich faszinierend.
Er erkennt, was sein Ge-genüber will, und vermag ihm genau das zu geben.
Des-halb läuft es bei seiner Arbeit auch so gut …
… und er wird von allen geliebt.
…
Von allen …

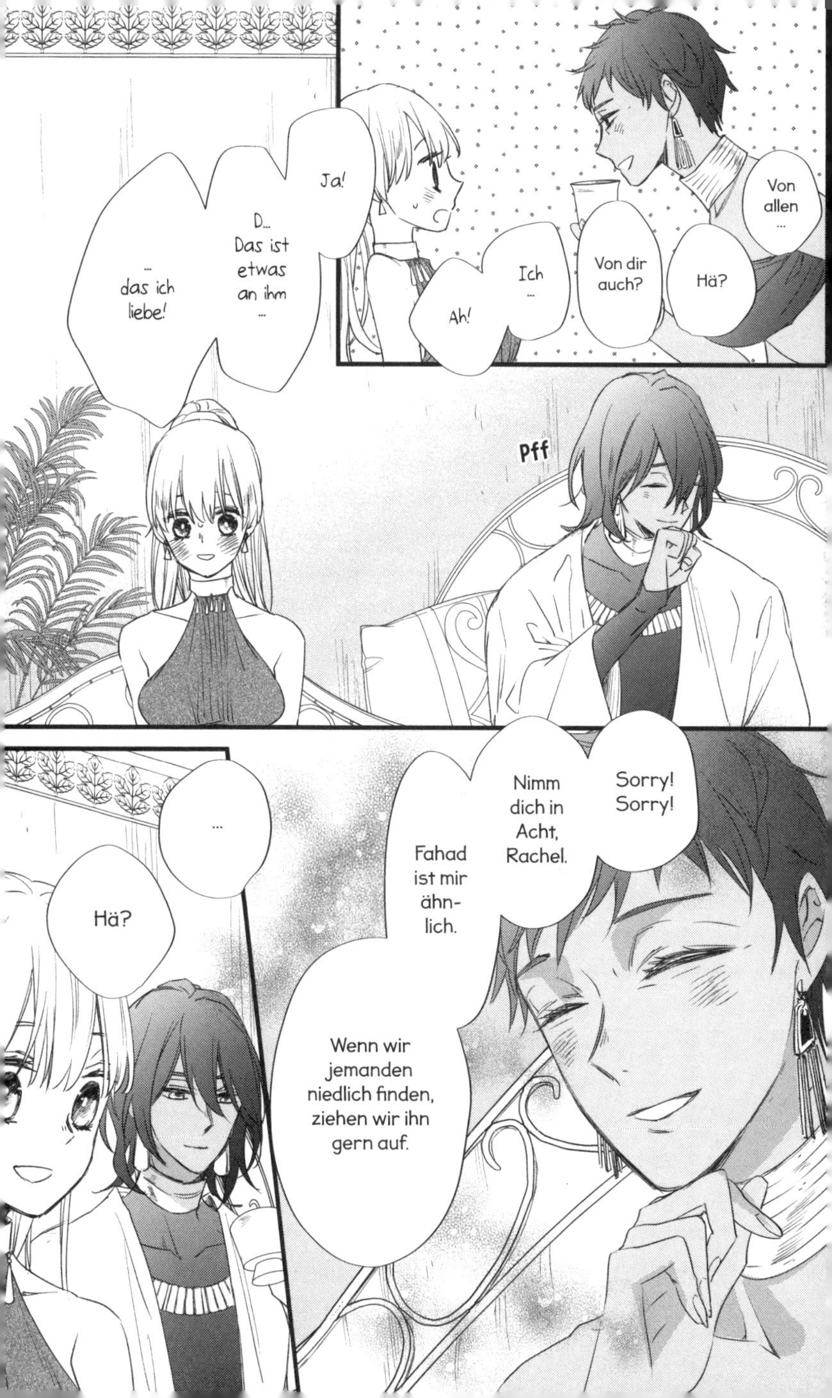

Von allen ...
Hä?
Von dir auch?
Ich ...
Ah!
Ja!
D... Das ist etwas an ihm ...
... das ich liebe!
Pff
Sorry! Sorry!
Nimm dich in Acht, Rachel.
Fahad ist mir ähnlich.
Wenn wir jemanden niedlich finden, ziehen wir ihn gern auf.
...
Hä?

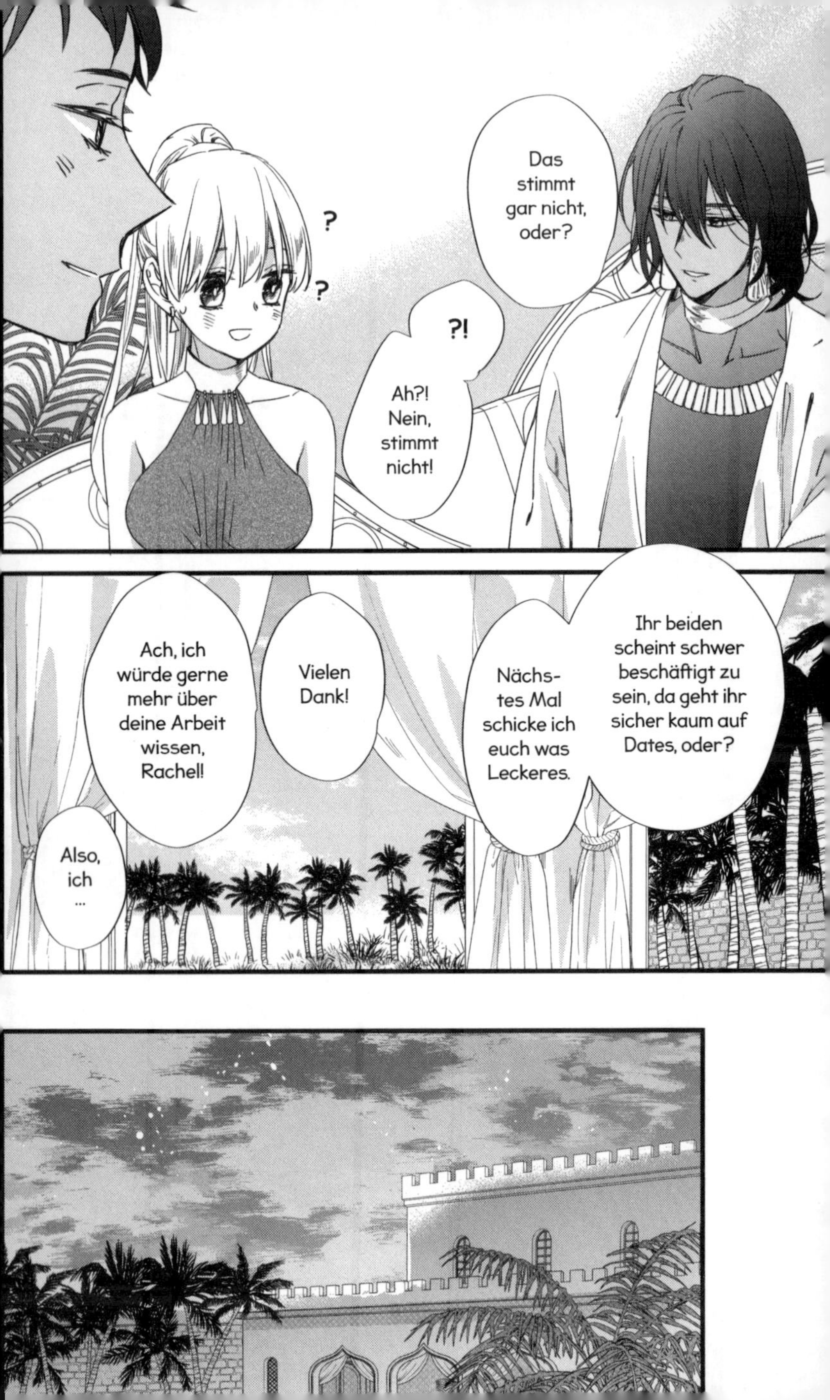

Das stimmt gar nicht, oder?

?

?

?!

Ah?! Nein, stimmt nicht!

Ihr beiden scheint schwer beschäftigt zu sein, da geht ihr sicher kaum auf Dates, oder?

Nächstes Mal schicke ich euch was Leckeres.

Vielen Dank!

Ach, ich würde gerne mehr über deine Arbeit wissen, Rachel!

Also, ich ...

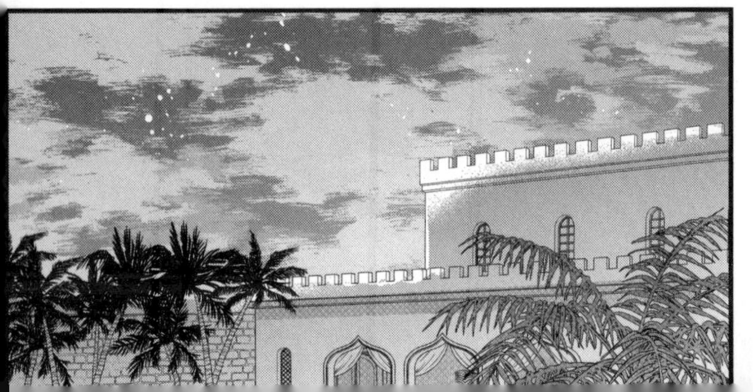

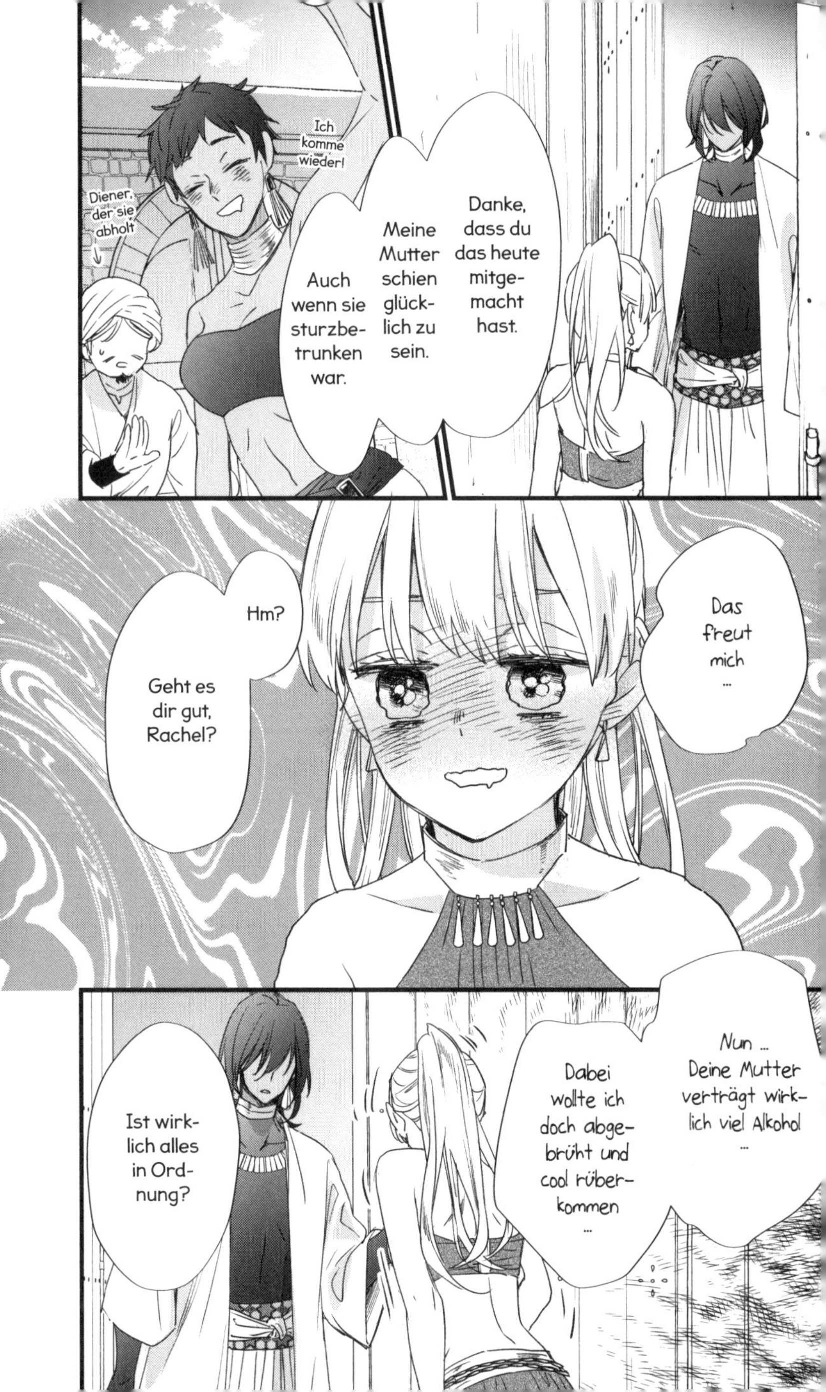

Danke, dass du das heute mitgemacht hast.
Meine Mutter schien glücklich zu sein.
Auch wenn sie sturzbetrunken war.
Ich komme wieder!
Diener, der sie abholt
Das freut mich ...
Hm?
Geht es dir gut, Rachel?
Nun ... Deine Mutter verträgt wirklich viel Alkohol ...
Dabei wollte ich doch abgebrüht und cool rüberkommen ...
Ist wirklich alles in Ordnung?

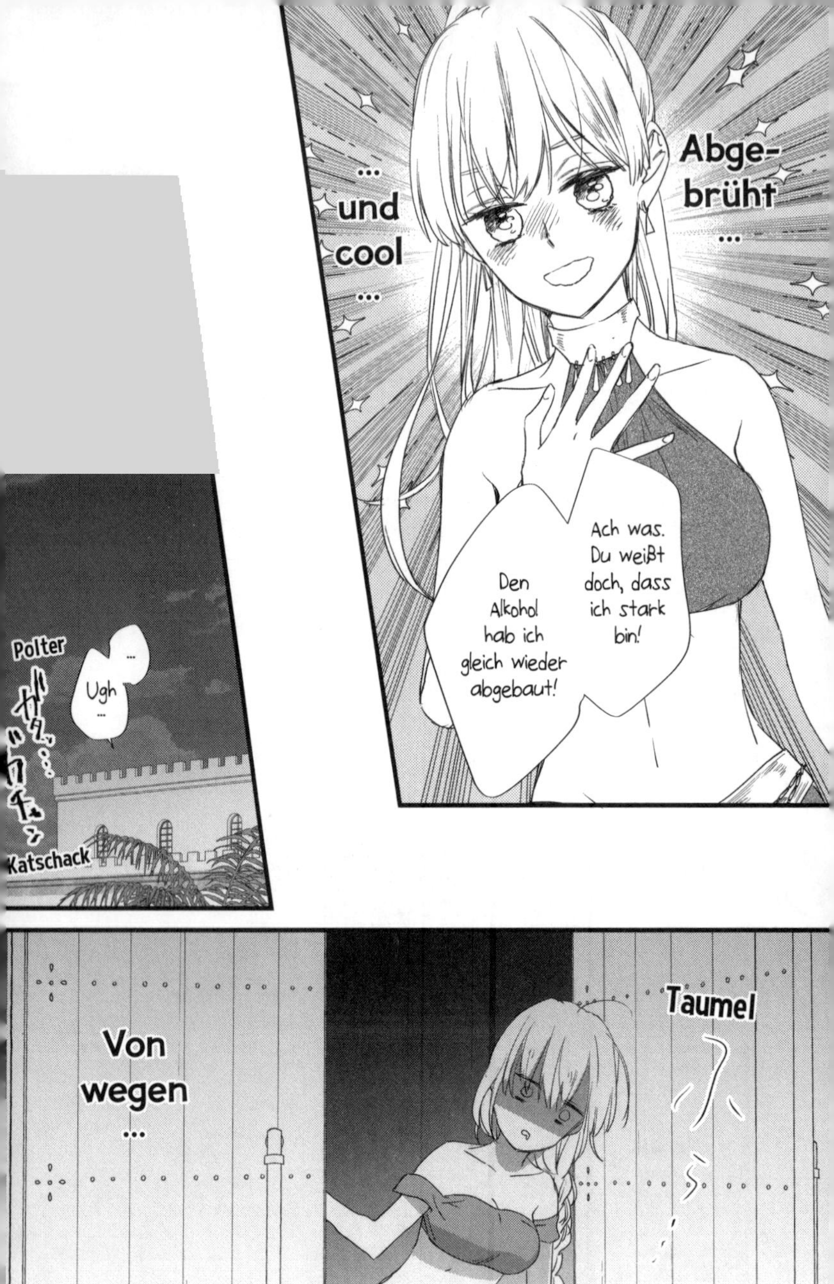
Abge-
brüht
...
... und cool ...
Ach was. Du weißt doch, dass ich stark bin!
Den Alkohol hab ich gleich wieder abgebaut!
Polter
Katschack
... Ugh ...
Taumel
Von wegen ...

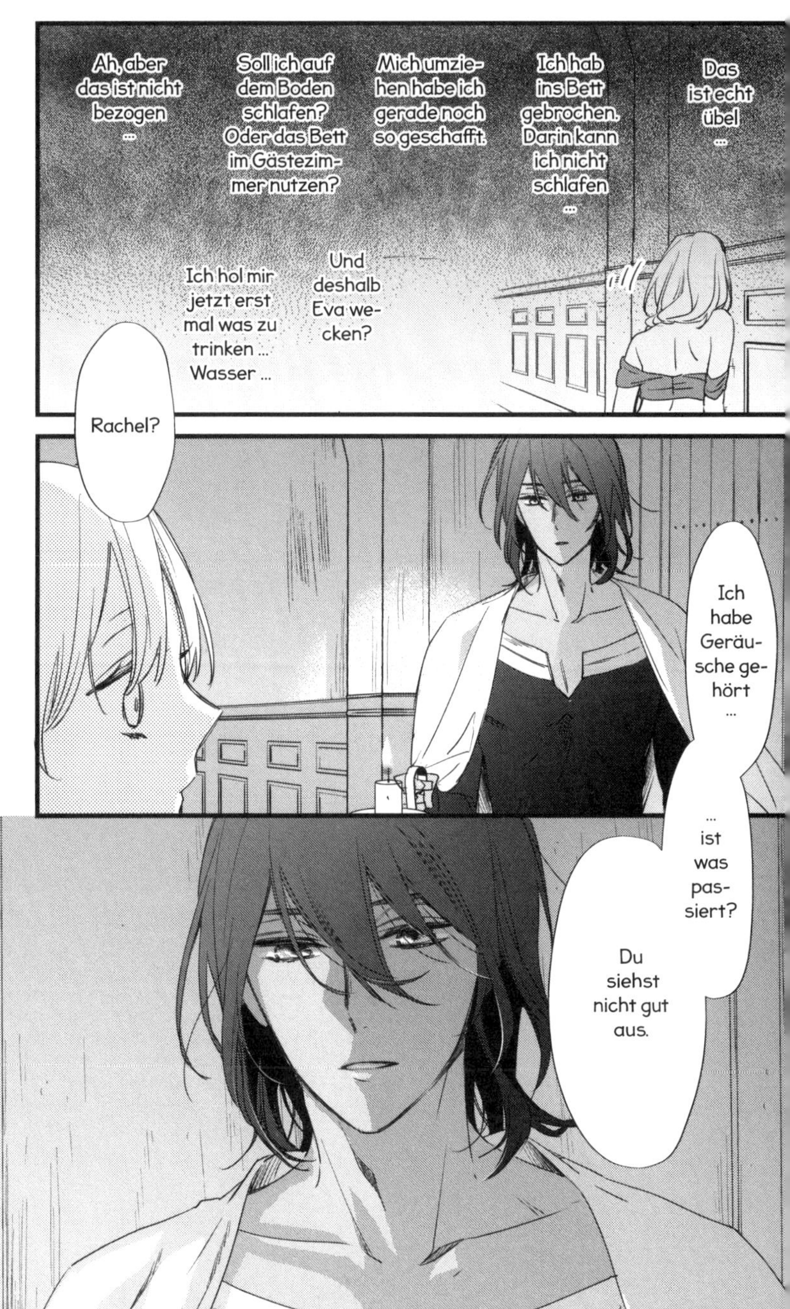
Das ist echt übel …
Ich hab ins Bett gebrochen. Darin kann ich nicht schlafen …
Mich umziehen habe ich gerade noch so geschafft.
Soll ich auf dem Boden schlafen? Oder das Bett im Gästezimmer nutzen?
Ah, aber das ist nicht bezogen …
Und deshalb Eva wecken?
Ich hol mir jetzt erst mal was zu trinken … Wasser …
Rachel?
Ich habe Geräusche gehört …
… ist was passiert?
Du siehst nicht gut aus.

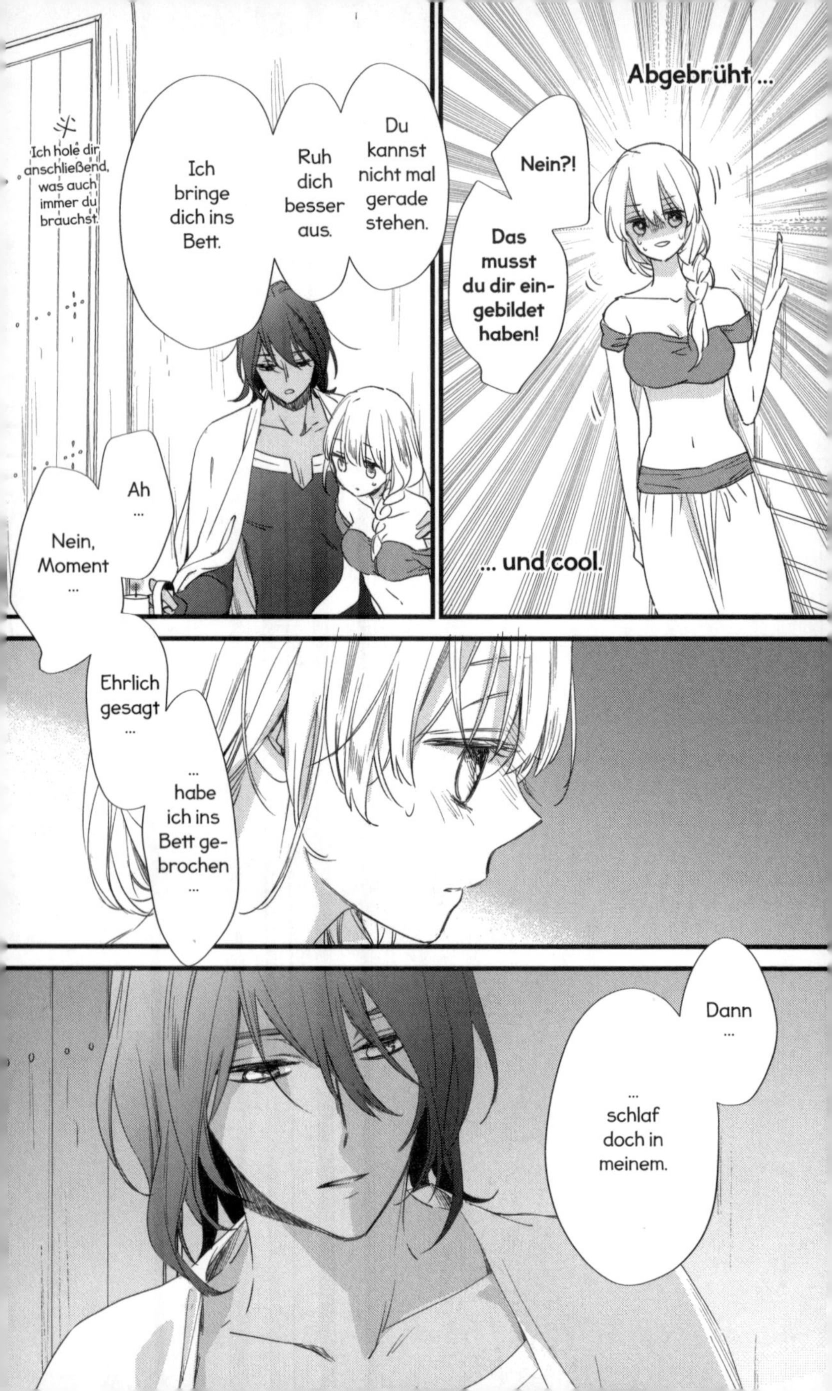
Nein?!
Das musst du dir eingebildet haben!
Abgebrüht ...
... und cool.
Du kannst nicht mal gerade stehen.
Ruh dich besser aus.
Ich bringe dich ins Bett.
Ich hole dir anschließend, was auch immer du brauchst.
Ah ... Nein, Moment ...
Ehrlich gesagt ...
... habe ich ins Bett gebrochen ...
Dann ...
... schlaf doch in meinem.

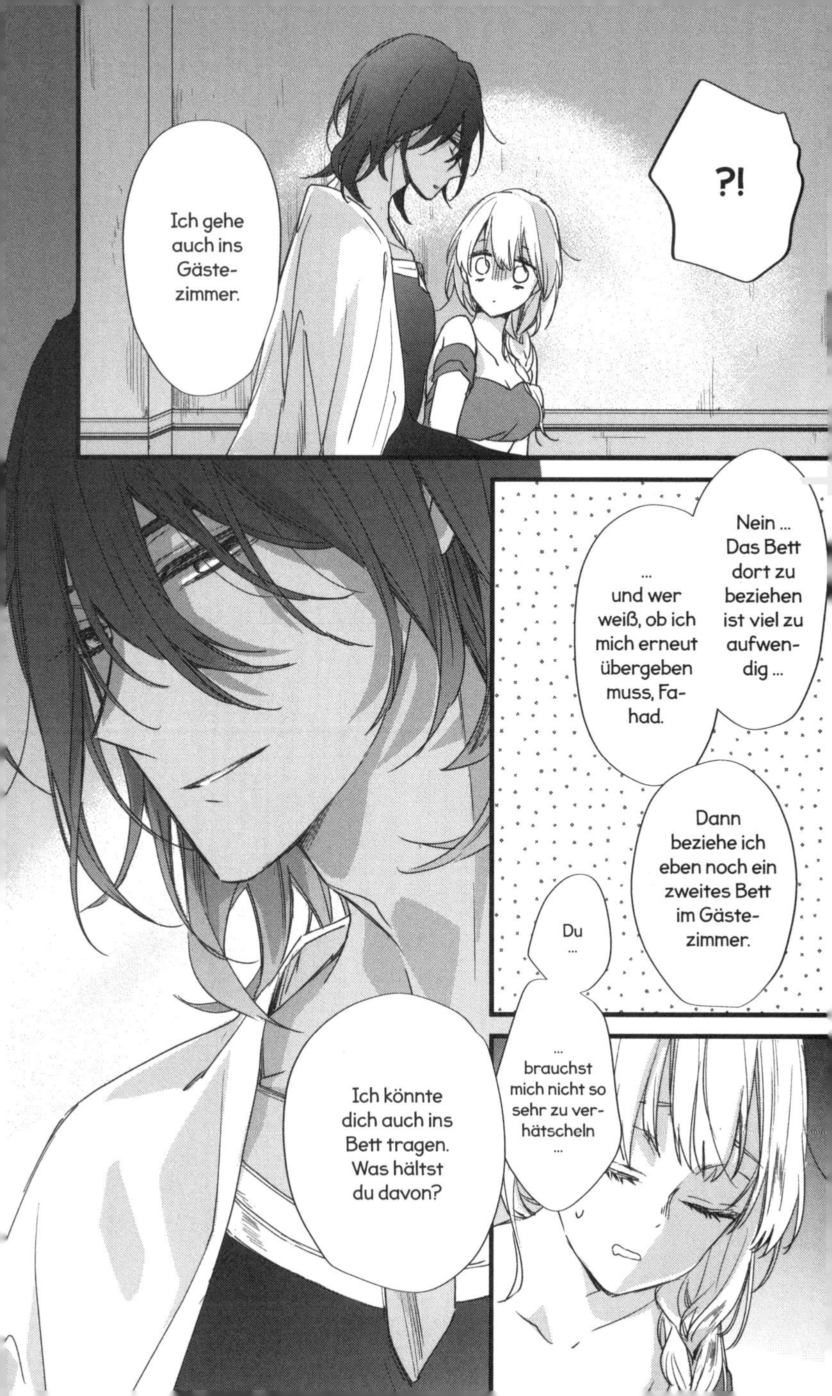

?!
Ich gehe auch ins Gäste-zimmer.
Nein ... Das Bett dort zu beziehen ist viel zu aufwen-dig ...
... und wer weiß, ob ich mich erneut übergeben muss, Fa-had.
Dann beziehe ich eben noch ein zweites Bett im Gäste-zimmer.
Du ...
... brauchst mich nicht so sehr zu ver-hätscheln ...
Ich könnte dich auch ins Bett tragen. Was hältst du davon?

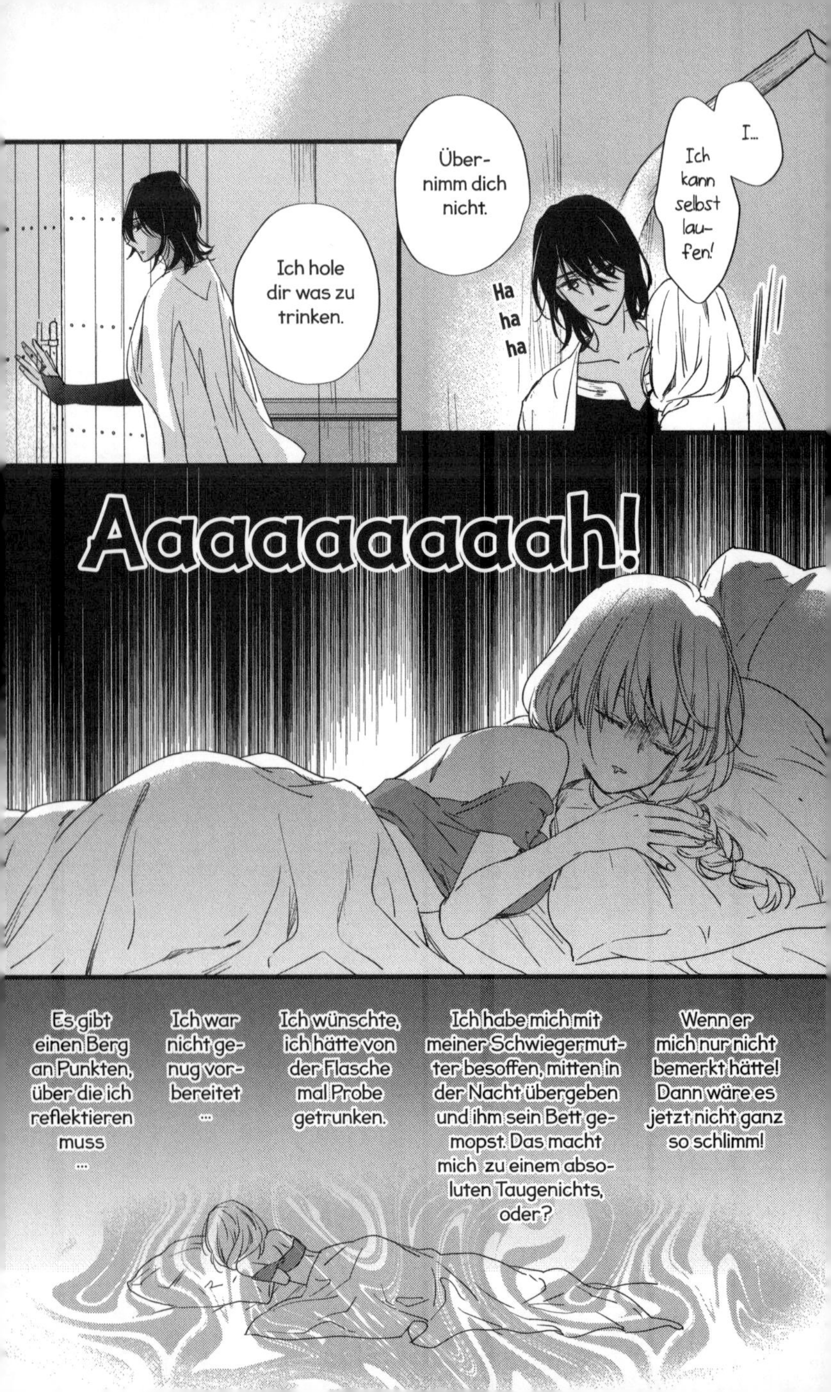
I... Ich kann selbst laufen!
Ha ha ha
Übernimm dich nicht.
Ich hole dir was zu trinken.
Aaaaaaaaaah!
Wenn er mich nur nicht bemerkt hätte! Dann wäre es jetzt nicht ganz so schlimm!
Ich habe mich mit meiner Schwiegermutter besoffen, mitten in der Nacht übergeben und ihm sein Bett gemopst. Das macht mich zu einem absoluten Taugenichts, oder?
Ich wünschte, ich hätte von der Flasche mal Probe getrunken.
Ich war nicht genug vorbereitet ...
Es gibt einen Berg an Punkten, über die ich reflektieren muss ...

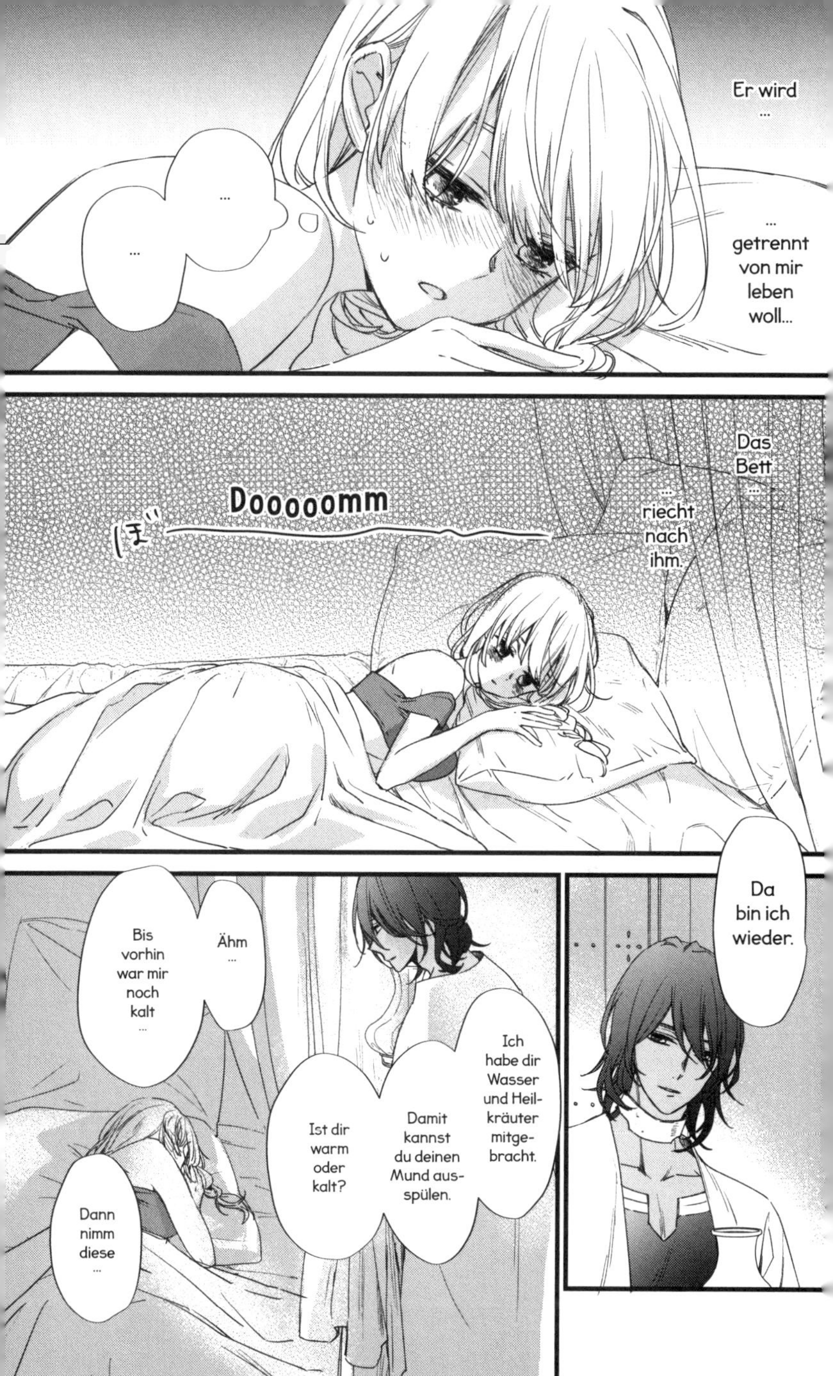

Er wird ...
... getrennt von mir leben woll...
...
...
Das Bett ...
... riecht nach ihm.
ぼ" Doooooomm
Da bin ich wieder.
Ich habe dir Wasser und Heil-kräuter mitge-bracht.
Damit kannst du deinen Mund aus-spülen.
Ist dir warm oder kalt?
Ähm ...
Bis vorhin war mir noch kalt ...
Dann nimm diese ...

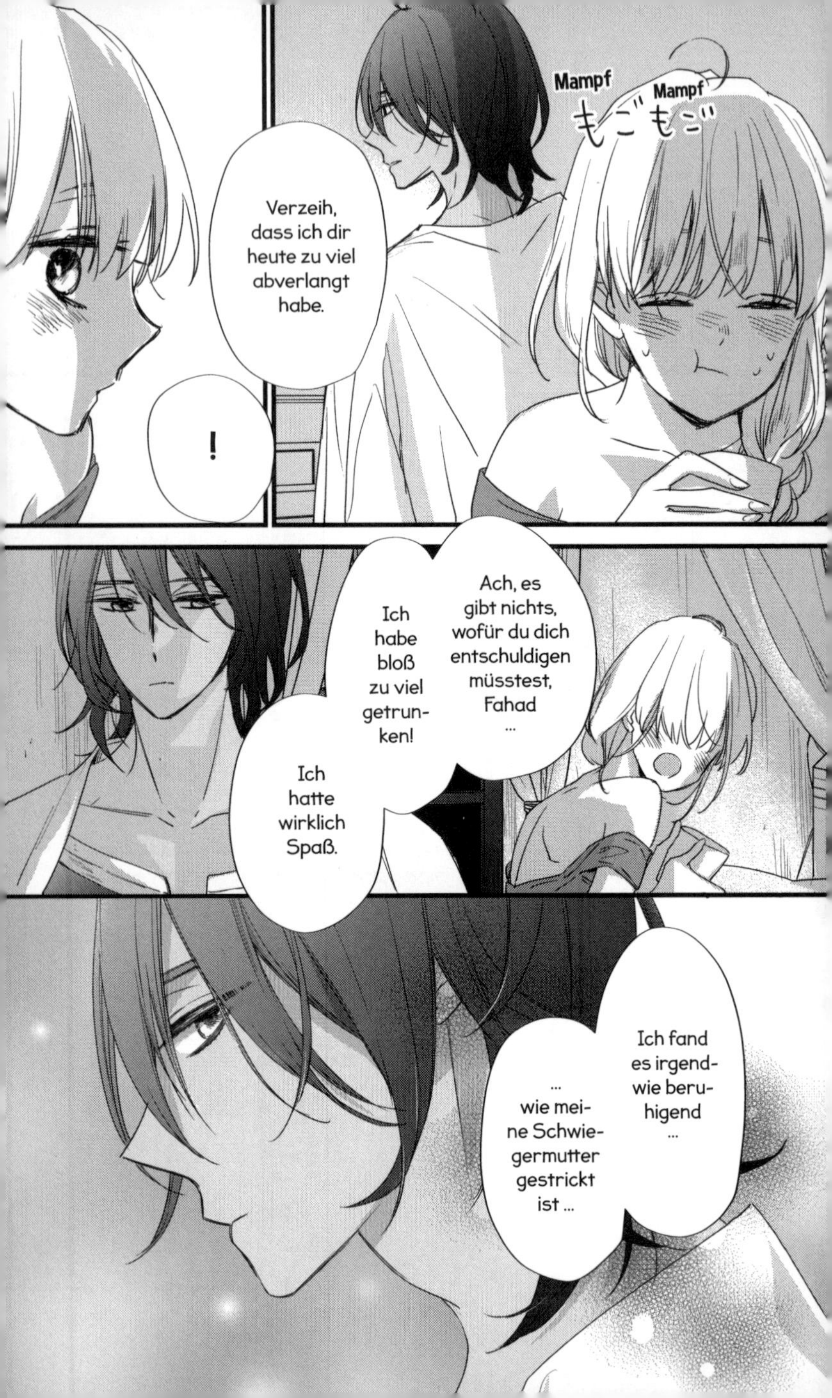
Mampf
Mampf
もごもご
Verzeih, dass ich dir heute zu viel abverlangt habe.
!
Ach, es gibt nichts, wofür du dich entschuldigen müsstest, Fahad …
Ich habe bloß zu viel getrunken!
Ich hatte wirklich Spaß.
Ich fand es irgendwie beruhigend …
… wie meine Schwiegermutter gestrickt ist …

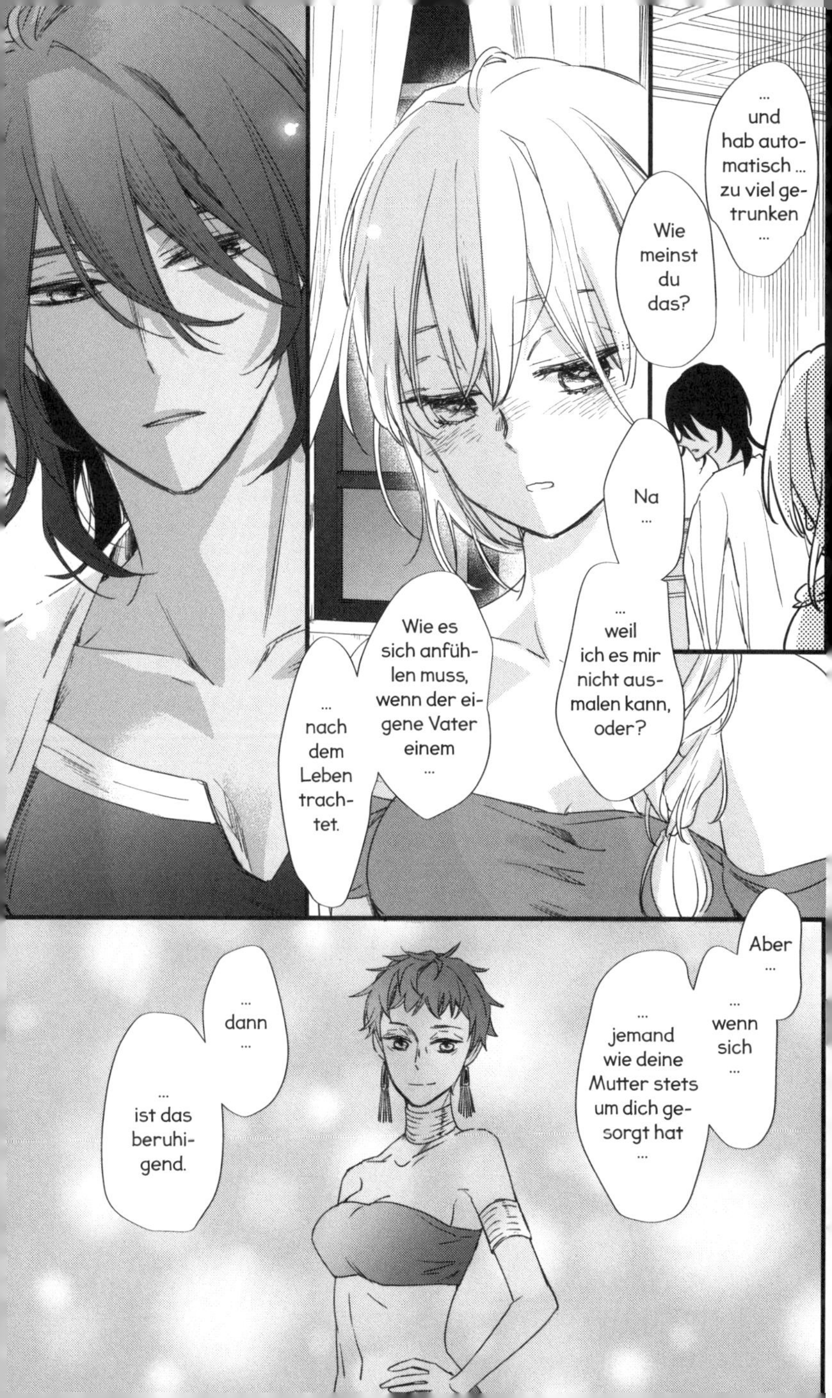
... und hab automatisch ... zu viel getrunken ...
Wie meinst du das?
Na ...
... weil ich es mir nicht ausmalen kann, oder?
Wie es sich anfühlen muss, wenn der eigene Vater einem ...
... nach dem Leben trachtet.
Aber ...
... wenn sich ...
... jemand wie deine Mutter stets um dich gesorgt hat ...
... dann ...
... ist das beruhigend.

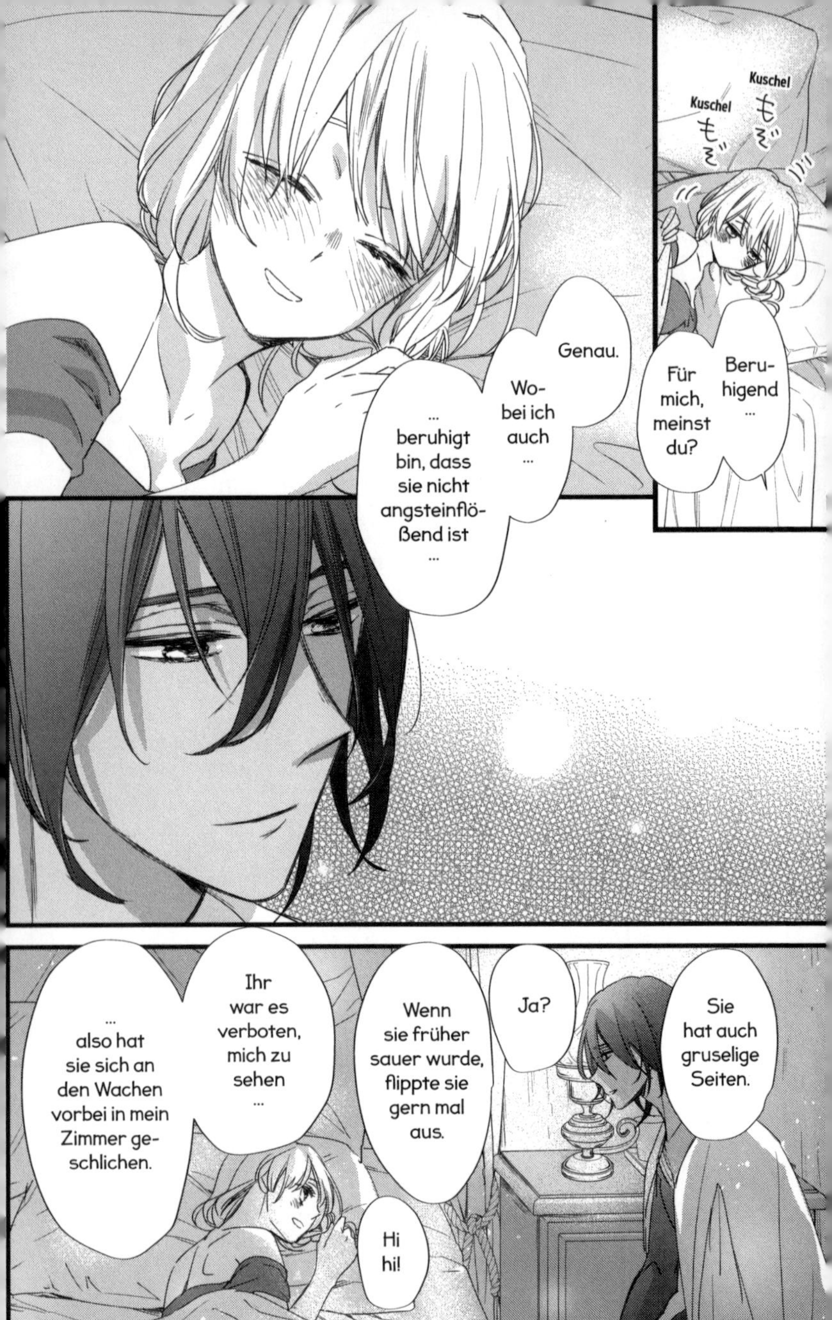
Kuschel
もぞ
Kuschel
もぞ
Beruhigend ...
Für mich, meinst du?
Genau.
Wobei ich auch ...
... beruhigt bin, dass sie nicht angsteinflößend ist ...
Sie hat auch gruselige Seiten.
Ja?
Wenn sie früher sauer wurde, flippte sie gern mal aus.
Ihr war es verboten, mich zu sehen ...
... also hat sie sich an den Wachen vorbei in mein Zimmer geschlichen.
Hi hi!

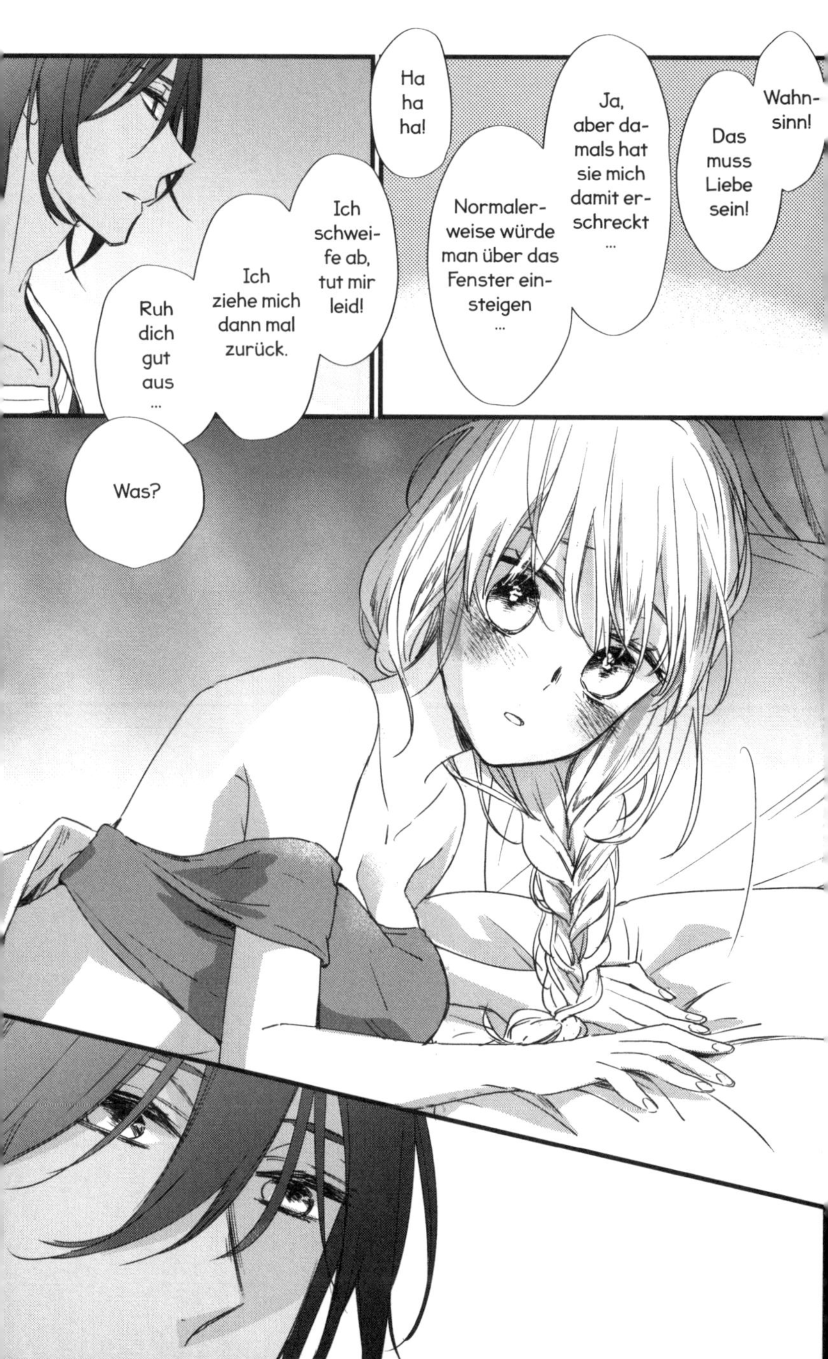

Wahnsinn!
Das muss Liebe sein!
Ja, aber damals hat sie mich damit erschreckt …
Normalerweise würde man über das Fenster einsteigen …
Ha ha ha!
Ich schweife ab, tut mir leid!
Ich ziehe mich dann mal zurück.
Ruh dich gut aus …
Was?

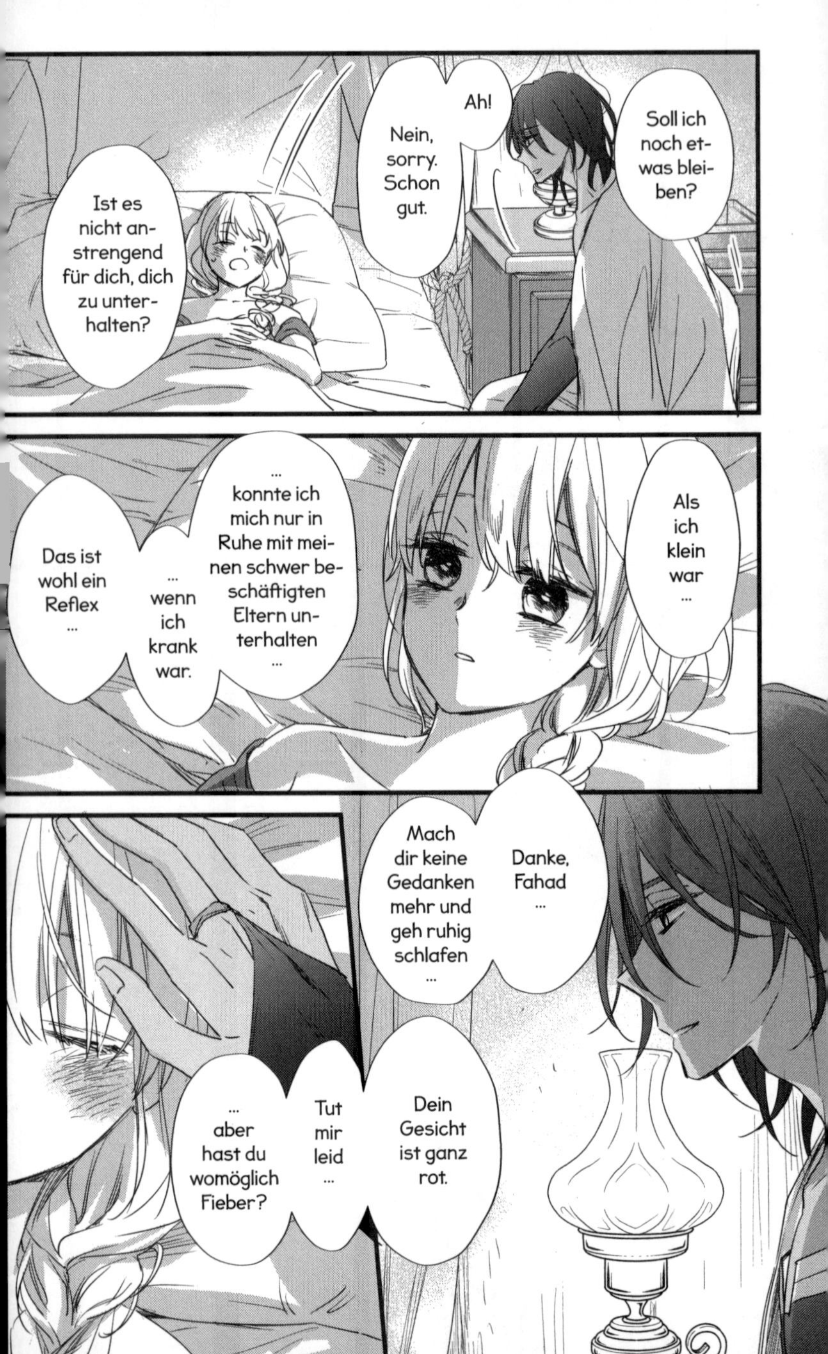
Soll ich noch etwas bleiben?
Ah!
Nein, sorry. Schon gut.
Ist es nicht anstrengend für dich, dich zu unterhalten?
Als ich klein war …
… konnte ich mich nur in Ruhe mit meinen schwer beschäftigten Eltern unterhalten …
… wenn ich krank war.
Das ist wohl ein Reflex …
Danke, Fahad …
Mach dir keine Gedanken mehr und geh ruhig schlafen …
Dein Gesicht ist ganz rot.
Tut mir leid …
… aber hast du womöglich Fieber?

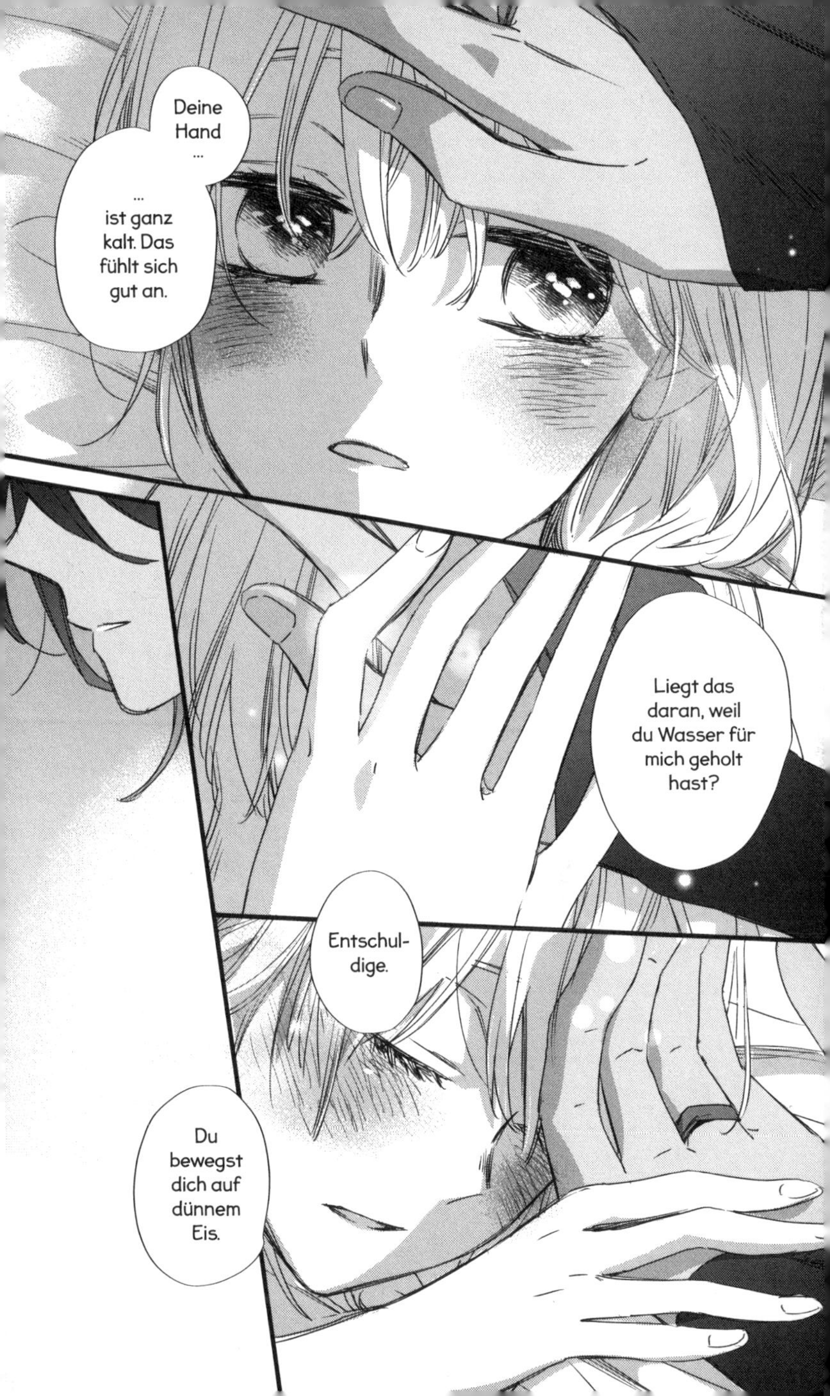
Deine Hand …
… ist ganz kalt. Das fühlt sich gut an.
Liegt das daran, weil du Wasser für mich geholt hast?
Entschul-dige.
Du bewegst dich auf dünnem Eis.

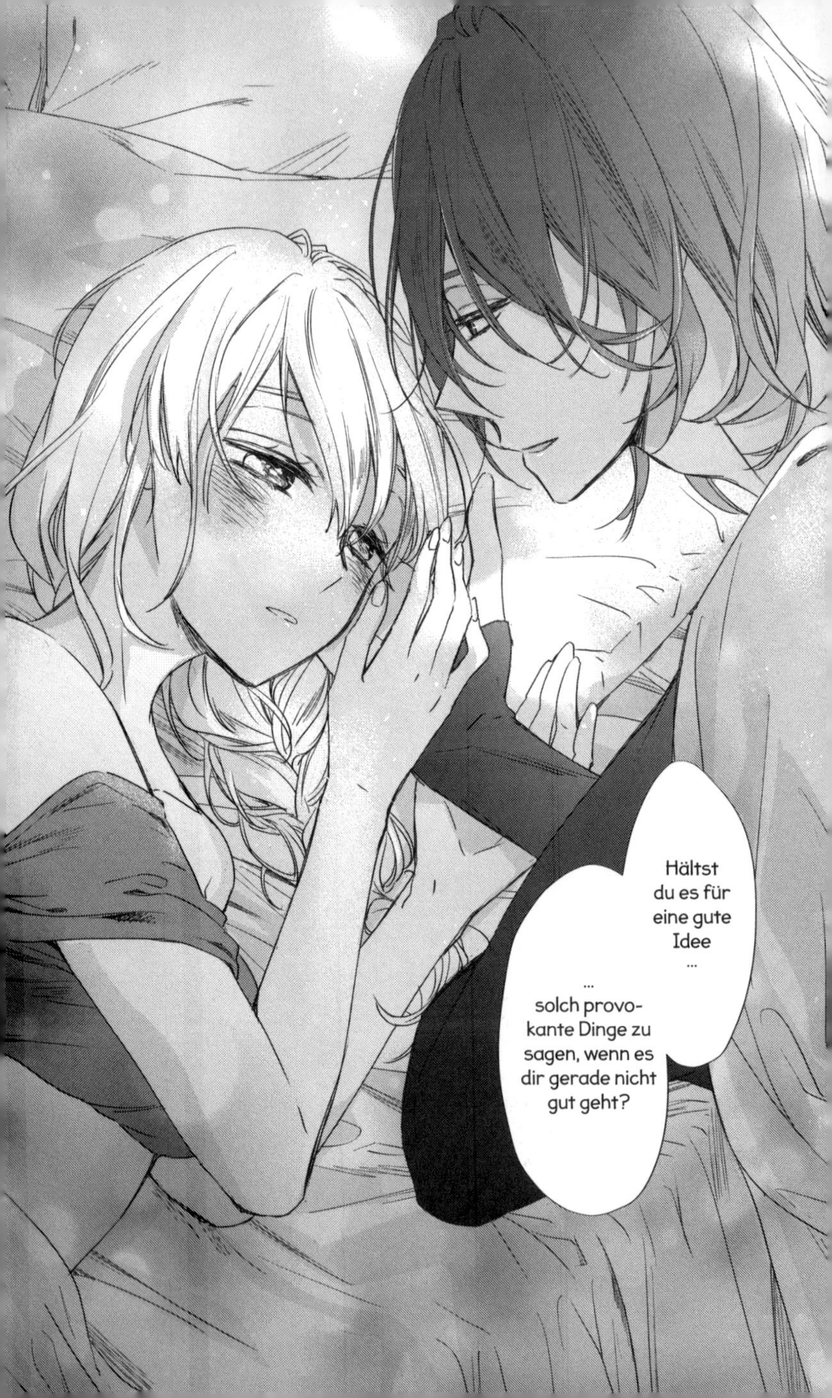
Hältst du es für eine gute Idee ...
... solch provo-kante Dinge zu sagen, wenn es dir gerade nicht gut geht?

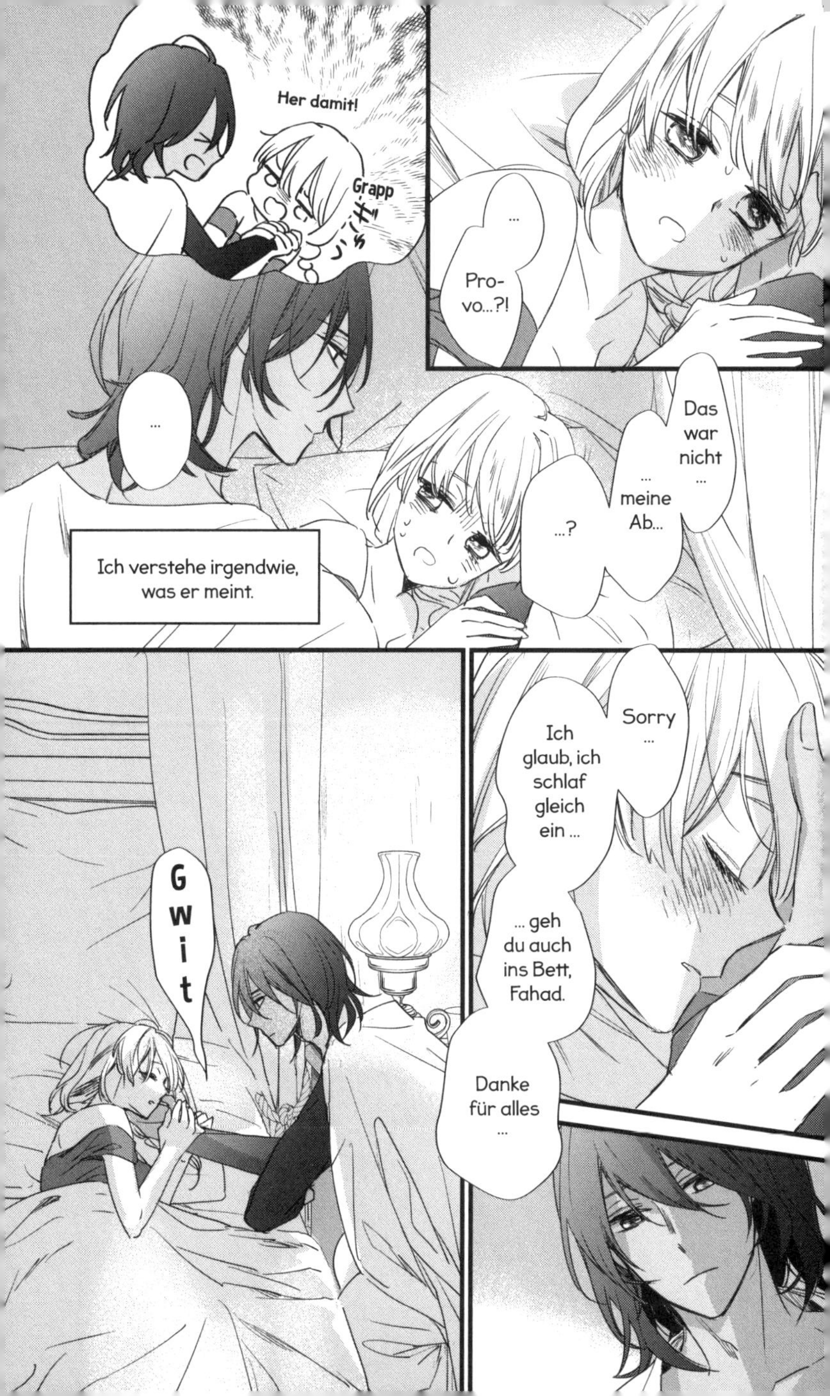

...
Pro-vo...?!
Her damit!
Grapp
Das war nicht ...
... meine Ab...
...?
...
Ich verstehe irgendwie, was er meint.
Sorry ...
Ich glaub, ich schlaf gleich ein ...
... geh du auch ins Bett, Fahad.
Danke für alles ...
Gwit

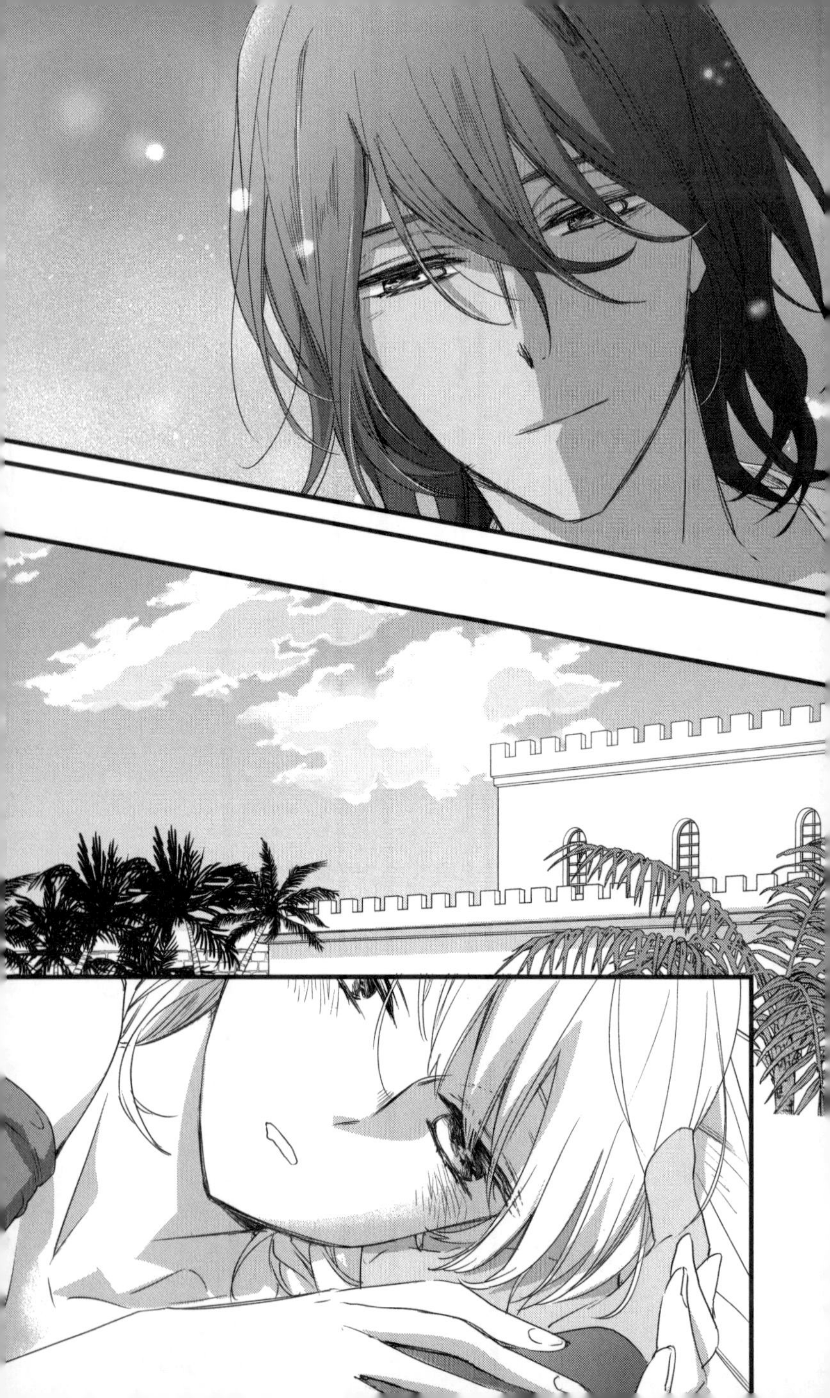

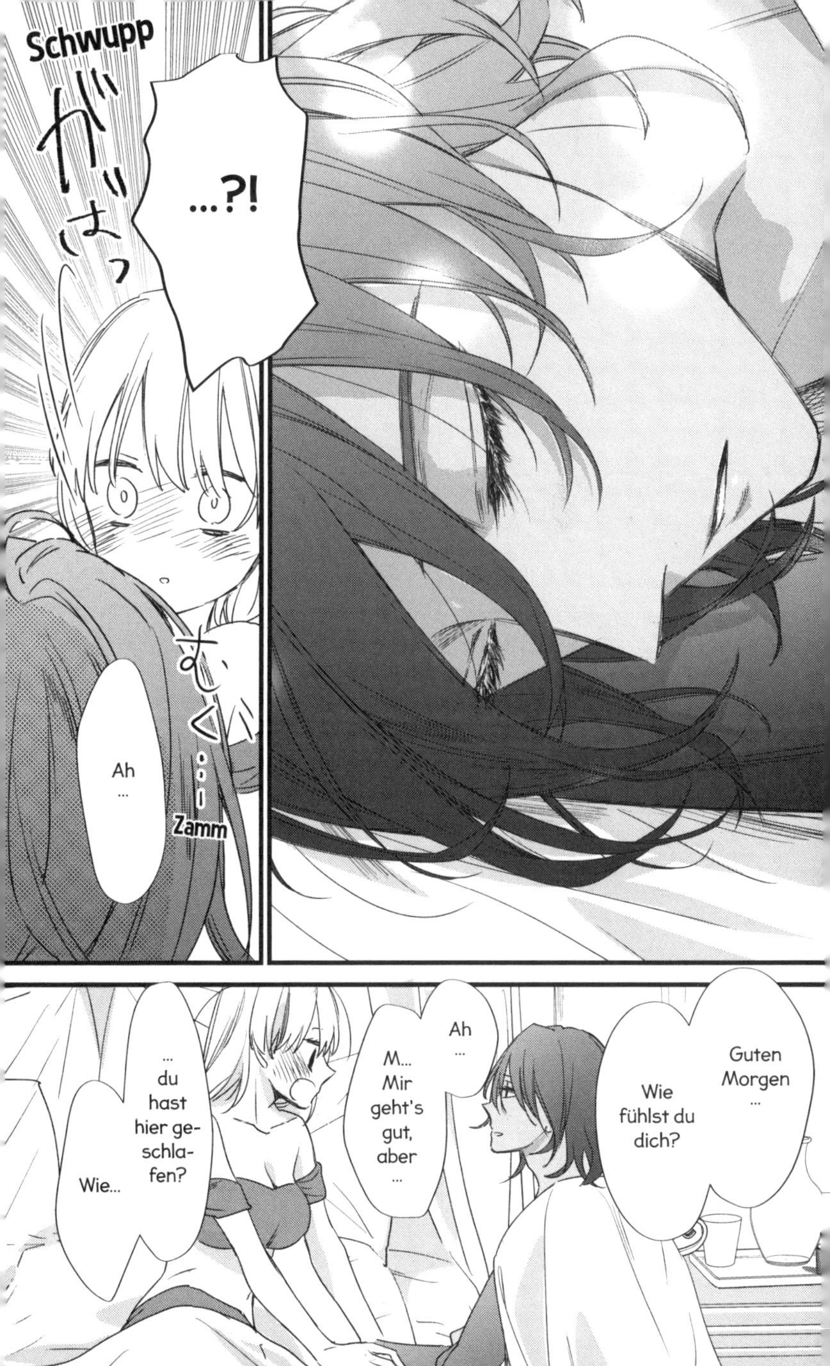
…?!
Schwupp
がばっ
むく…!
Zamm
Ah …
Guten Morgen …
Wie fühlst du dich?
Ah …
M… Mir geht's gut, aber …
… du hast hier geschlafen?
Wie…

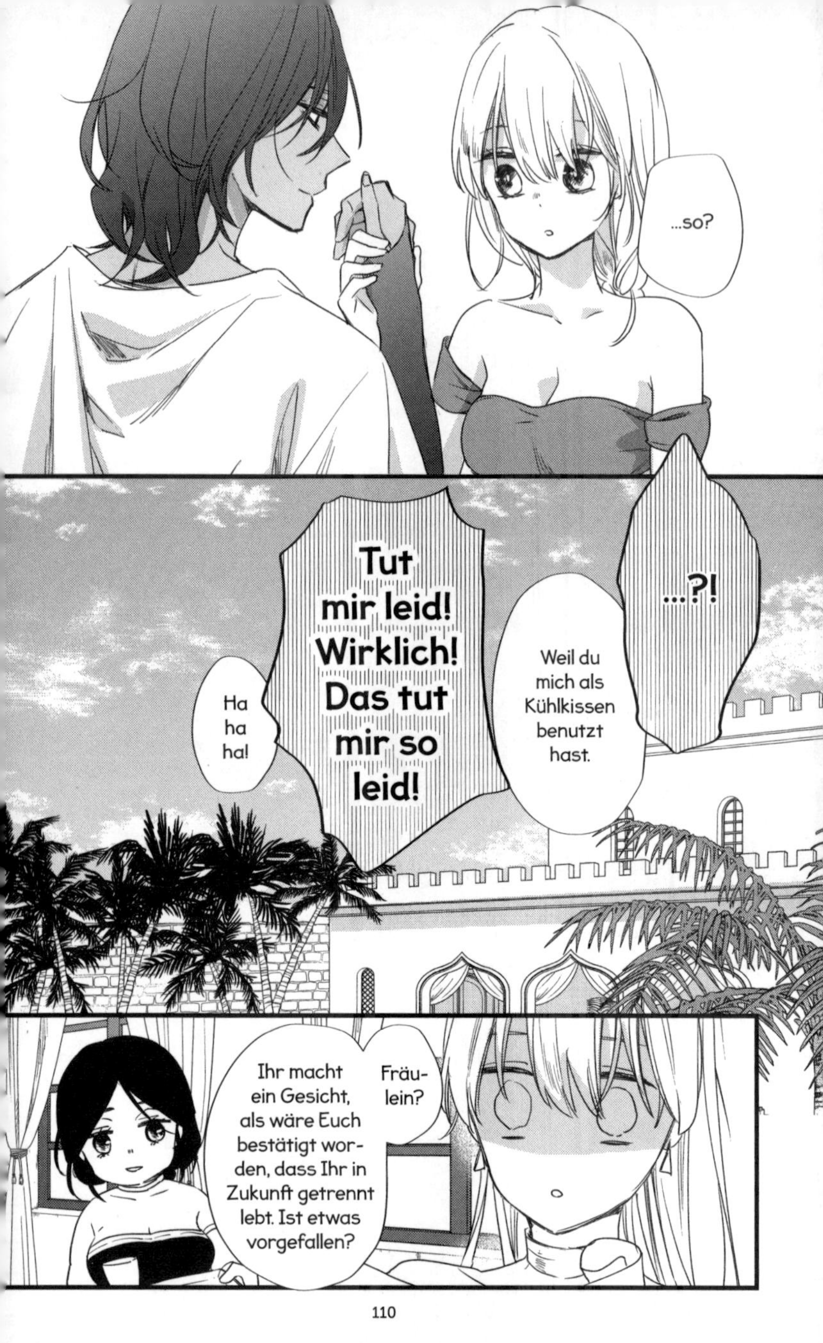
...so?
...?!
Weil du mich als Kühlkissen benutzt hast.
Tut mir leid! Wirklich! Das tut mir so leid!
Ha ha ha!
Fräulein?
Ihr macht ein Gesicht, als wäre Euch bestätigt worden, dass Ihr in Zukunft getrennt lebt. Ist etwas vorgefallen?

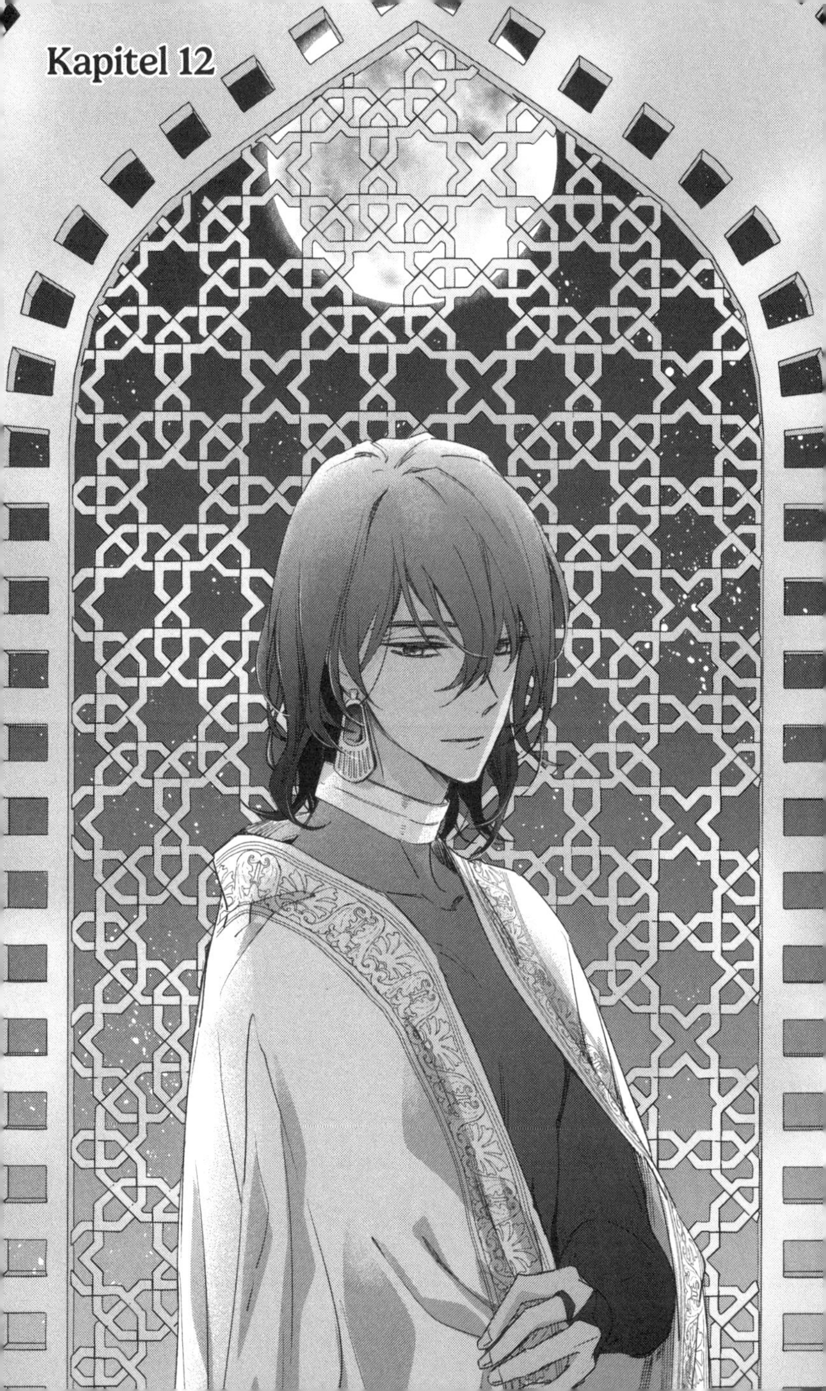
Kapitel 12

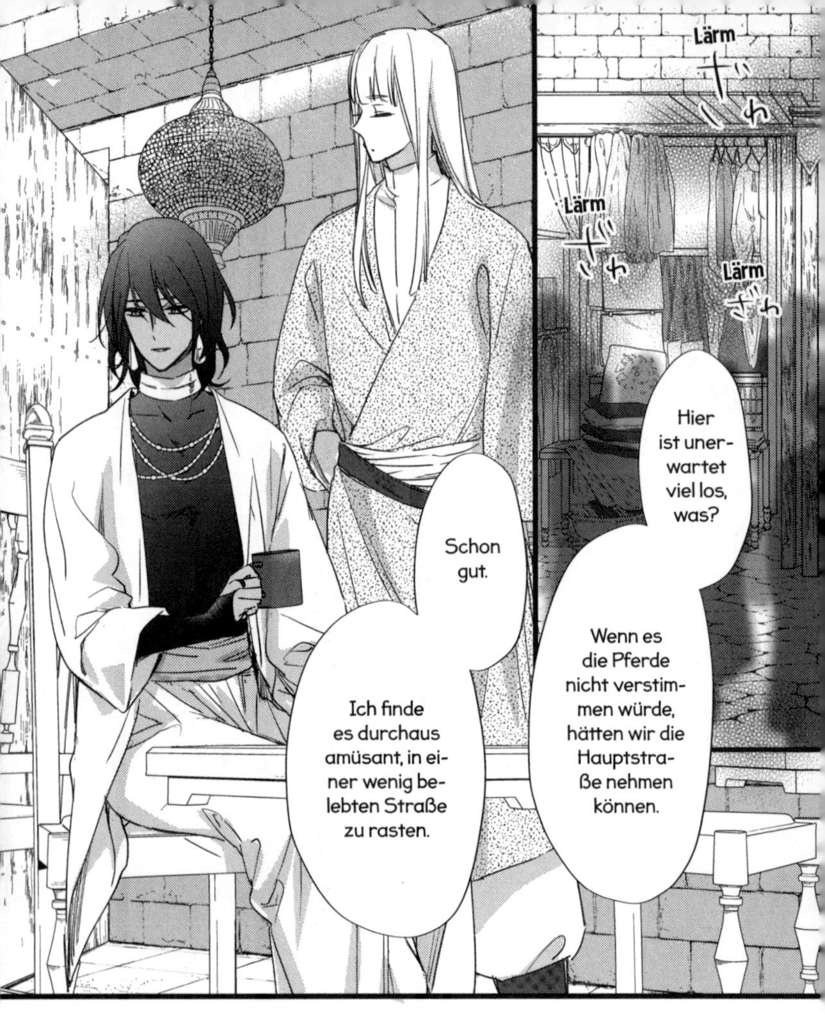

Gespielte Liebe
... oder doch nicht?

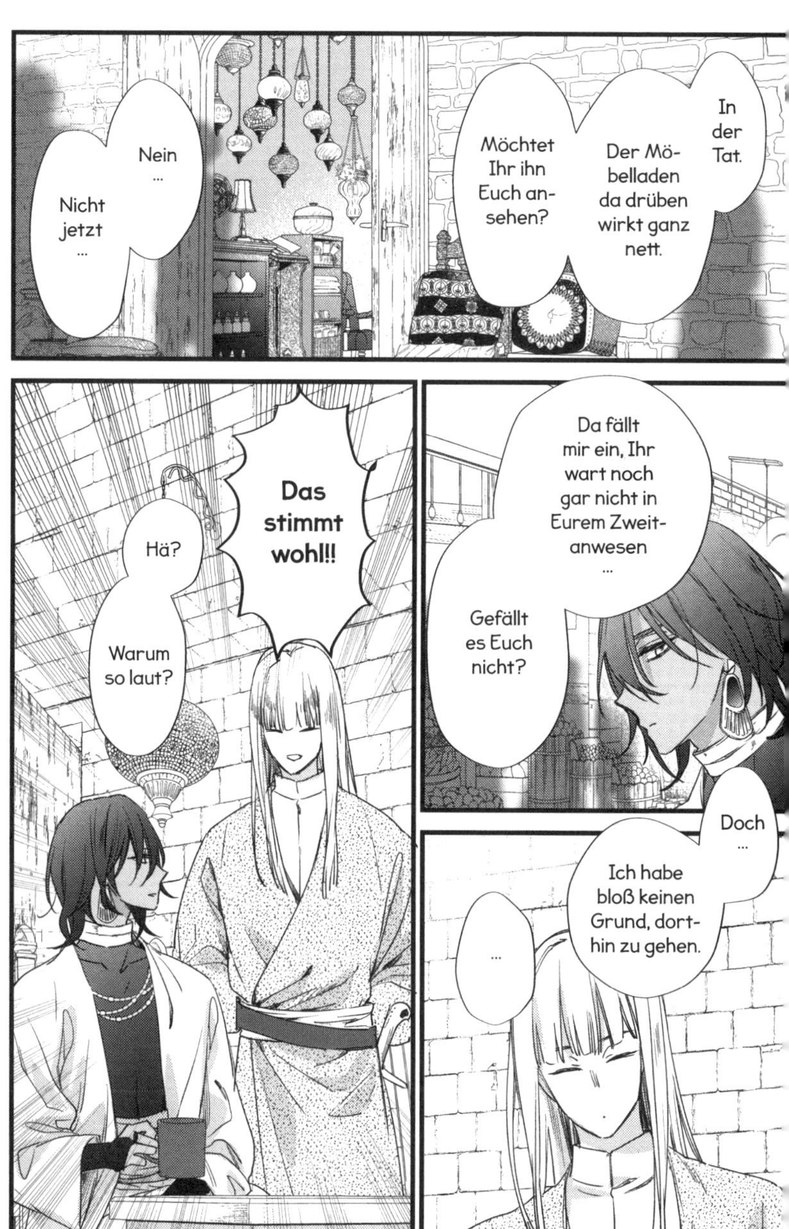
In der Tat.
Der Möbelladen da drüben wirkt ganz nett.
Möchtet Ihr ihn Euch ansehen?
Nein …
Nicht jetzt …
Da fällt mir ein, Ihr wart noch gar nicht in Eurem Zweitanwesen …
Gefällt es Euch nicht?
Doch …
Ich habe bloß keinen Grund, dorthin zu gehen.
…
Das stimmt wohl!!
Hä?
Warum so laut?

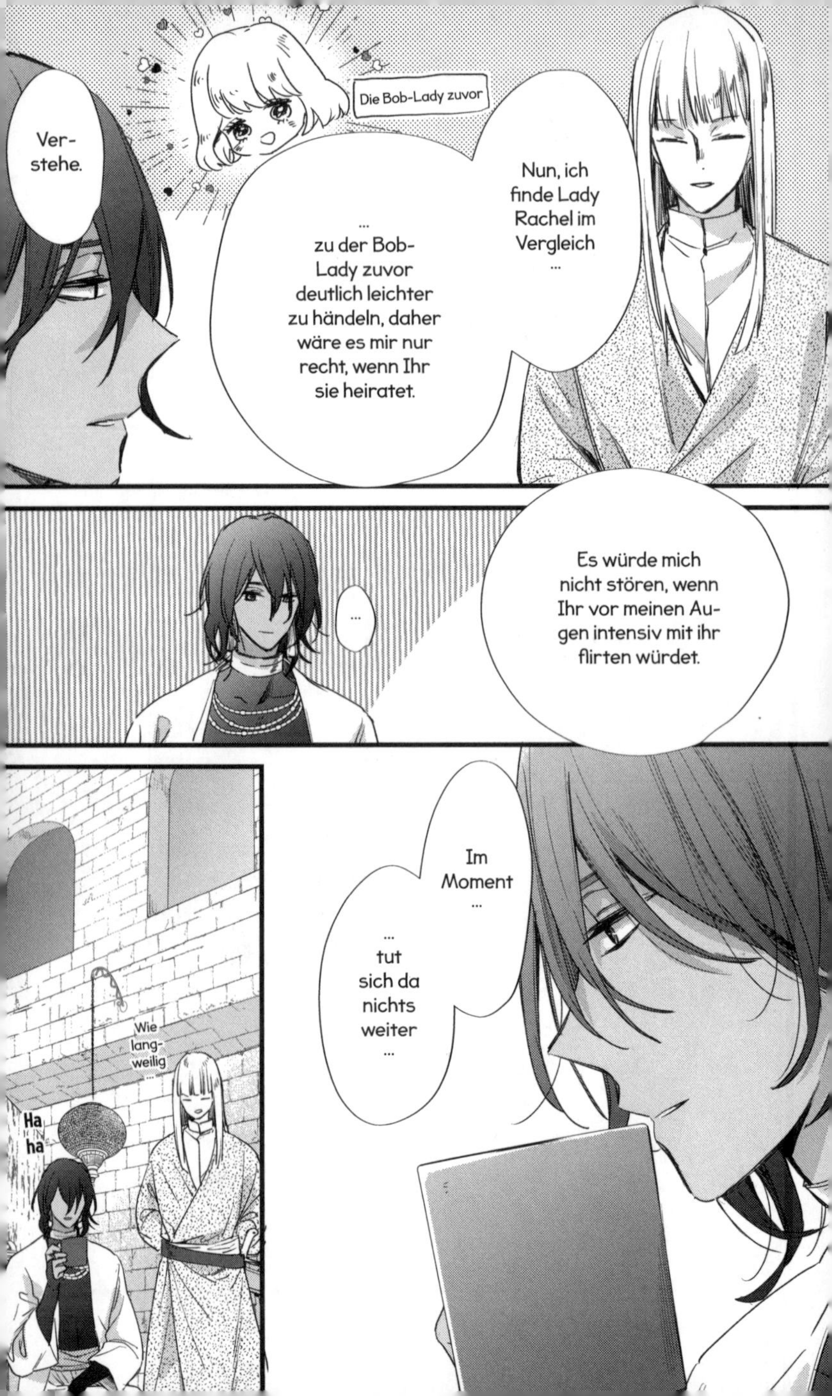
Nun, ich finde Lady Rachel im Vergleich …
Die Bob-Lady zuvor
… zu der Bob-Lady zuvor deutlich leichter zu händeln, daher wäre es mir nur recht, wenn Ihr sie heiratet.
Ver-stehe.
Es würde mich nicht stören, wenn Ihr vor meinen Augen intensiv mit ihr flirten würdet.
…
Im Moment …
… tut sich da nichts weiter …
Wie lang-weilig …
Ha ha

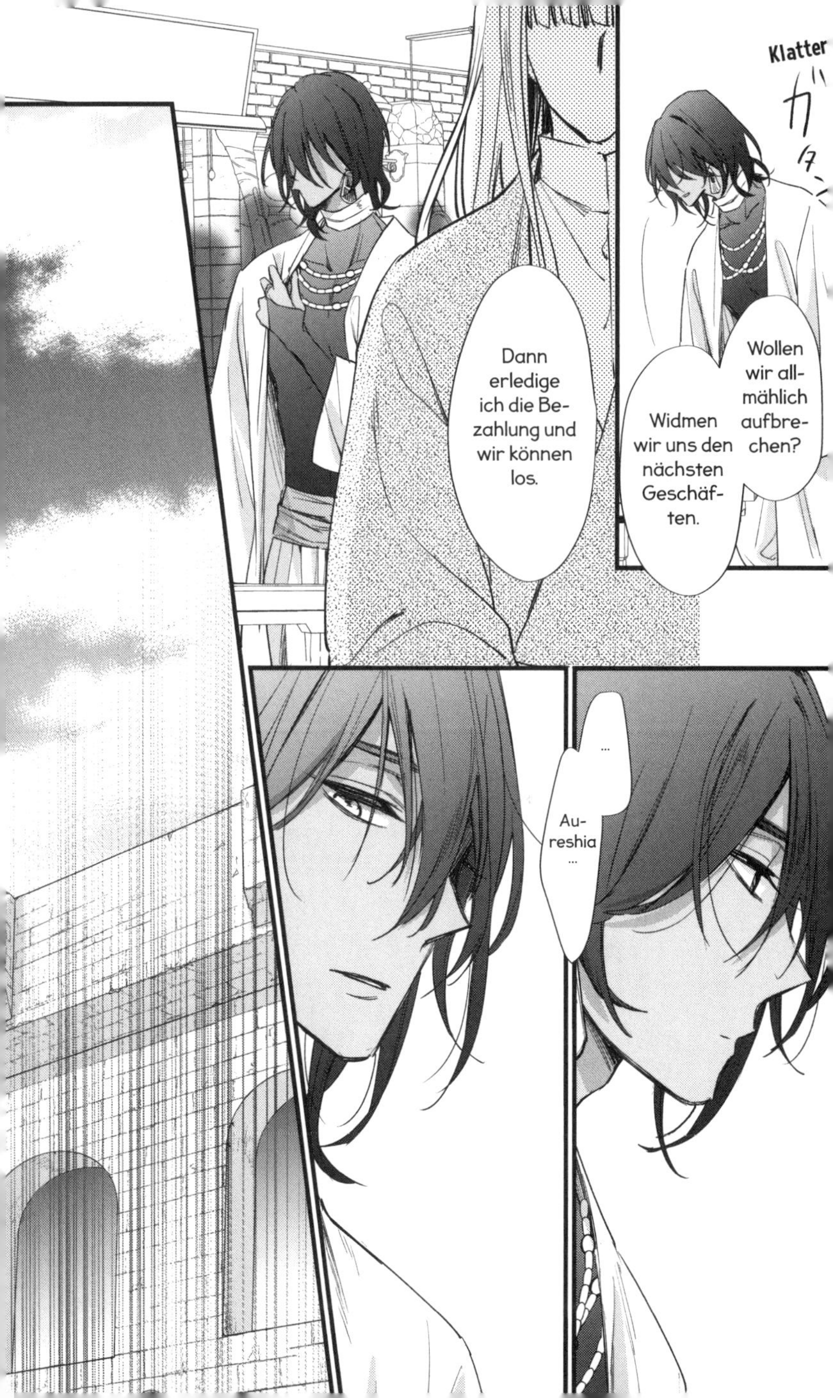

Klatter
Wollen wir allmählich aufbrechen?
Widmen wir uns den nächsten Geschäften.
Dann erledige ich die Bezahlung und wir können los.
…
Aureshia …

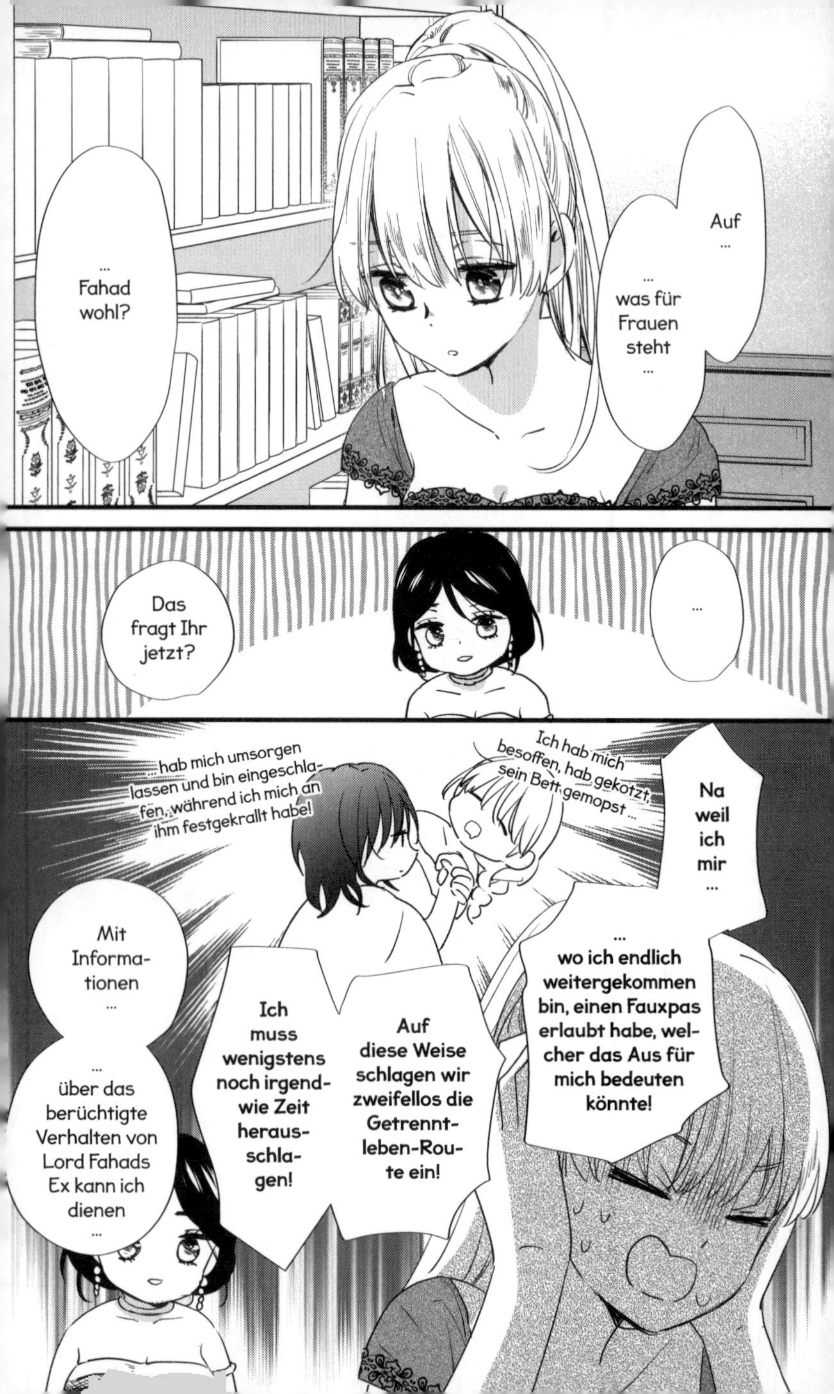

Auf … … was für Frauen steht …
… Fahad wohl?
…
Das fragt Ihr jetzt?
Na weil ich mir …
… wo ich endlich weitergekommen bin, einen Fauxpas erlaubt habe, welcher das Aus für mich bedeuten könnte!
Ich hab mich besoffen, hab gekotzt, sein Bett gemopst …
… hab mich umsorgen lassen und bin eingeschlafen, während ich mich an ihm festgekrallt habe!
Auf diese Weise schlagen wir zweifellos die Getrenntleben-Route ein!
Ich muss wenigstens noch irgendwie Zeit herausschlagen!
Mit Informationen …
… über das berüchtigte Verhalten von Lord Fahads Ex kann ich dienen …

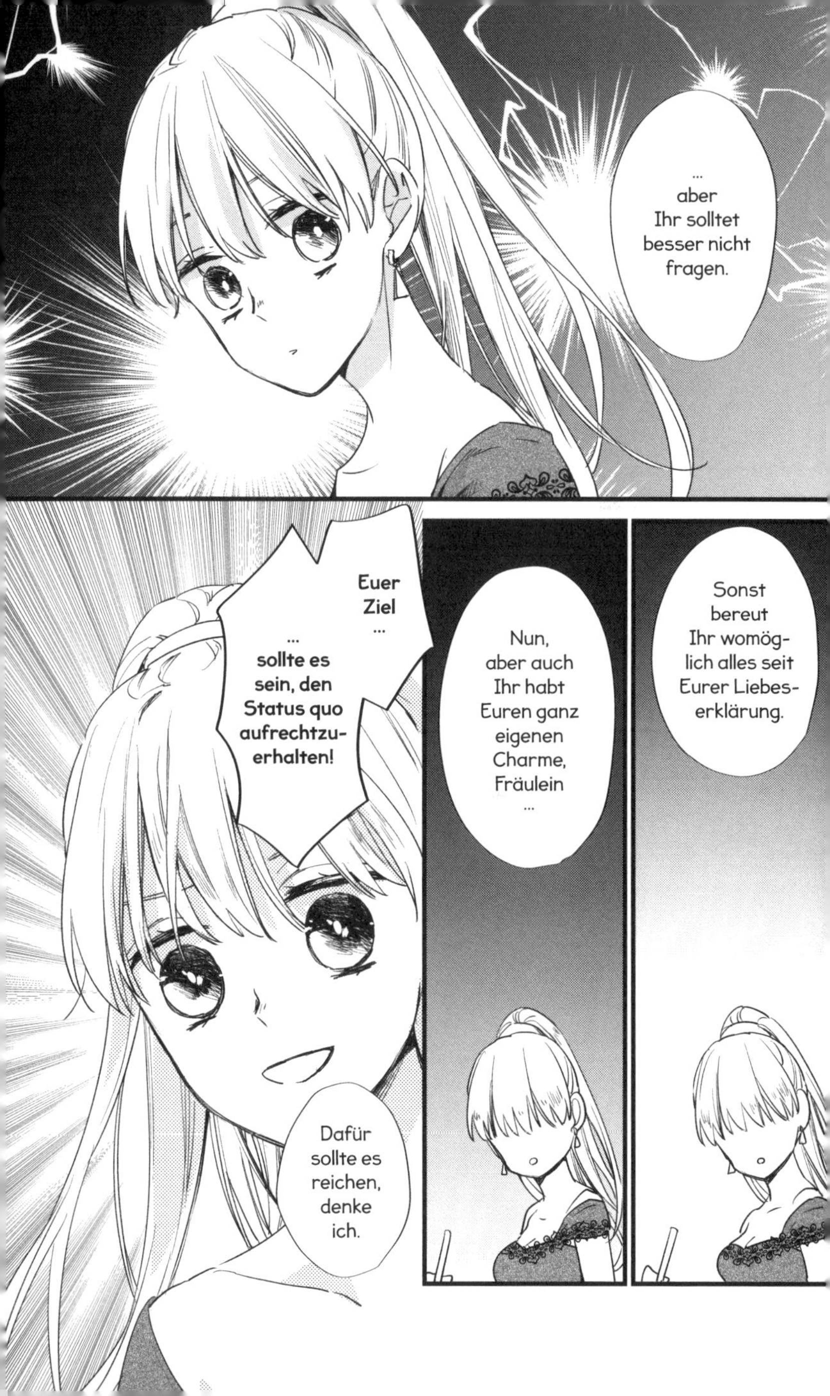
... aber Ihr solltet besser nicht fragen.
Sonst bereut Ihr womöglich alles seit Eurer Liebeserklärung.
Nun, aber auch Ihr habt Euren ganz eigenen Charme, Fräulein ...
Euer Ziel ...
... sollte es sein, den Status quo aufrechtzuerhalten!
Dafür sollte es reichen, denke ich.

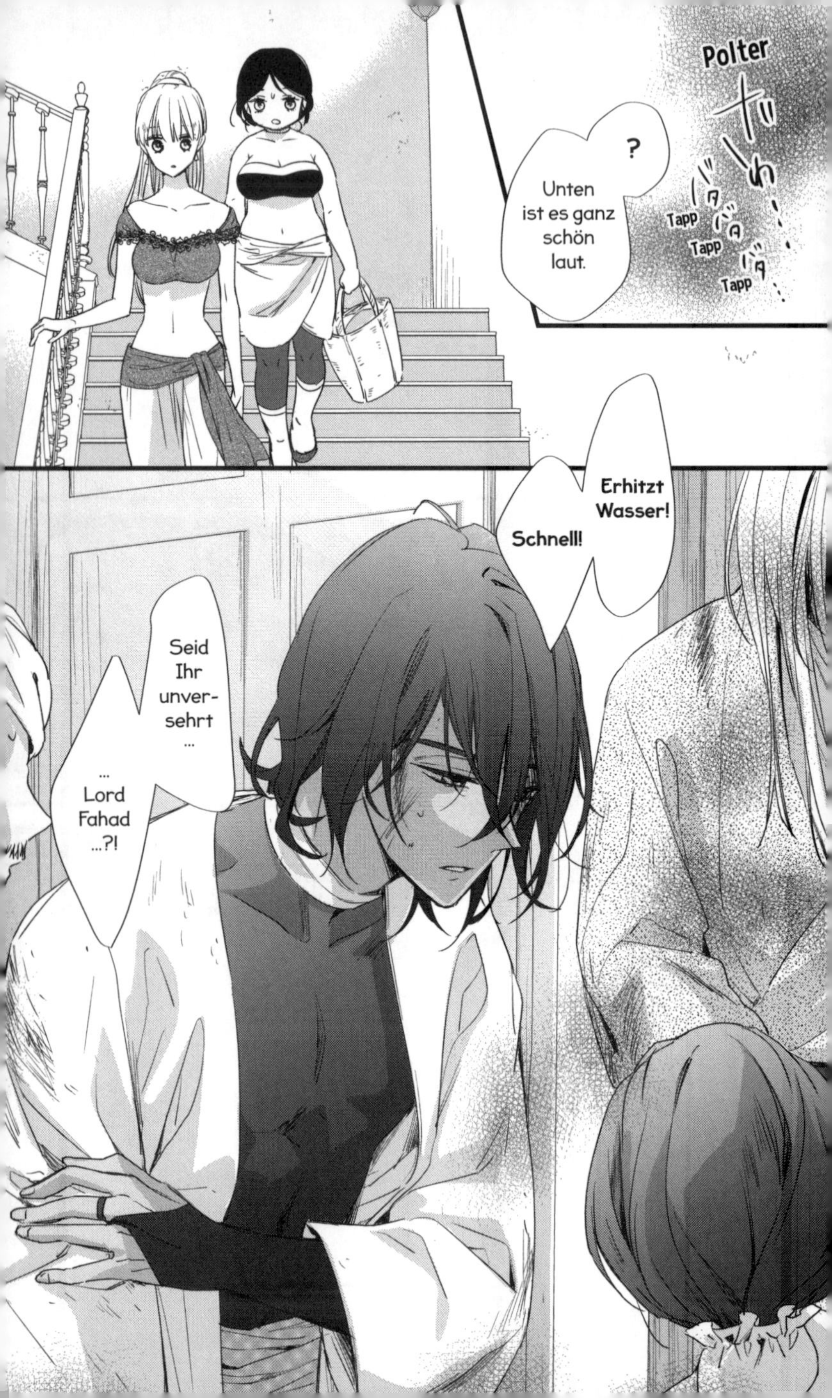
Polter
Tapp
Tapp
Tapp
?
Unten ist es ganz schön laut.
Erhitzt Wasser!
Schnell!
Seid Ihr unversehrt ...
... Lord Fahad ...?!

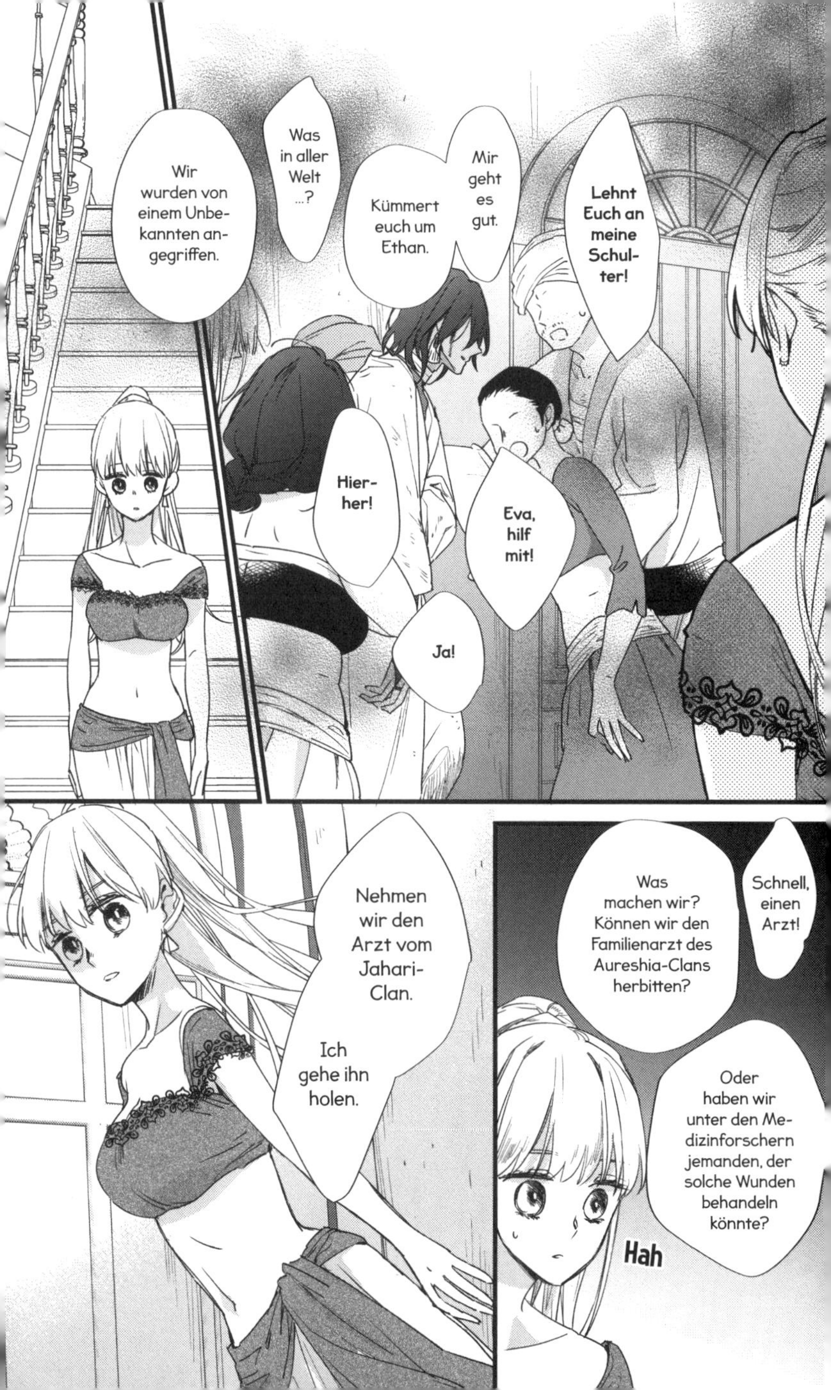
Lehnt Euch an meine Schulter!
Mir geht es gut.
Kümmert euch um Ethan.
Was in aller Welt ...?
Wir wurden von einem Unbekannten angegriffen.
Eva, hilf mit!
Hierher!
Ja!
Schnell, einen Arzt!
Was machen wir? Können wir den Familienarzt des Aureshia-Clans herbitten?
Oder haben wir unter den Medizinforschern jemanden, der solche Wunden behandeln könnte?
Hah
Nehmen wir den Arzt vom Jahari-Clan.
Ich gehe ihn holen.

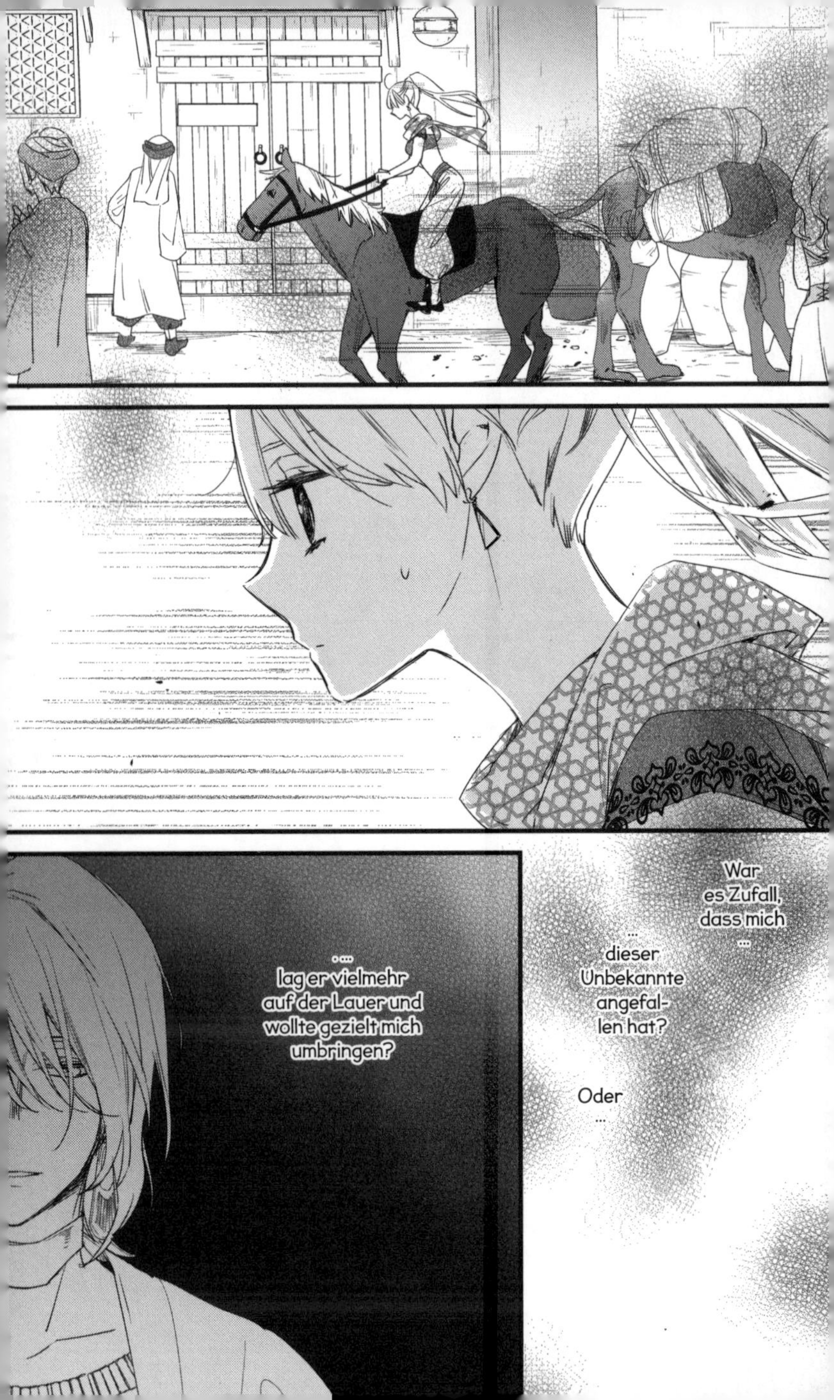

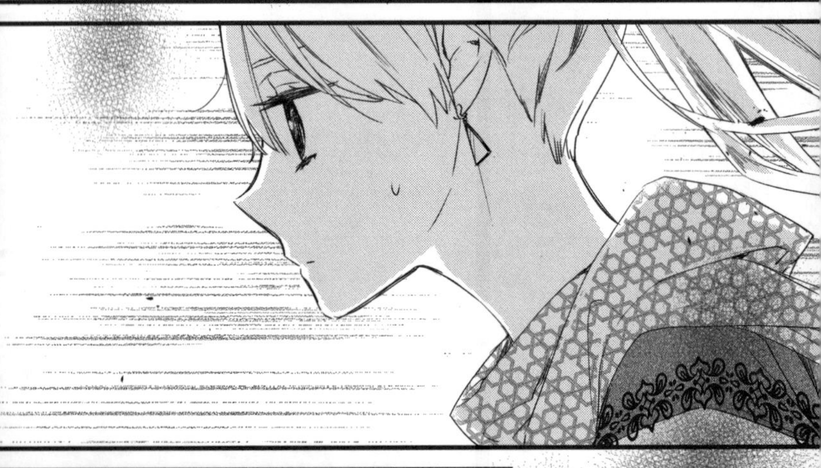

War es Zufall, dass mich …
… dieser Unbekannte angefallen hat?

Oder …

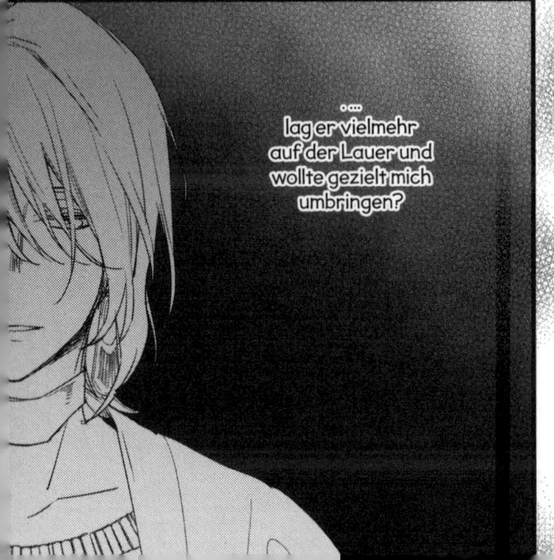

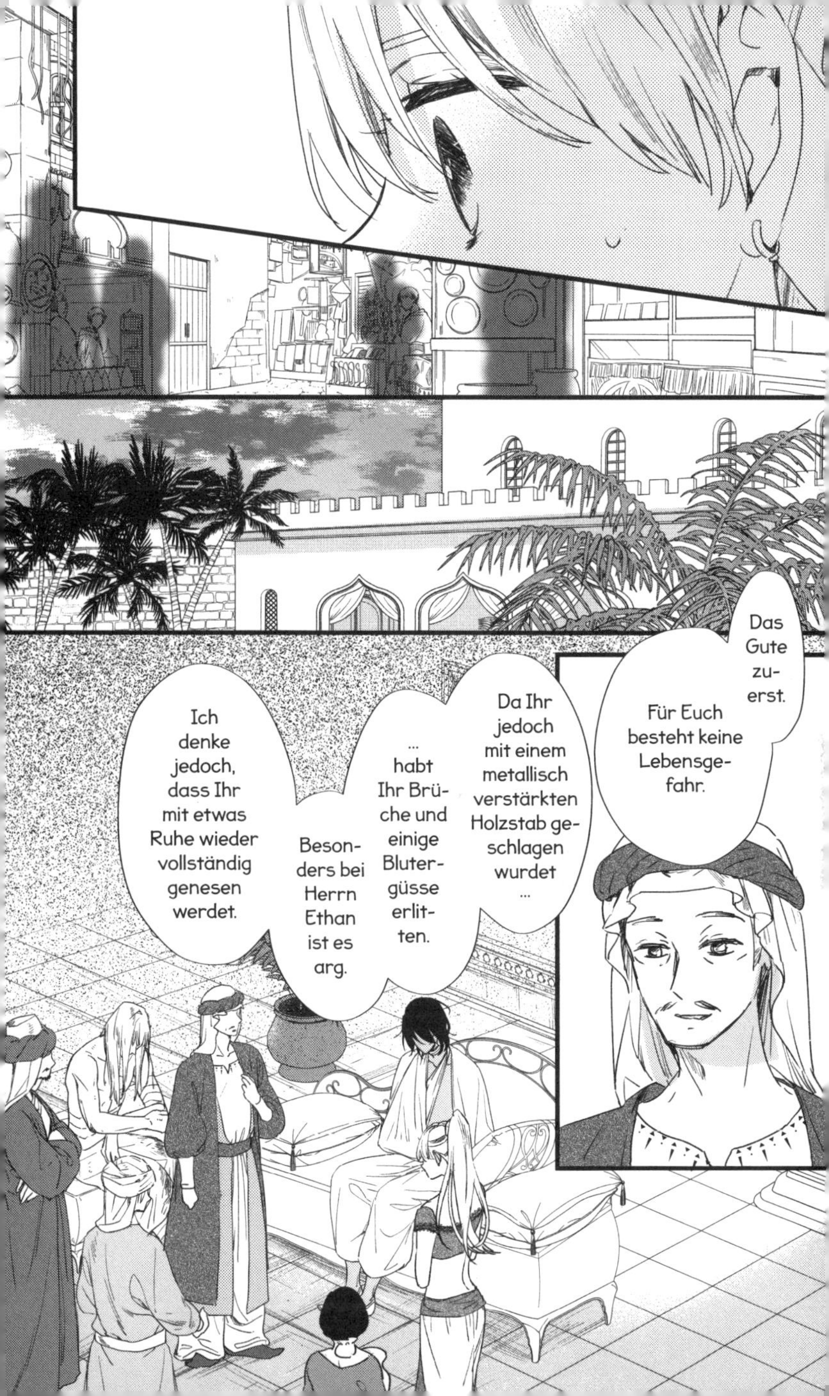

Das Gute zuerst.
Für Euch besteht keine Lebensgefahr.
Da Ihr jedoch mit einem metallisch verstärkten Holzstab geschlagen wurdet …
… habt Ihr Brüche und einige Blutergüsse erlitten.
Besonders bei Herrn Ethan ist es arg.
Ich denke jedoch, dass Ihr mit etwas Ruhe wieder vollständig genesen werdet.

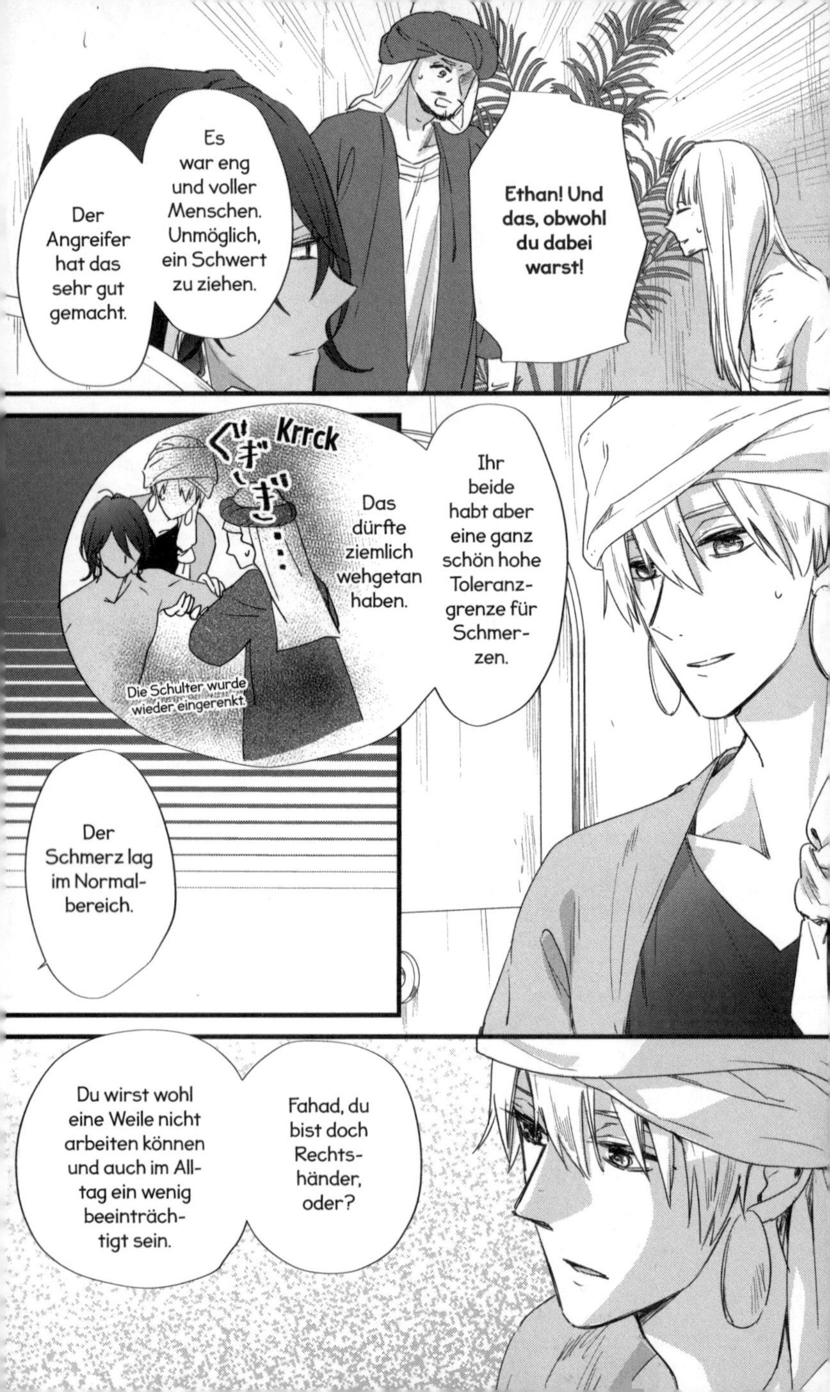
Ethan! Und das, obwohl du dabei warst!
Es war eng und voller Menschen. Unmöglich, ein Schwert zu ziehen.
Der Angreifer hat das sehr gut gemacht.
Ihr beide habt aber eine ganz schön hohe Toleranzgrenze für Schmerzen.
Das dürfte ziemlich wehgetan haben.
Krrck
Die Schulter wurde wieder eingerenkt.
Der Schmerz lag im Normalbereich.
Fahad, du bist doch Rechtshänder, oder?
Du wirst wohl eine Weile nicht arbeiten können und auch im Alltag ein wenig beeinträchtigt sein.

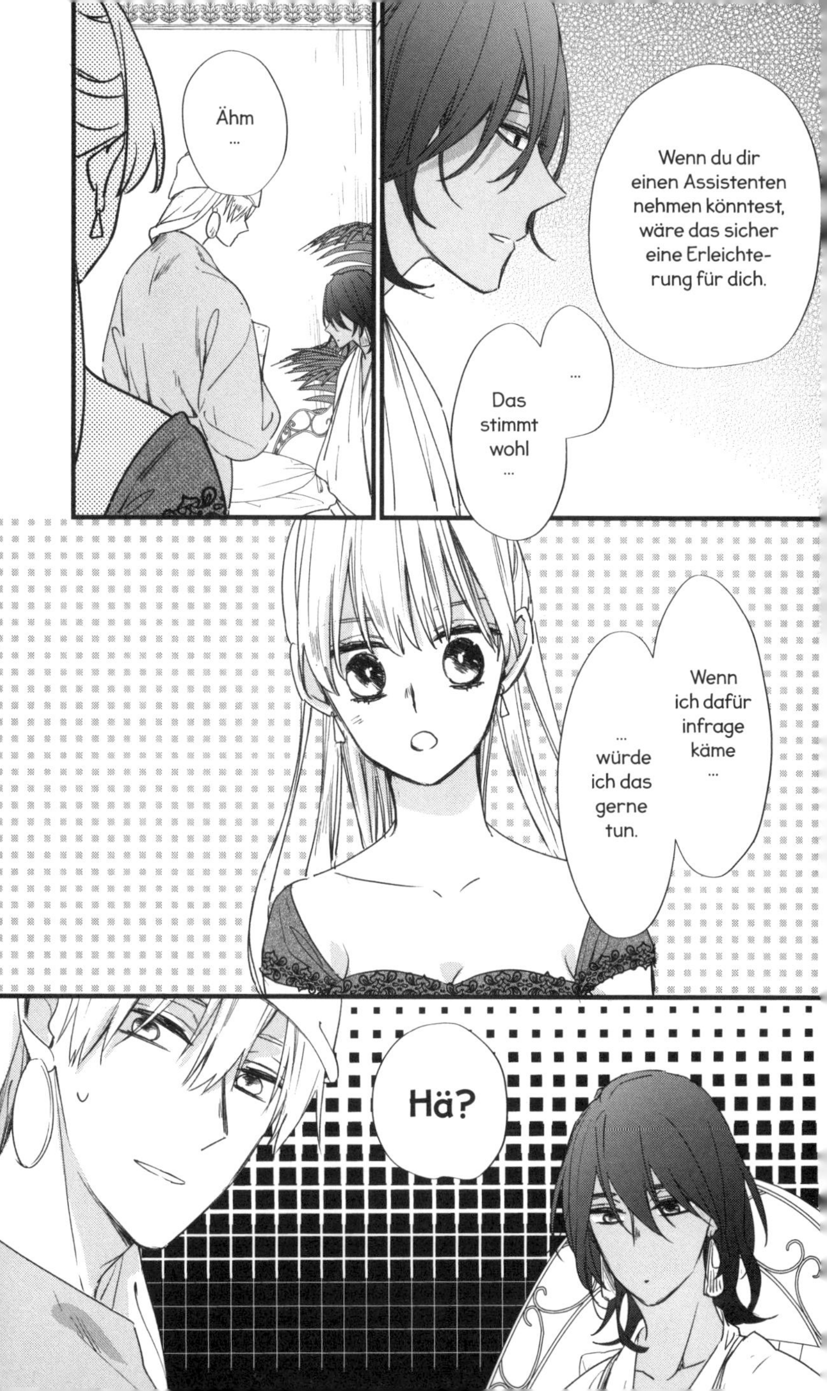
Wenn du dir einen Assistenten nehmen könntest, wäre das sicher eine Erleichterung für dich.
... Das stimmt wohl ...
Ähm ...
Wenn ich dafür infrage käme ...
... würde ich das gerne tun.
Hä?

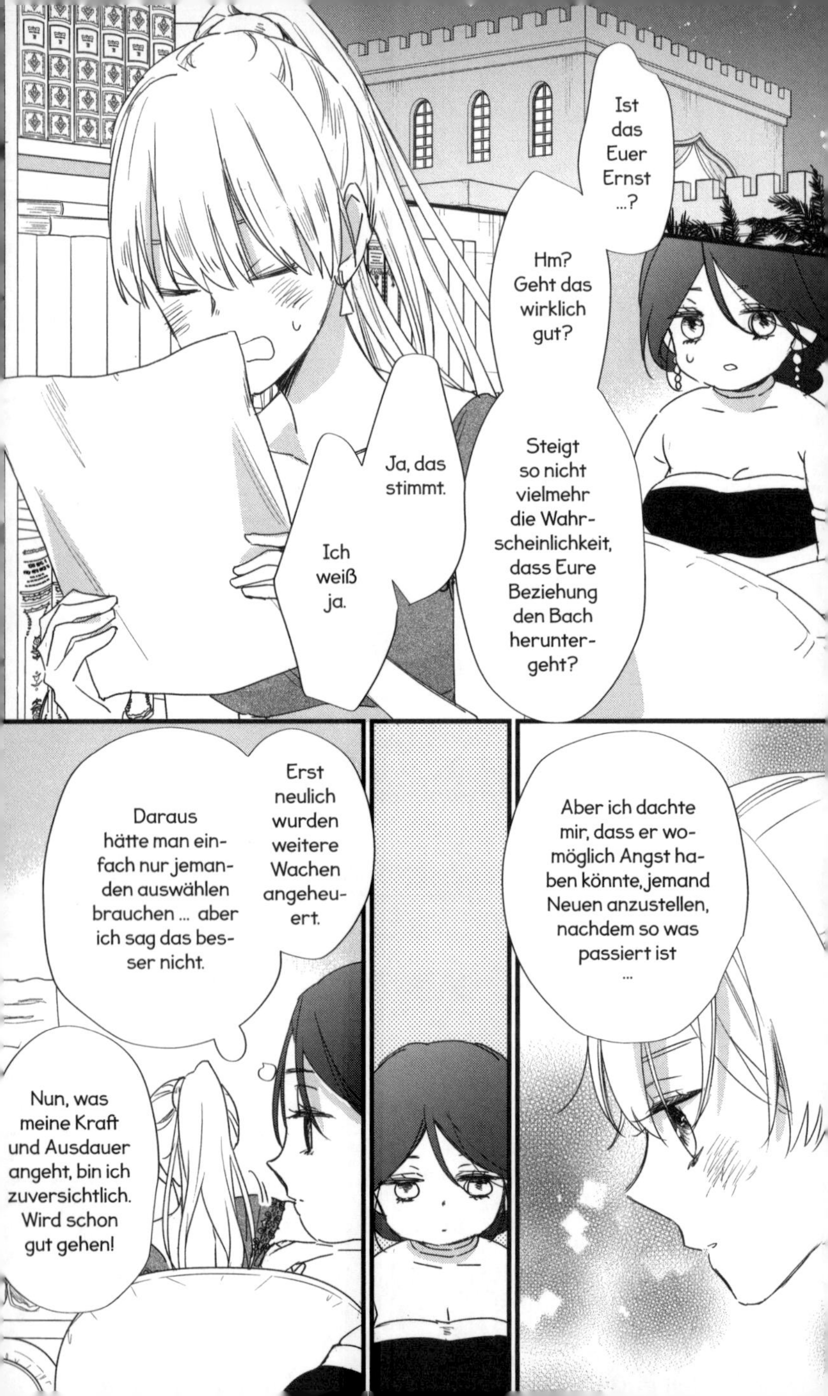
Ist das Euer Ernst ...?
Hm? Geht das wirklich gut?
Steigt so nicht vielmehr die Wahrscheinlichkeit, dass Eure Beziehung den Bach heruntergeht?
Ja, das stimmt.
Ich weiß ja.
Aber ich dachte mir, dass er womöglich Angst haben könnte, jemand Neuen anzustellen, nachdem so was passiert ist ...
Erst neulich wurden weitere Wachen angeheuert.
Daraus hätte man einfach nur jemanden auswählen brauchen ... aber ich sag das besser nicht.
Nun, was meine Kraft und Ausdauer angeht, bin ich zuversichtlich. Wird schon gut gehen!

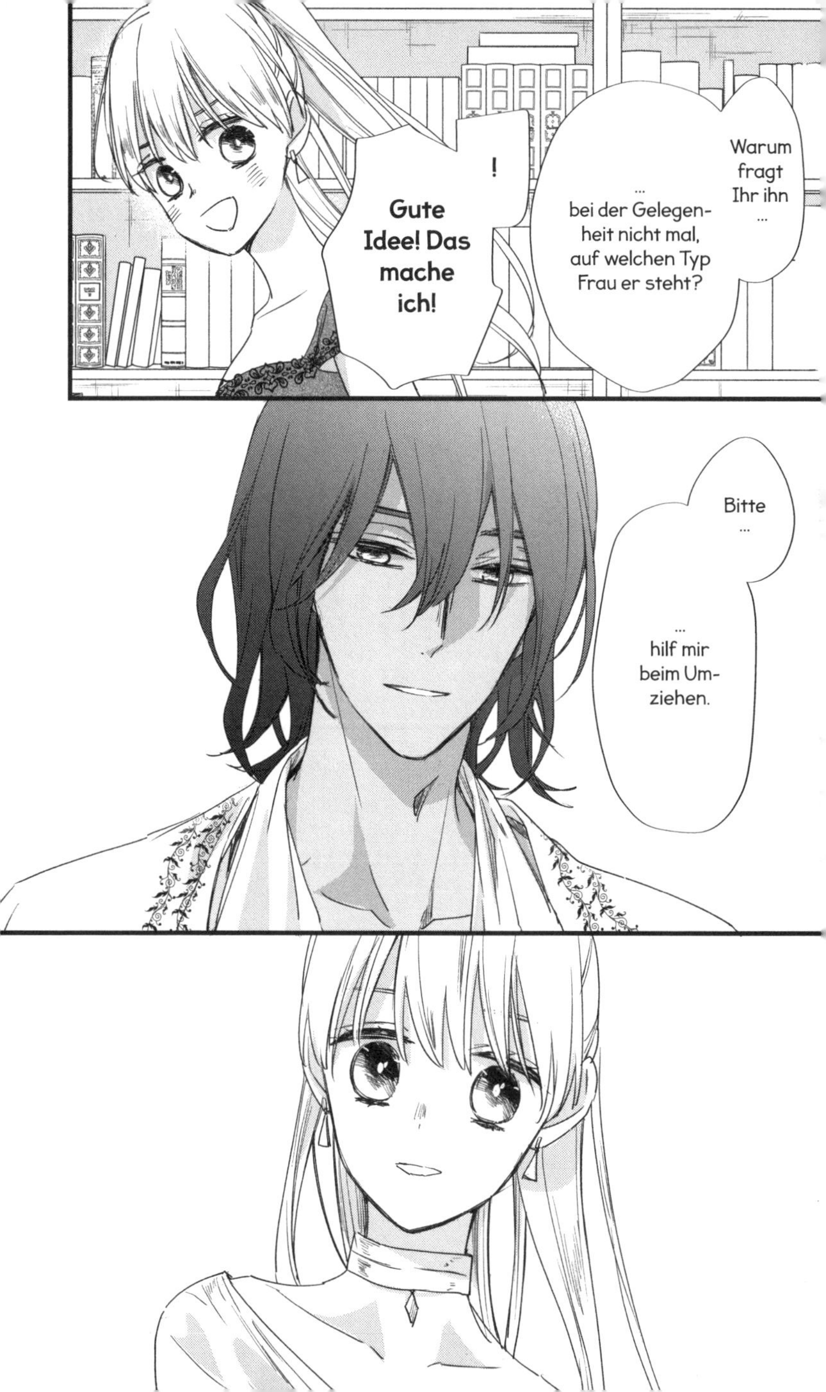

Warum fragt Ihr ihn …
… bei der Gelegenheit nicht mal, auf welchen Typ Frau er steht?
!
Gute Idee! Das mache ich!
Bitte …
… hilf mir beim Umziehen.

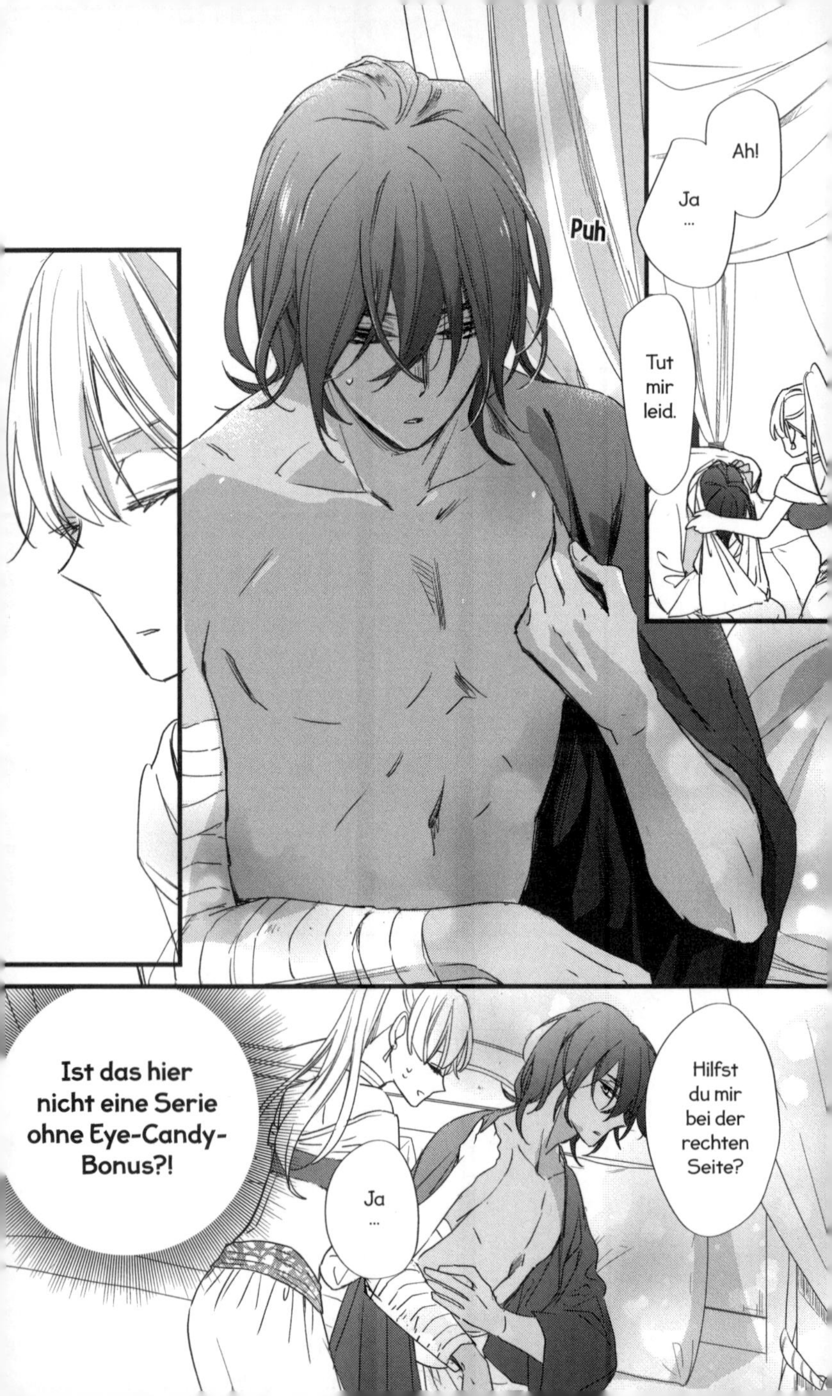
Ah!
Ja …
Tut mir leid.
Puh
Hilfst du mir bei der rechten Seite?
Ja …
Ist das hier nicht eine Serie ohne Eye-Candy-Bonus?!

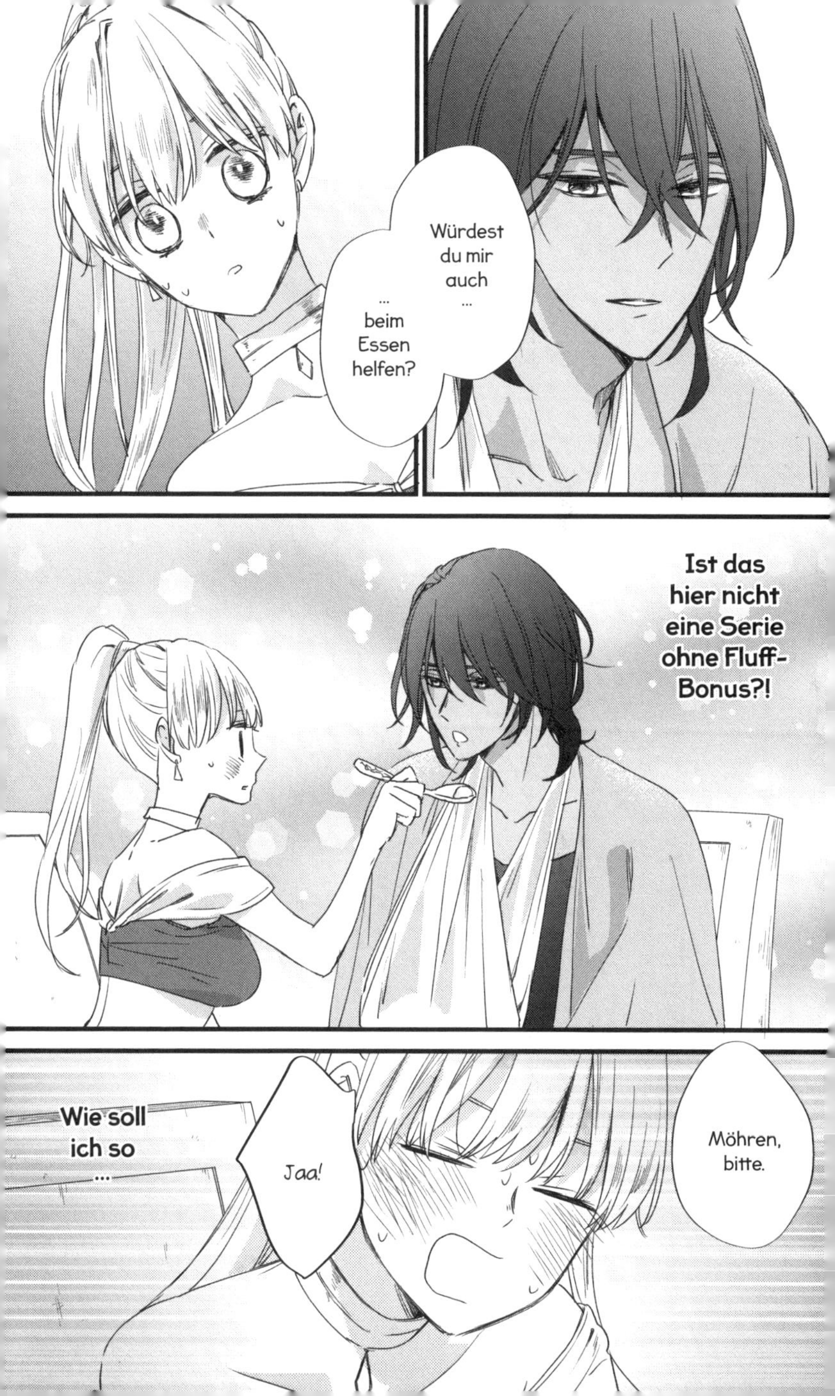

Würdest du mir auch …

… beim Essen helfen?

Ist das hier nicht eine Serie ohne Fluff-Bonus?!

Möhren, bitte.

Jaa!

Wie soll ich so …

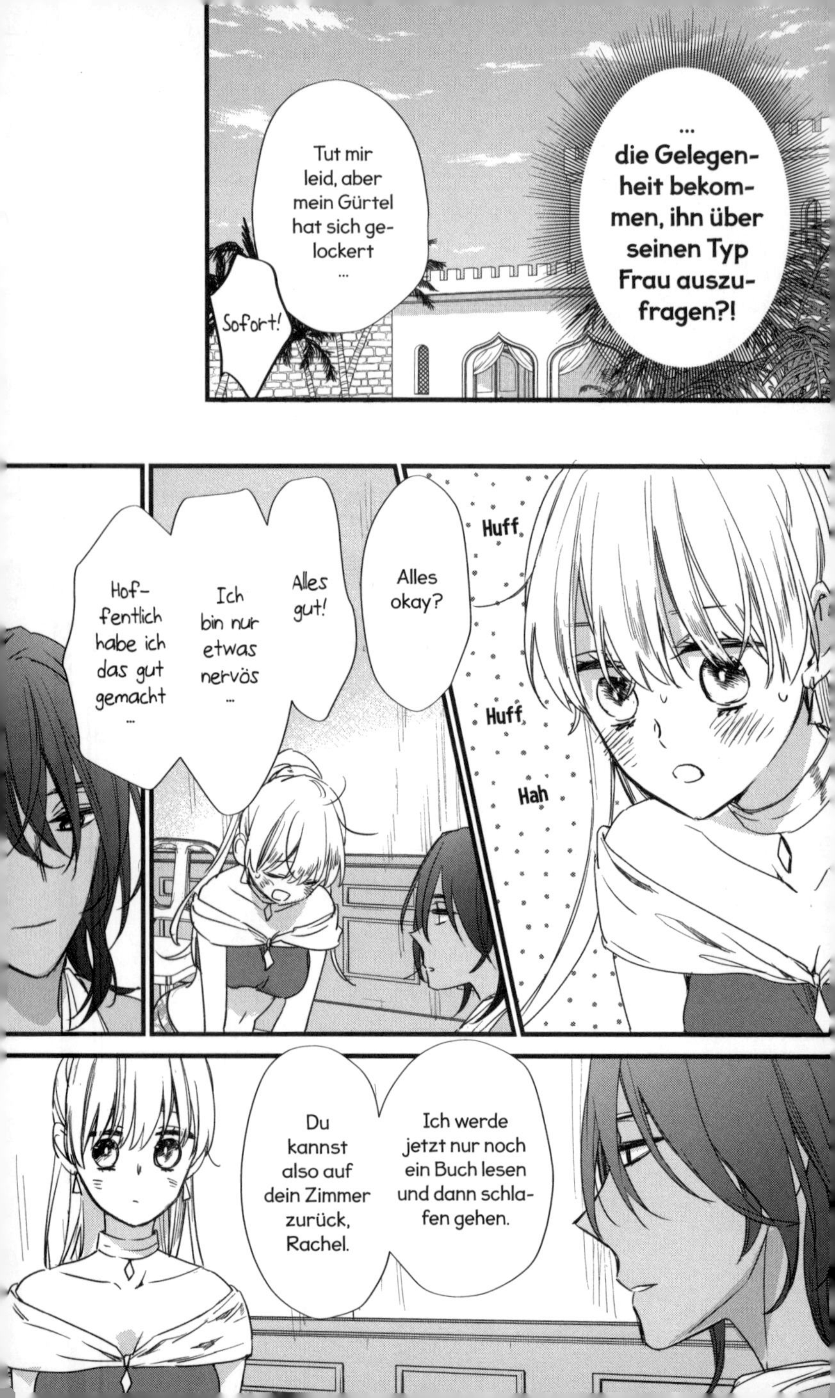

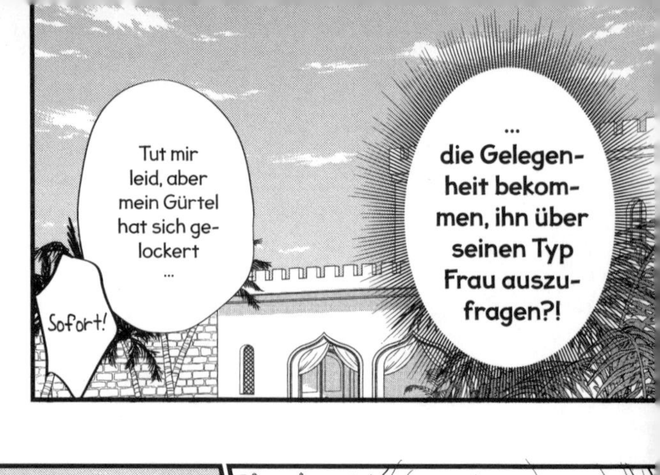

Huff
Huff
Hah
Alles okay?
Alles gut!
Ich bin nur etwas nervös ...
Hoffentlich habe ich das gut gemacht ...

Ich werde jetzt nur noch ein Buch lesen und dann schlafen gehen.
Du kannst also auf dein Zimmer zurück, Rachel.

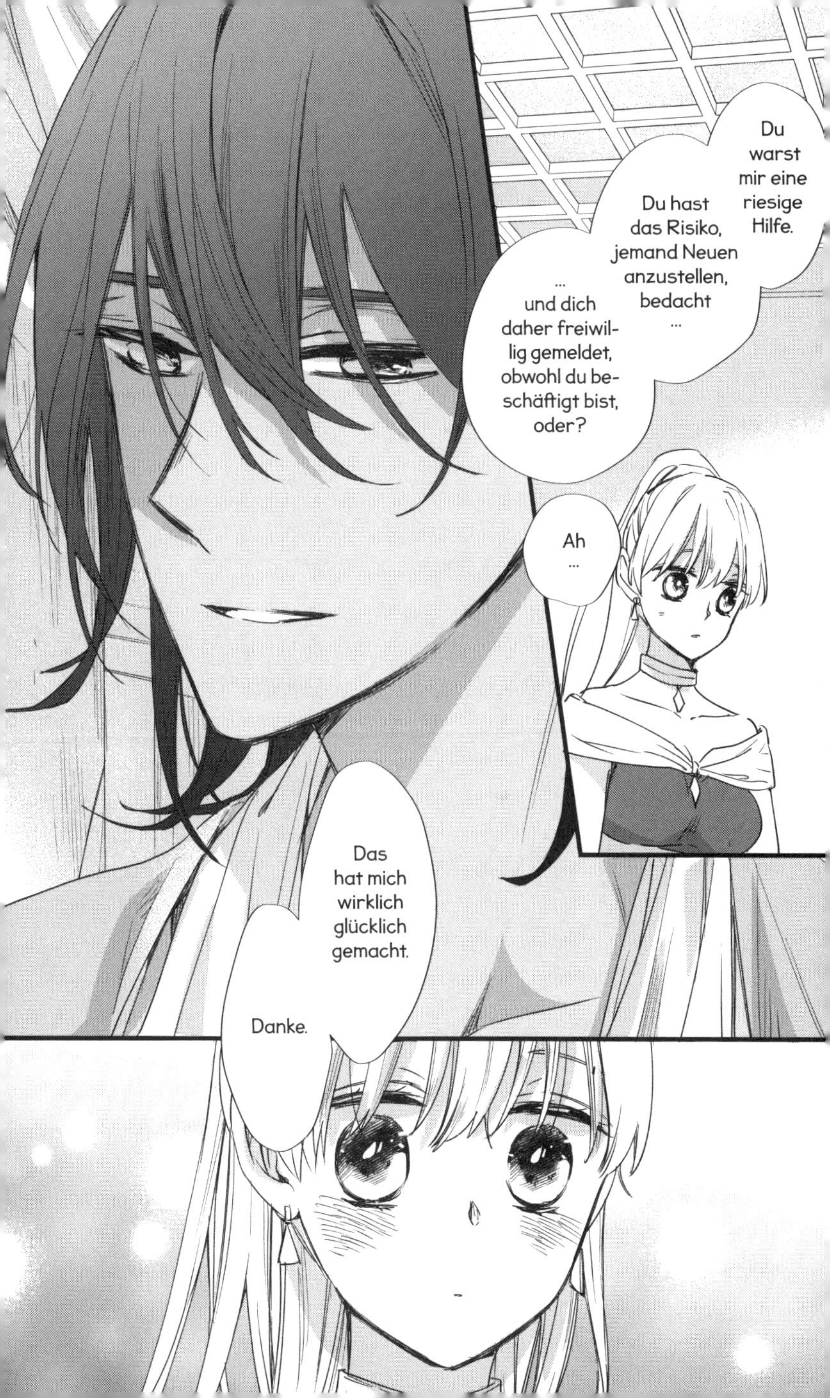
Du warst mir eine riesige Hilfe.
Du hast das Risiko, jemand Neuen anzustellen, bedacht …
… und dich daher freiwillig gemeldet, obwohl du beschäftigt bist, oder?
Ah …
Das hat mich wirklich glücklich gemacht.
Danke.

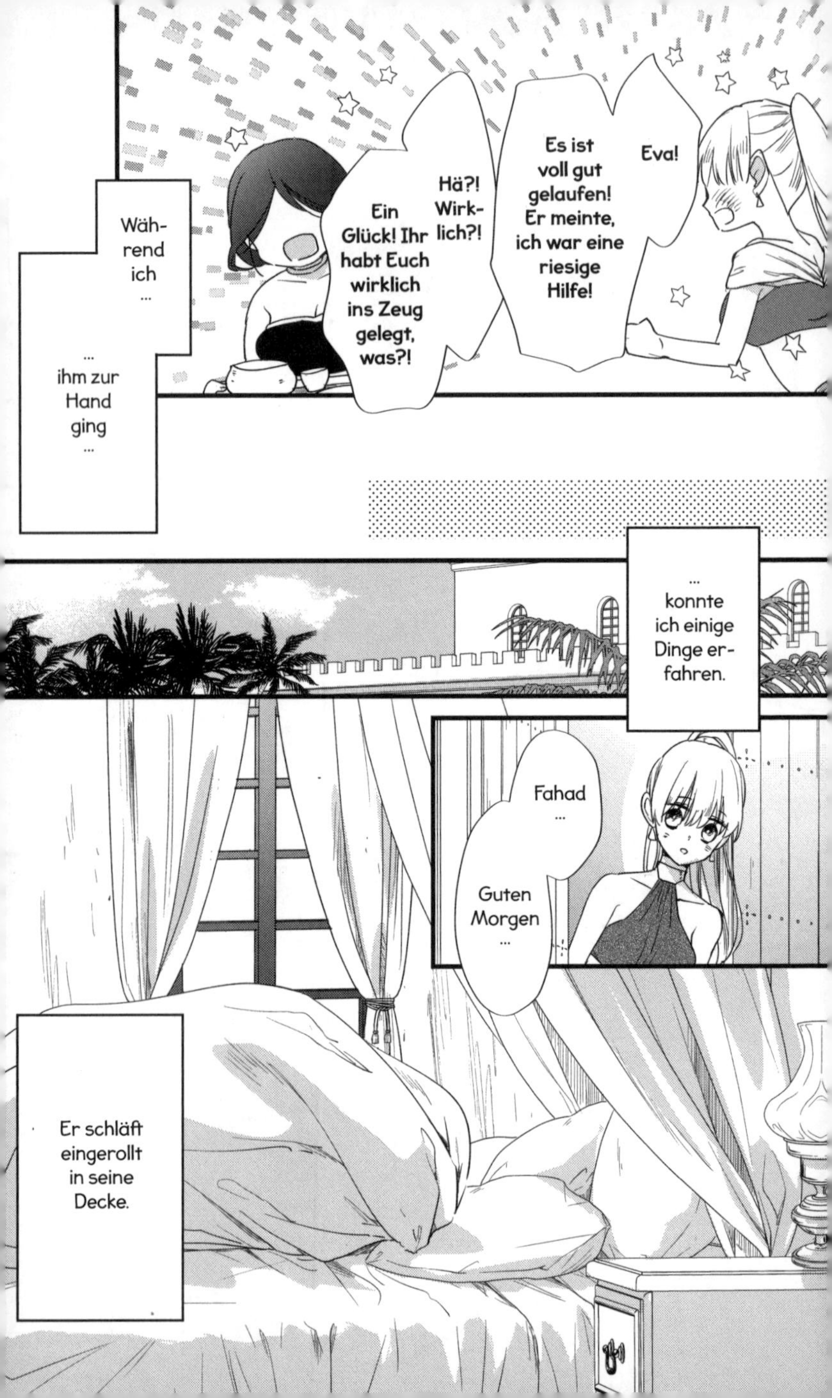
Eva!
Es ist voll gut gelaufen! Er meinte, ich war eine riesige Hilfe!
Hä?! Wirk-lich?!
Ein Glück! Ihr habt Euch wirklich ins Zeug gelegt, was?!
Wäh-rend ich …
… ihm zur Hand ging …
… konnte ich einige Dinge er-fahren.
Fahad …
Guten Morgen …
Er schläft eingerollt in seine Decke.

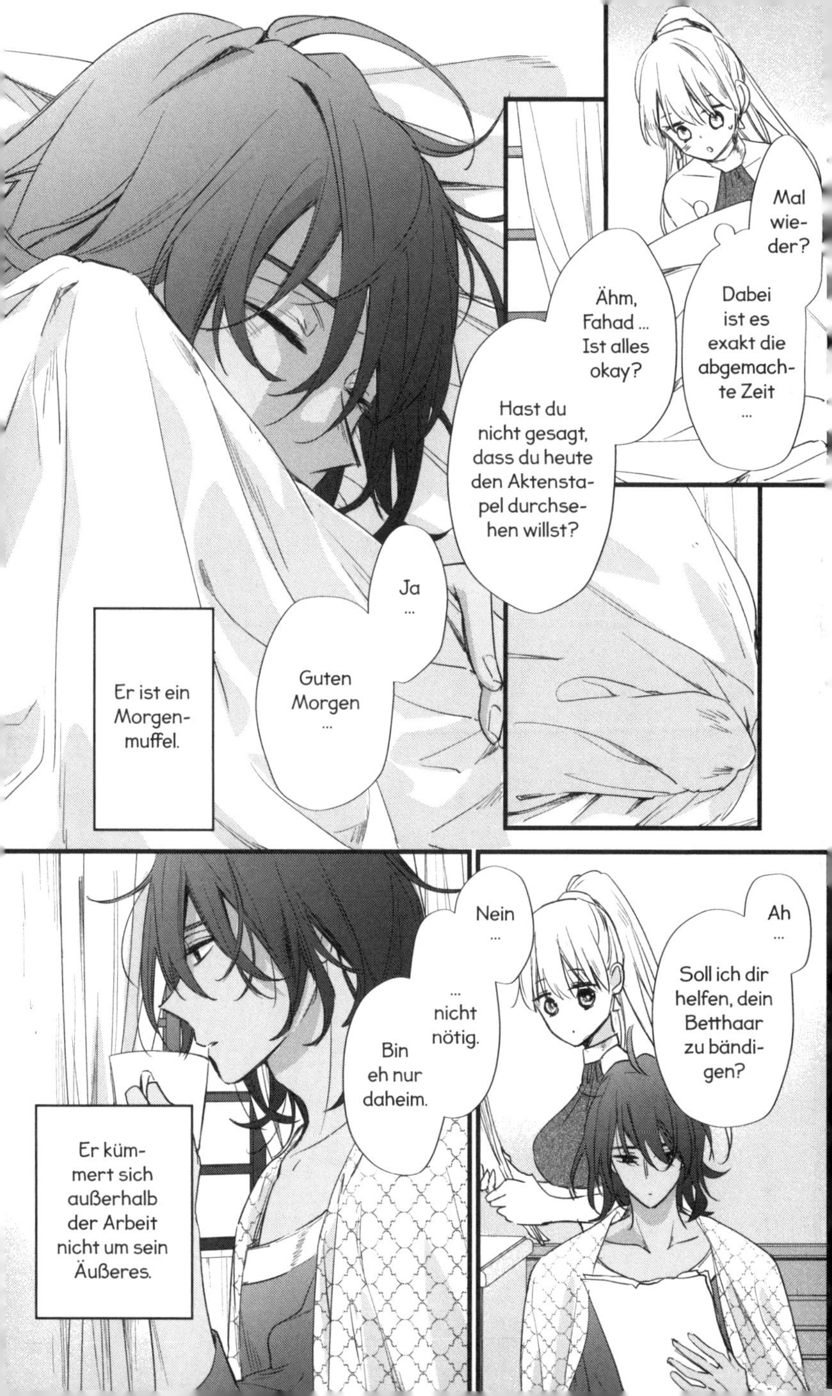

Mal wieder?
Dabei ist es exakt die abgemachte Zeit ...
Ähm, Fahad ... Ist alles okay?
Hast du nicht gesagt, dass du heute den Aktenstapel durchsehen willst?
Ja ...
Guten Morgen ...
Er ist ein Morgenmuffel.
Ah ...
Soll ich dir helfen, dein Betthaar zu bändigen?
Nein ...
... nicht nötig.
Bin eh nur daheim.
Er kümmert sich außerhalb der Arbeit nicht um sein Äußeres.

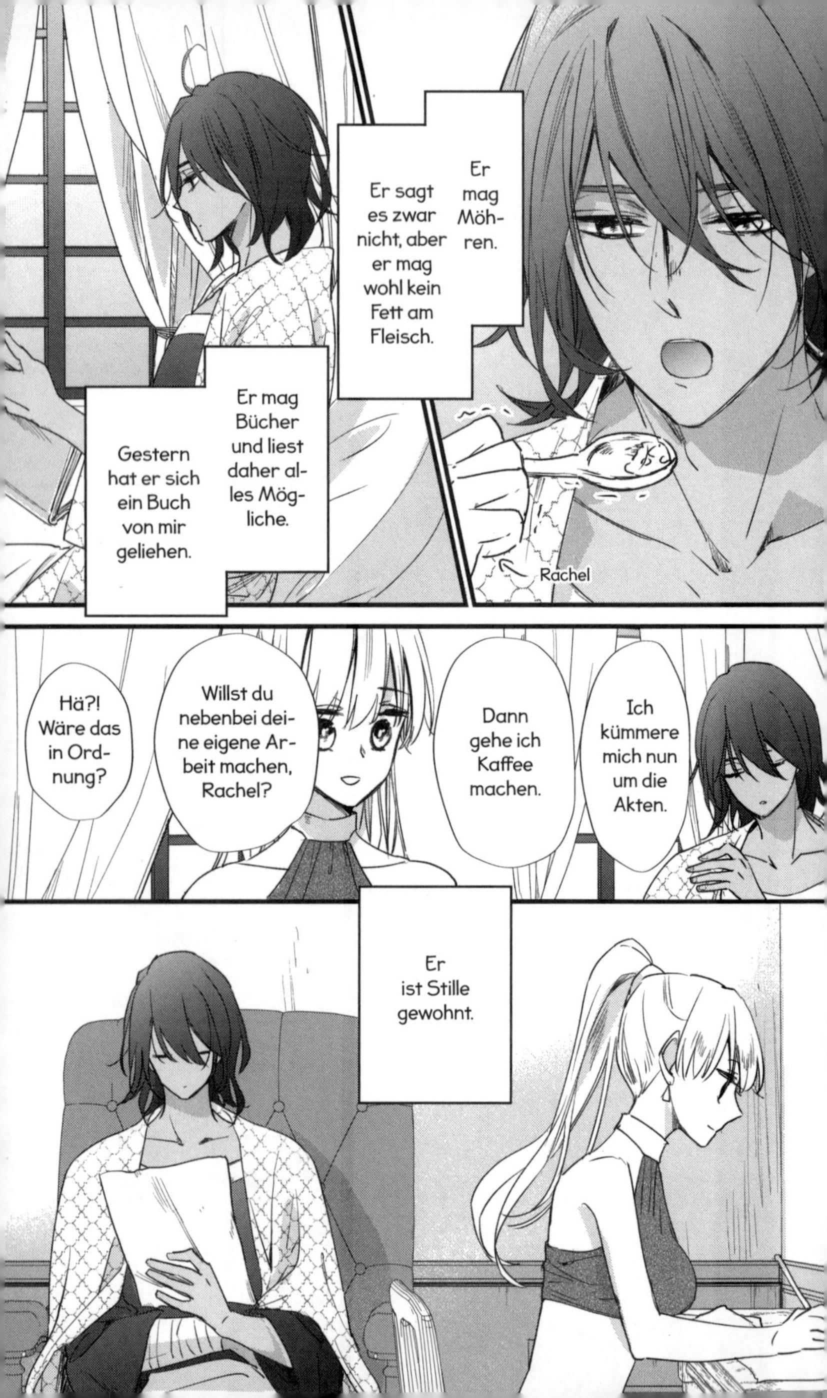
Er mag Möhren.
Er sagt es zwar nicht, aber er mag wohl kein Fett am Fleisch.
Rachel
Er mag Bücher und liest daher alles Mögliche.
Gestern hat er sich ein Buch von mir geliehen.
Ich kümmere mich nun um die Akten.
Dann gehe ich Kaffee machen.
Willst du nebenbei deine eigene Arbeit machen, Rachel?
Hä?! Wäre das in Ordnung?
Er ist Stille gewohnt.

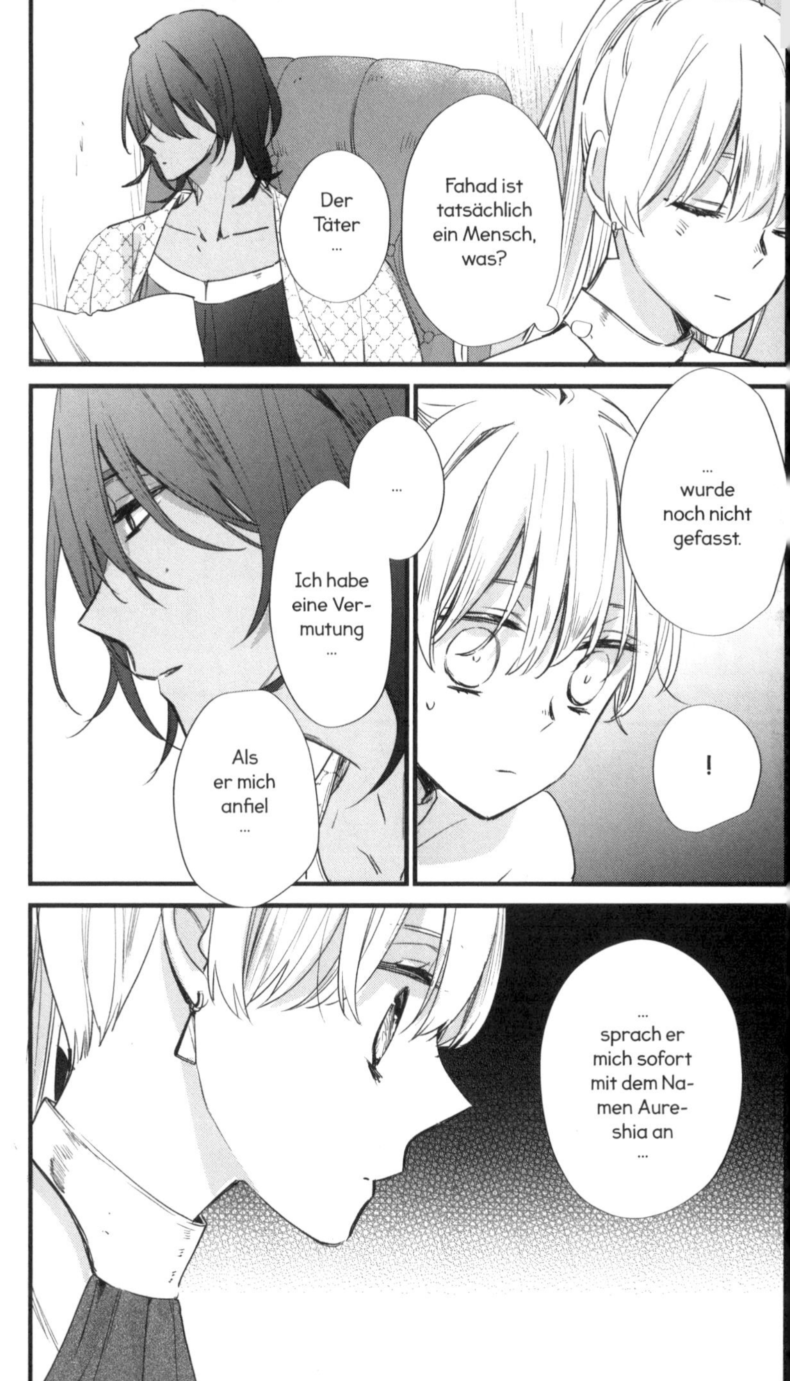
Fahad ist tatsächlich ein Mensch, was?
Der Täter …
… wurde noch nicht gefasst.
…
Ich habe eine Ver-mutung …
!
Als er mich anfiel …
… sprach er mich sofort mit dem Na-men Aure-shia an …

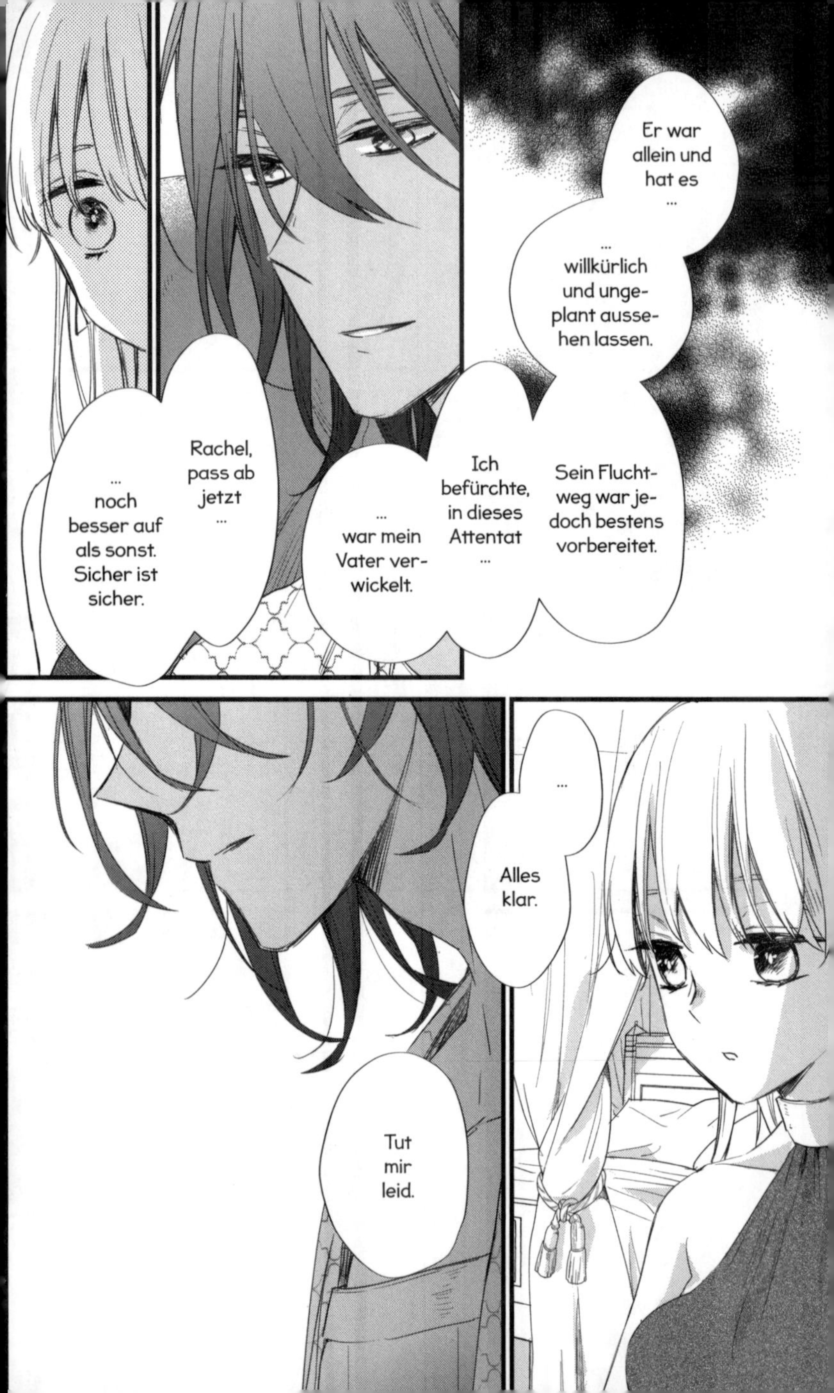
Er war allein und hat es …
… willkürlich und ungeplant aussehen lassen.
Sein Fluchtweg war jedoch bestens vorbereitet.
Ich befürchtete, in dieses Attentat …
… war mein Vater verwickelt.
Rachel, pass ab jetzt …
… noch besser auf als sonst. Sicher ist sicher.
…
Alles klar.
Tut mir leid.

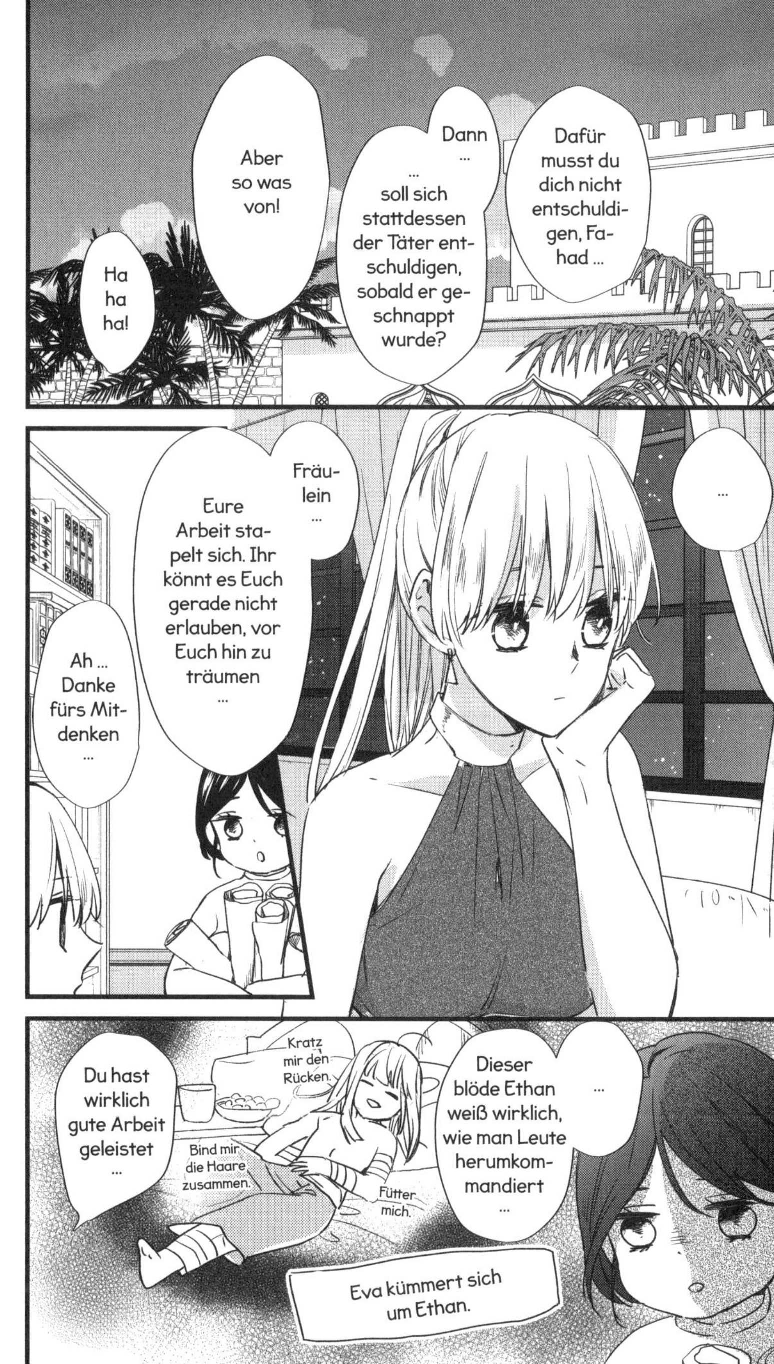
Dafür musst du dich nicht entschuldigen, Fahad ...
Dann ... ... soll sich stattdessen der Täter entschuldigen, sobald er geschnappt wurde?
Aber so was von!
Ha ha ha!
...
Fräulein ...
Eure Arbeit stapelt sich. Ihr könnt es Euch gerade nicht erlauben, vor Euch hin zu träumen ...
Ah ... Danke fürs Mitdenken ...
...
Dieser blöde Ethan weiß wirklich, wie man Leute herumkommandiert ...
Kratz mir den Rücken.
Bind mir die Haare zusammen.
Fütter mich.
Du hast wirklich gute Arbeit geleistet ...
Eva kümmert sich um Ethan.

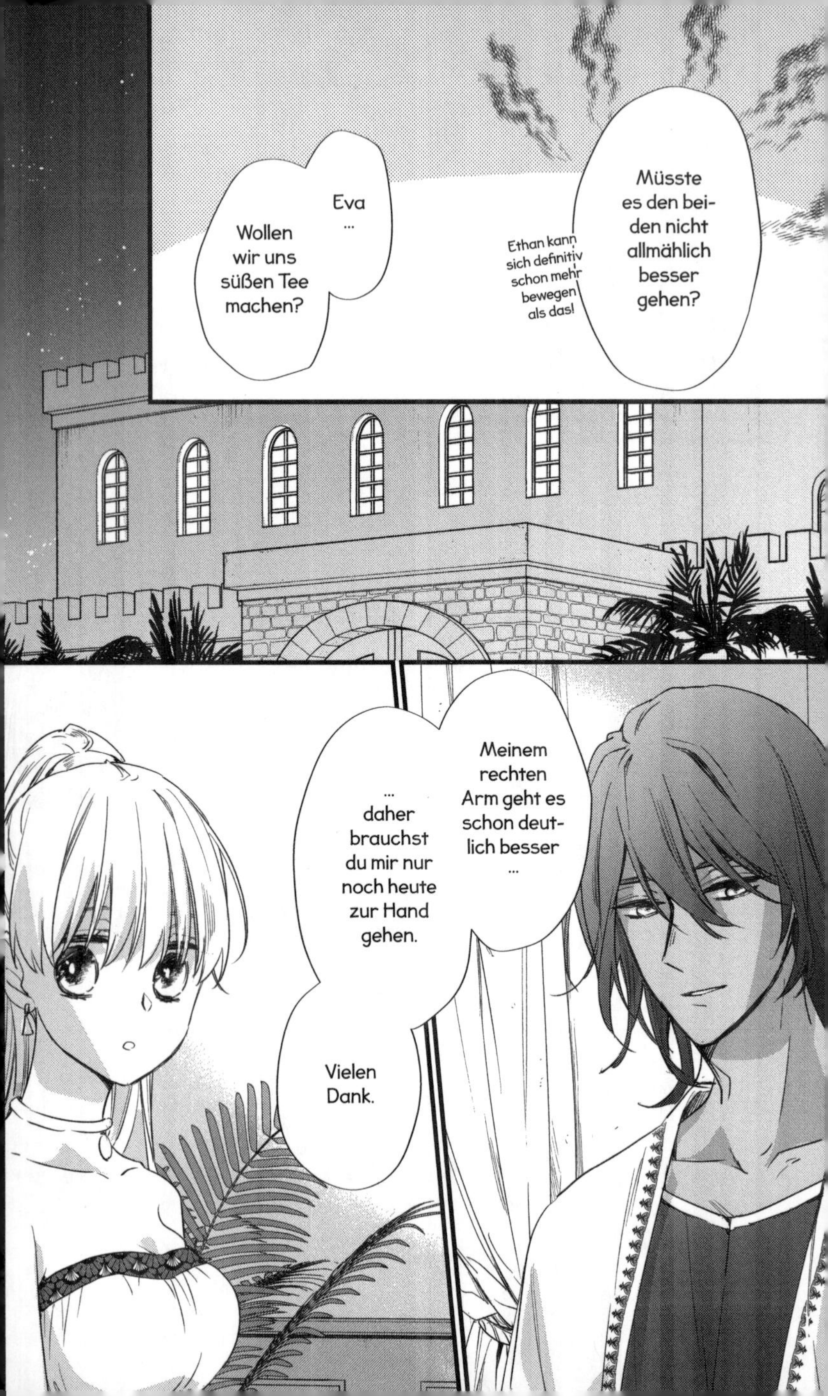
Müsste es den bei-den nicht allmählich besser gehen?
Ethan kann sich definitiv schon mehr bewegen als das!
Eva …
Wollen wir uns süßen Tee machen?
Meinem rechten Arm geht es schon deut-lich besser …
… daher brauchst du mir nur noch heute zur Hand gehen.
Vielen Dank.

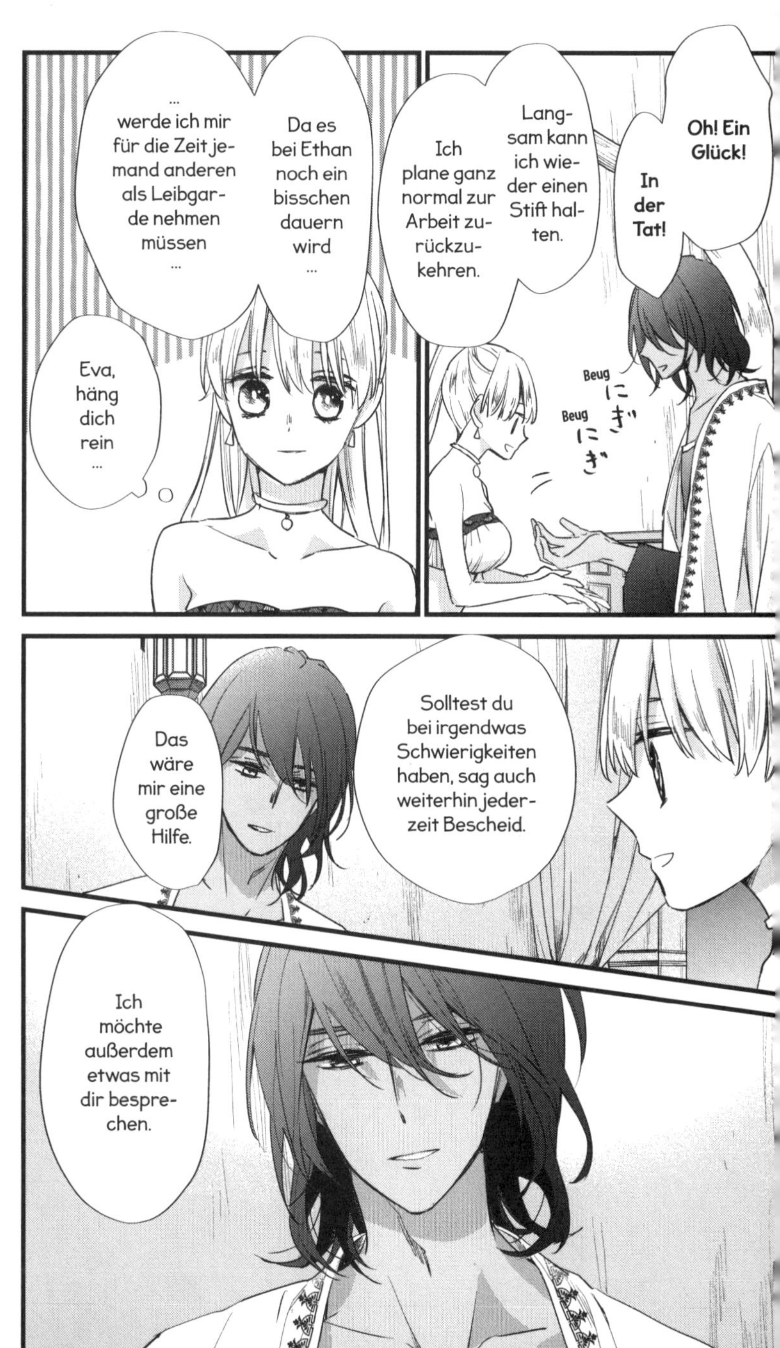
Oh! Ein Glück!
In der Tat!
Langsam kann ich wieder einen Stift halten.
Beug にぎ
Beug にぎ
Ich plane ganz normal zur Arbeit zurückzukehren.
Da es bei Ethan noch ein bisschen dauern wird …
… werde ich mir für die Zeit jemand anderen als Leibgarde nehmen müssen …
Eva, häng dich rein …
Sollteѕt du bei irgendwas Schwierigkeiten haben, sag auch weiterhin jederzeit Bescheid.
Das wäre mir eine große Hilfe.
Ich möchte außerdem etwas mit dir besprechen.

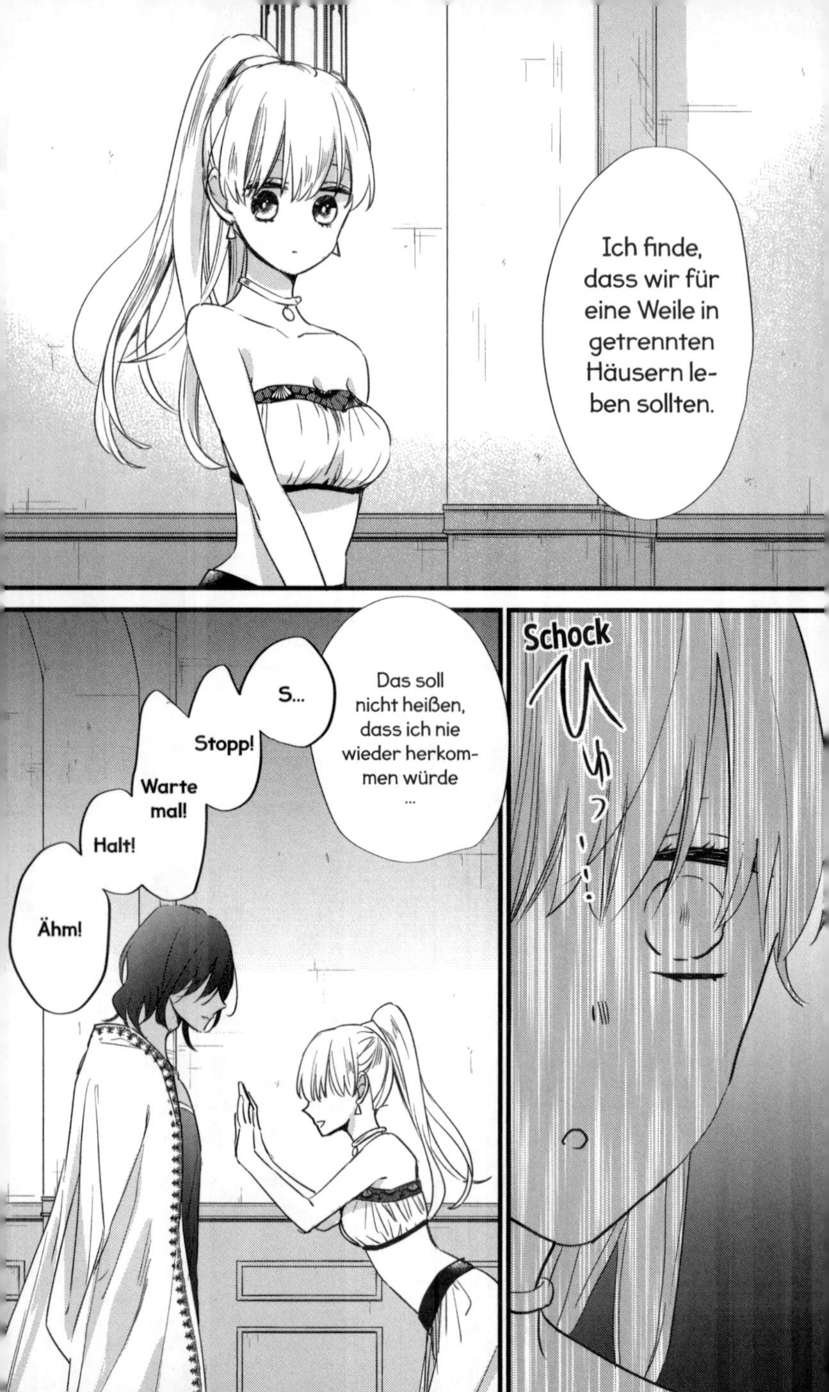
Ich finde, dass wir für eine Weile in getrennten Häusern leben sollten.
Schock
Das soll nicht heißen, dass ich nie wieder herkommen würde ...
S...
Stopp!
Warte mal!
Halt!
Ähm!

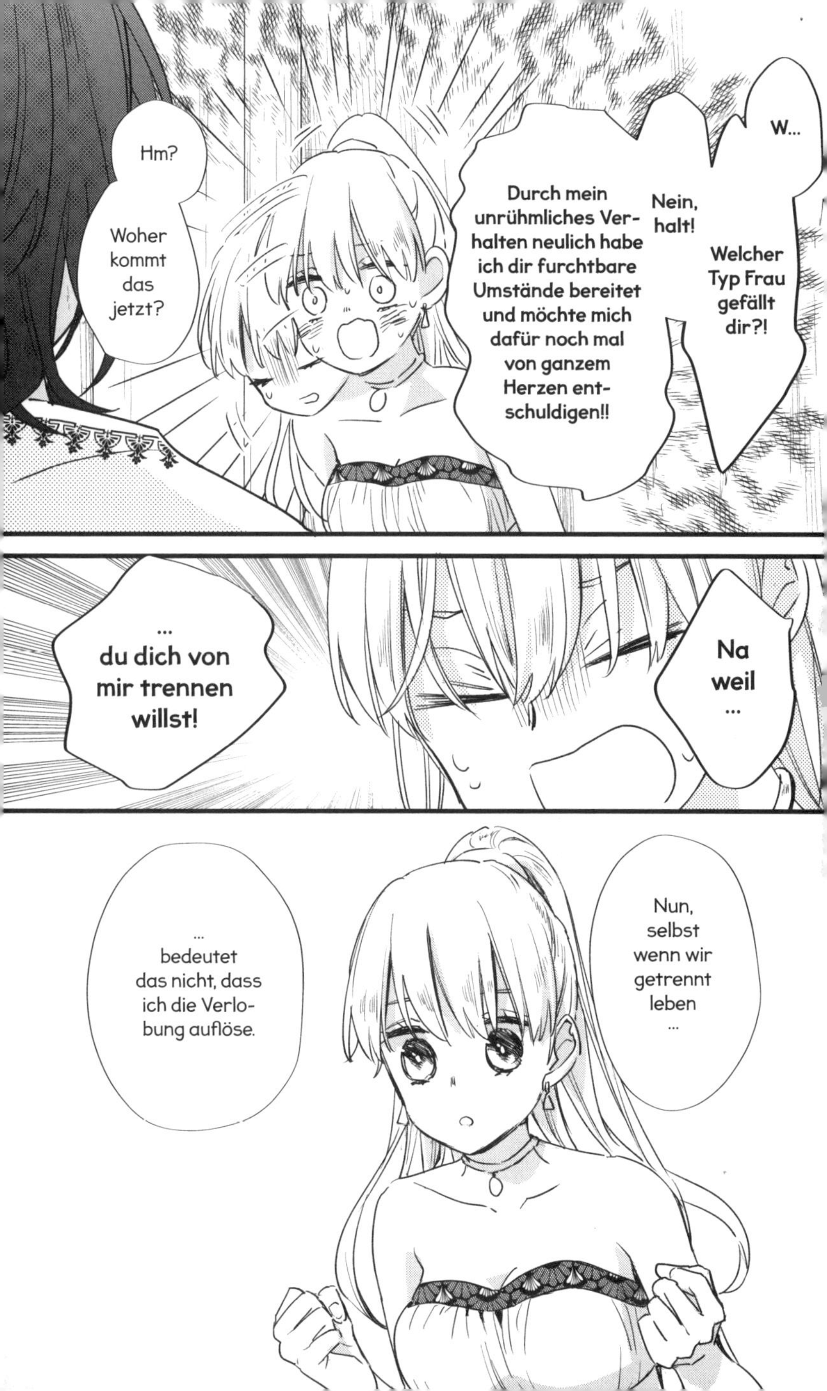
W...
Welcher Typ Frau gefällt dir?!
Nein, halt!
Durch mein unrühmliches Verhalten neulich habe ich dir furchtbare Umstände bereitet und möchte mich dafür noch mal von ganzem Herzen entschuldigen!!
Hm?
Woher kommt das jetzt?
Na weil ...
... du dich von mir trennen willst!
Nun, selbst wenn wir getrennt leben ...
... bedeutet das nicht, dass ich die Verlobung auflöse.

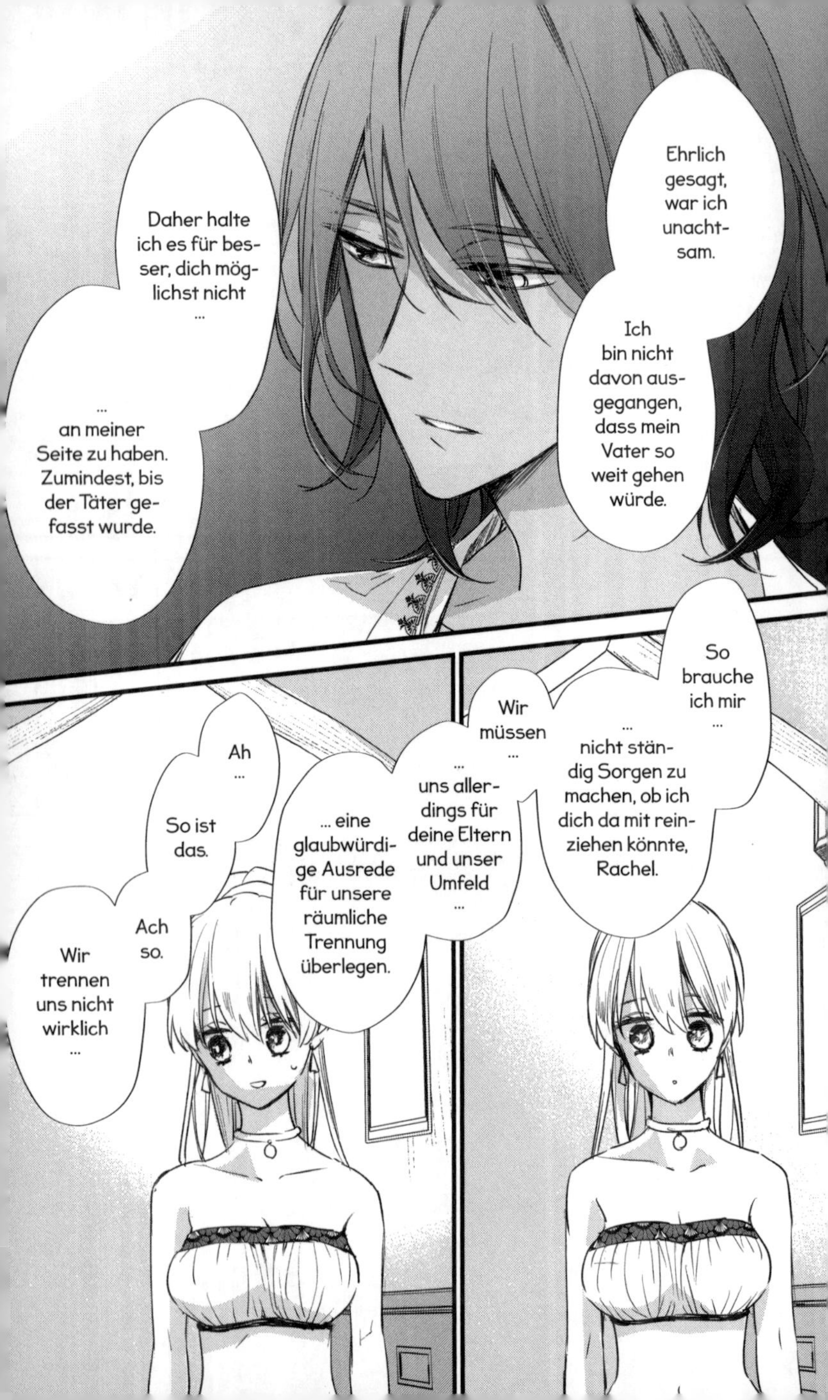
Ehrlich gesagt, war ich unacht-sam.
Ich bin nicht davon aus-gegangen, dass mein Vater so weit gehen würde.
Daher halte ich es für bes-ser, dich mög-lichst nicht …
… an meiner Seite zu haben. Zumindest, bis der Täter ge-fasst wurde.
So brauche ich mir …
… nicht stän-dig Sorgen zu machen, ob ich dich da mit rein-ziehen könnte, Rachel.
Wir müssen …
… uns aller-dings für deine Eltern und unser Umfeld …
… eine glaubwürdi-ge Ausrede für unsere räumliche Trennung überlegen.
Ah …
So ist das.
Ach so.
Wir trennen uns nicht wirklich …

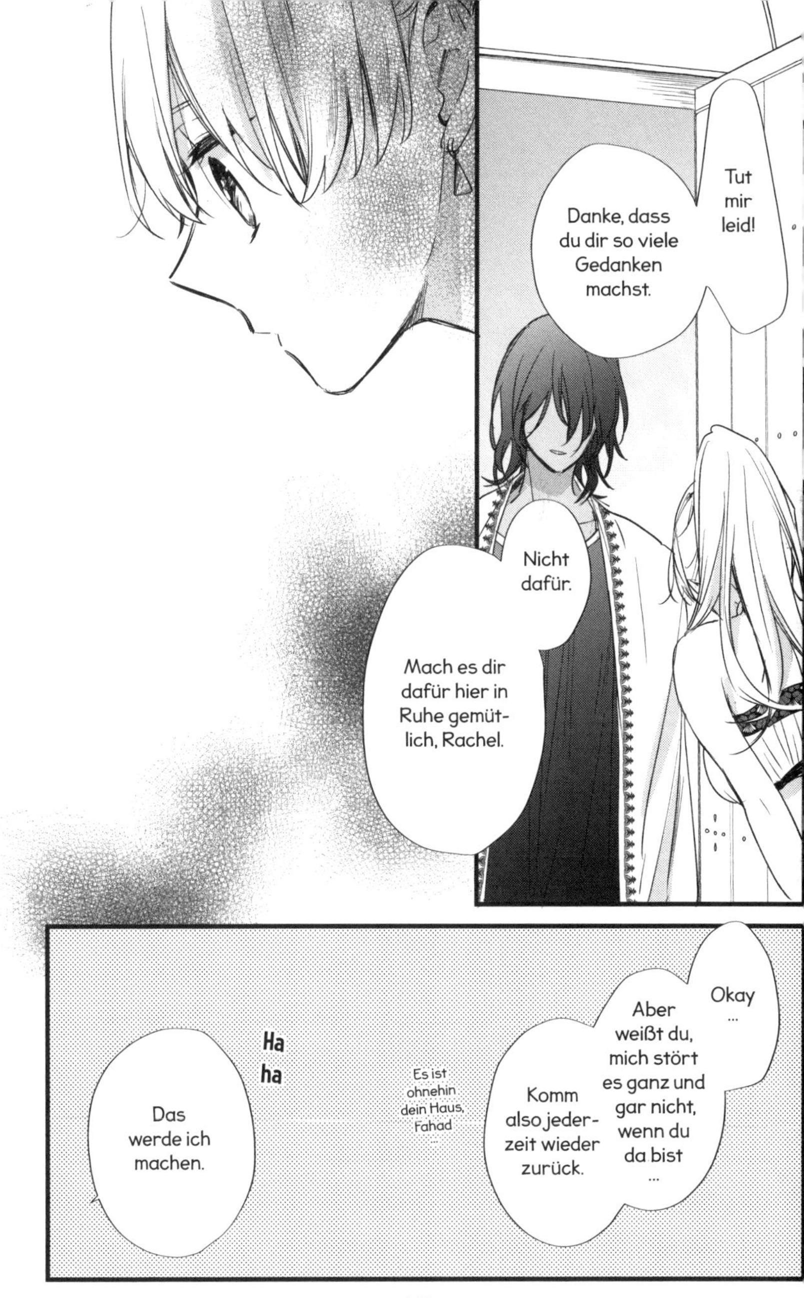
Tut mir leid!
Danke, dass du dir so viele Gedanken machst.
Nicht dafür.
Mach es dir dafür hier in Ruhe gemütlich, Rachel.
Okay ...
Aber weißt du, mich stört es ganz und gar nicht, wenn du da bist ...
Komm also jederzeit wieder zurück.
Es ist ohnehin dein Haus, Fahad ...
Ha ha
Das werde ich machen.

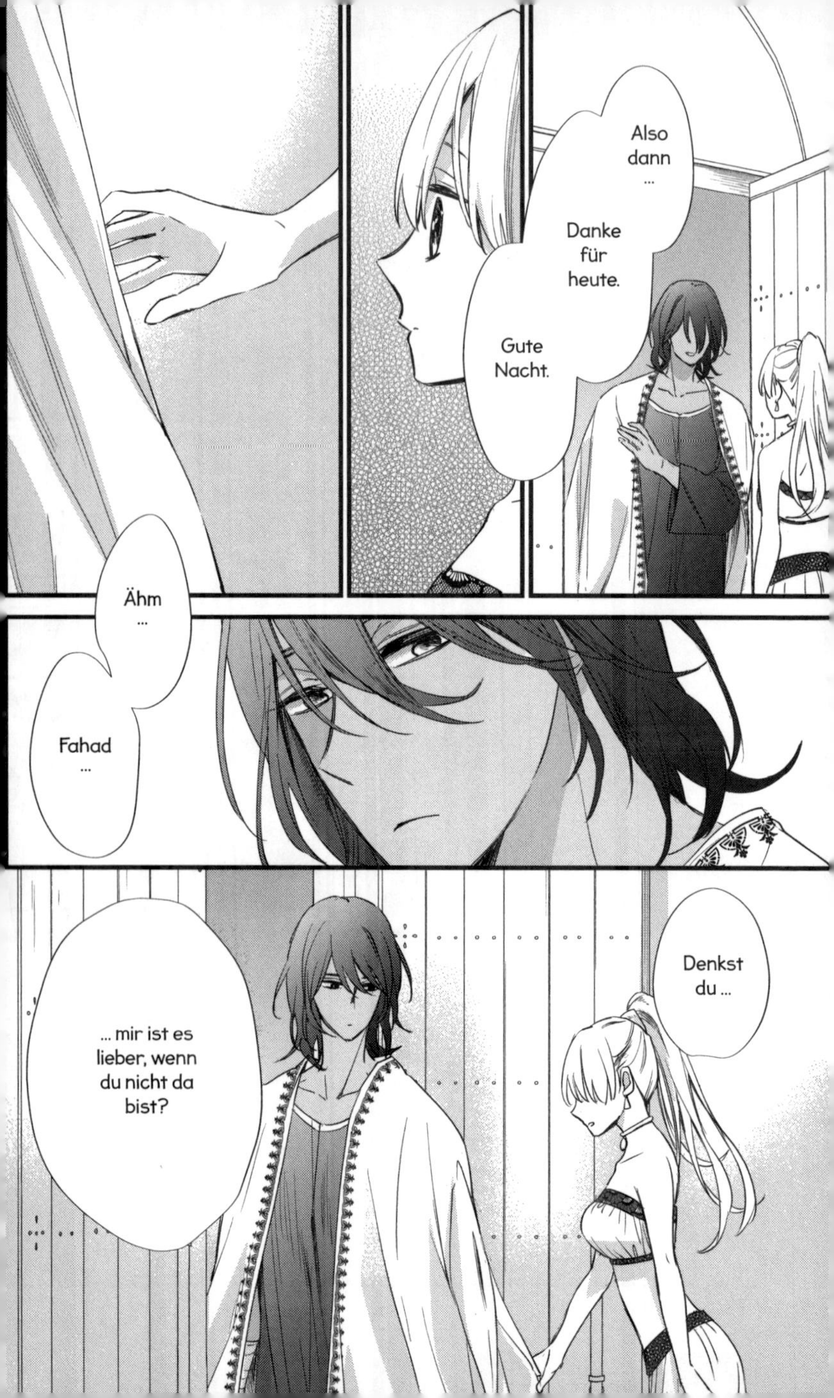
Also dann …
Danke für heute.
Gute Nacht.
Ähm …
Fahad …
Denkst du …
… mir ist es lieber, wenn du nicht da bist?

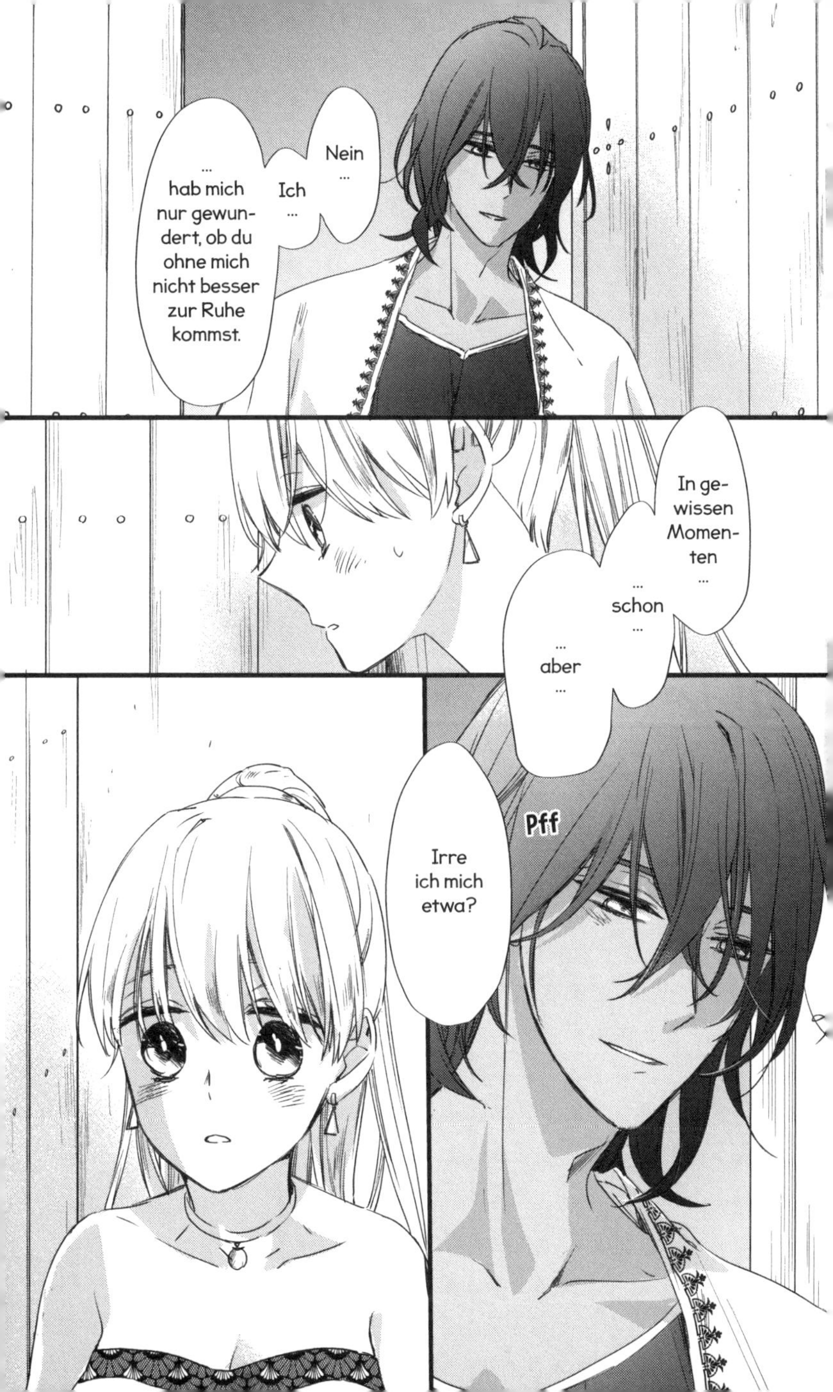

Nein …
Ich …
… hab mich nur gewundert, ob du ohne mich nicht besser zur Ruhe kommst.
In gewissen Momenten …
… schon …
… aber …
Pff
Irre ich mich etwa?

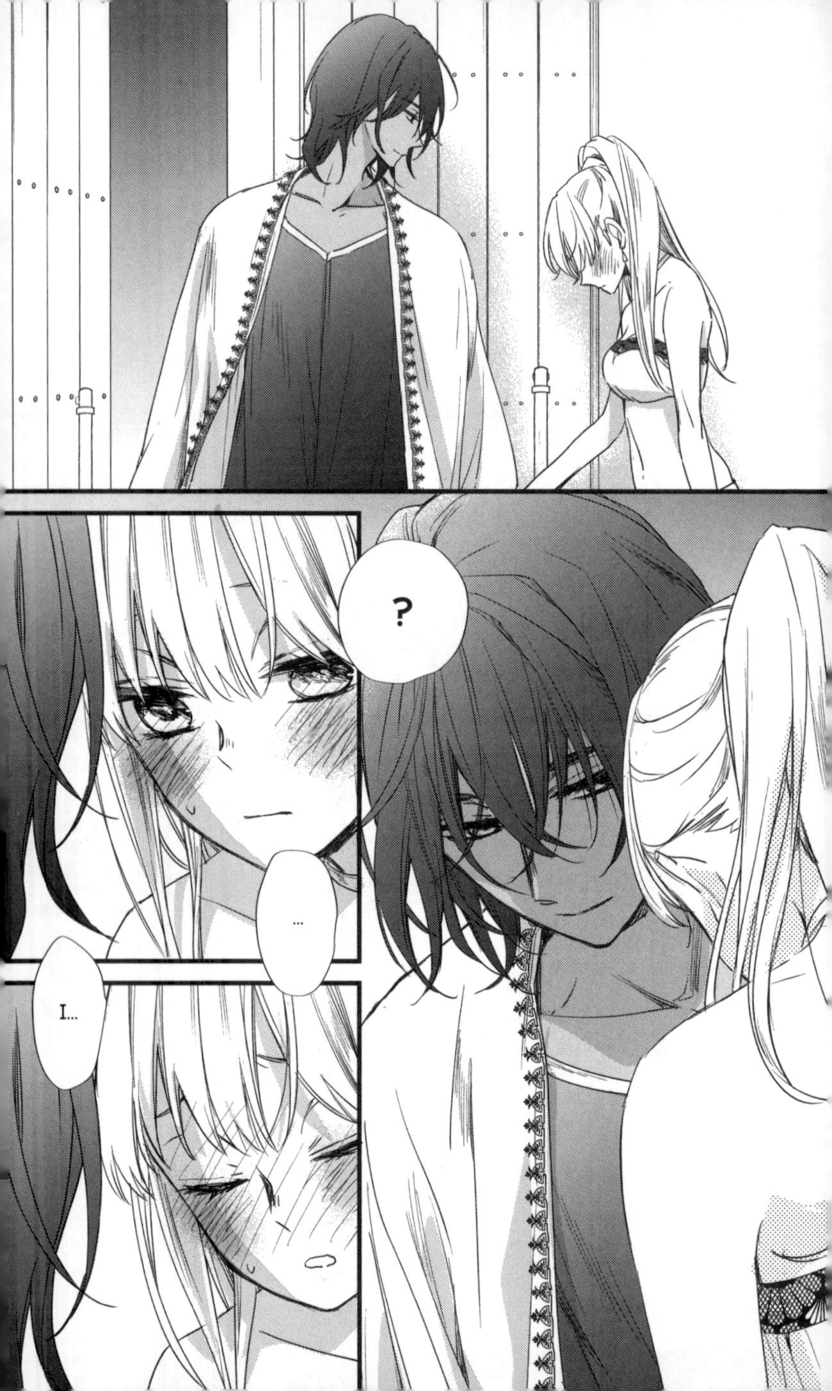
?
…
I…

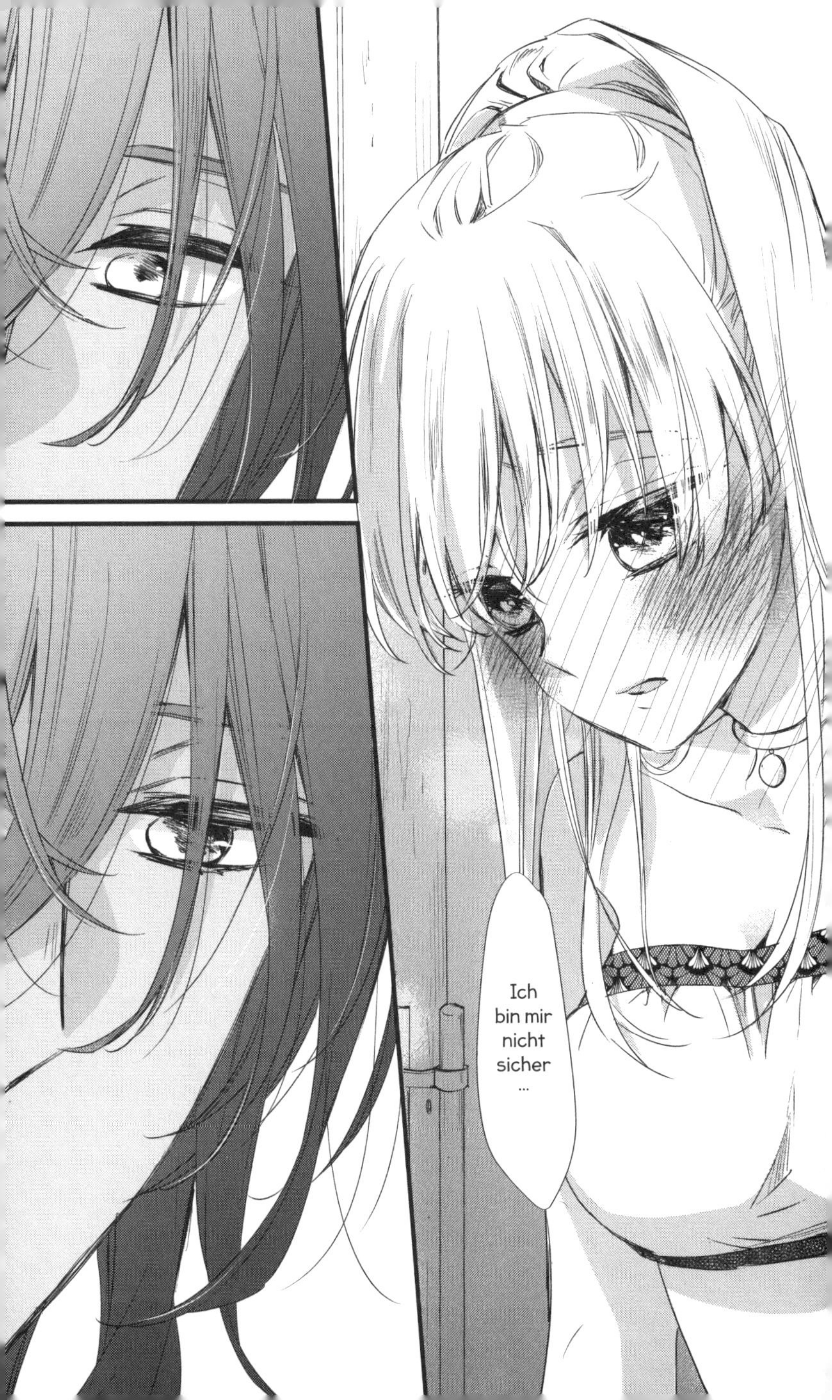
Ich
bin mir
nicht
sicher
...

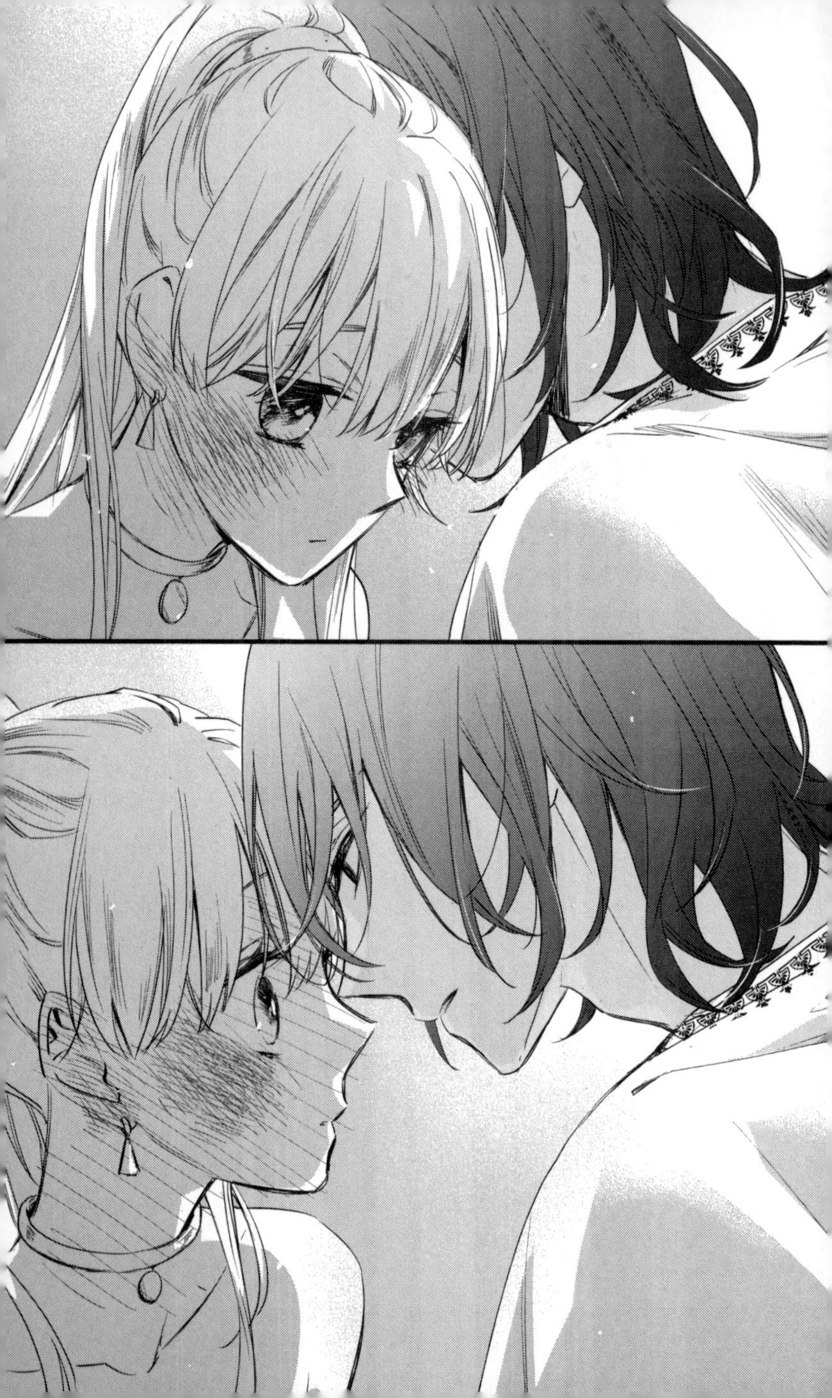

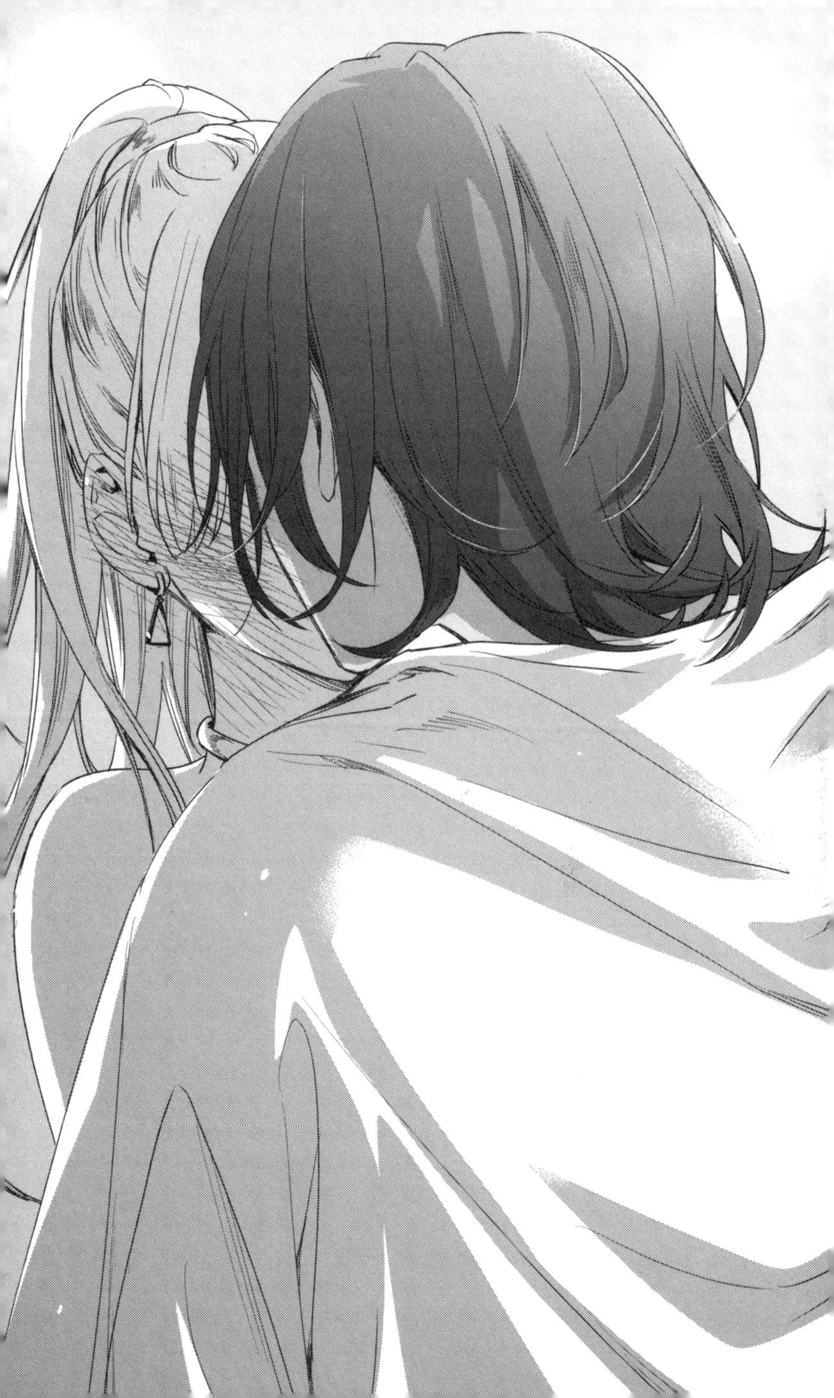

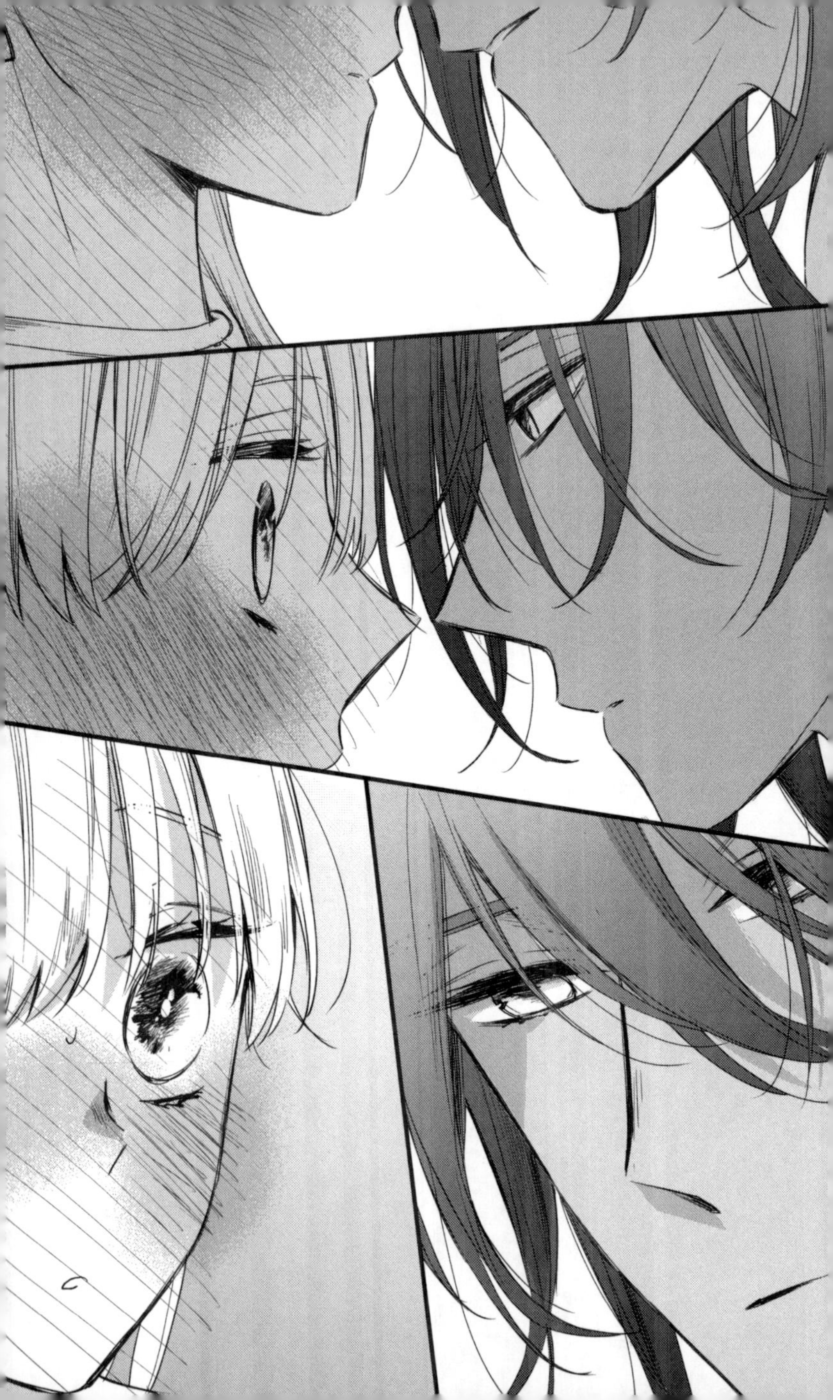

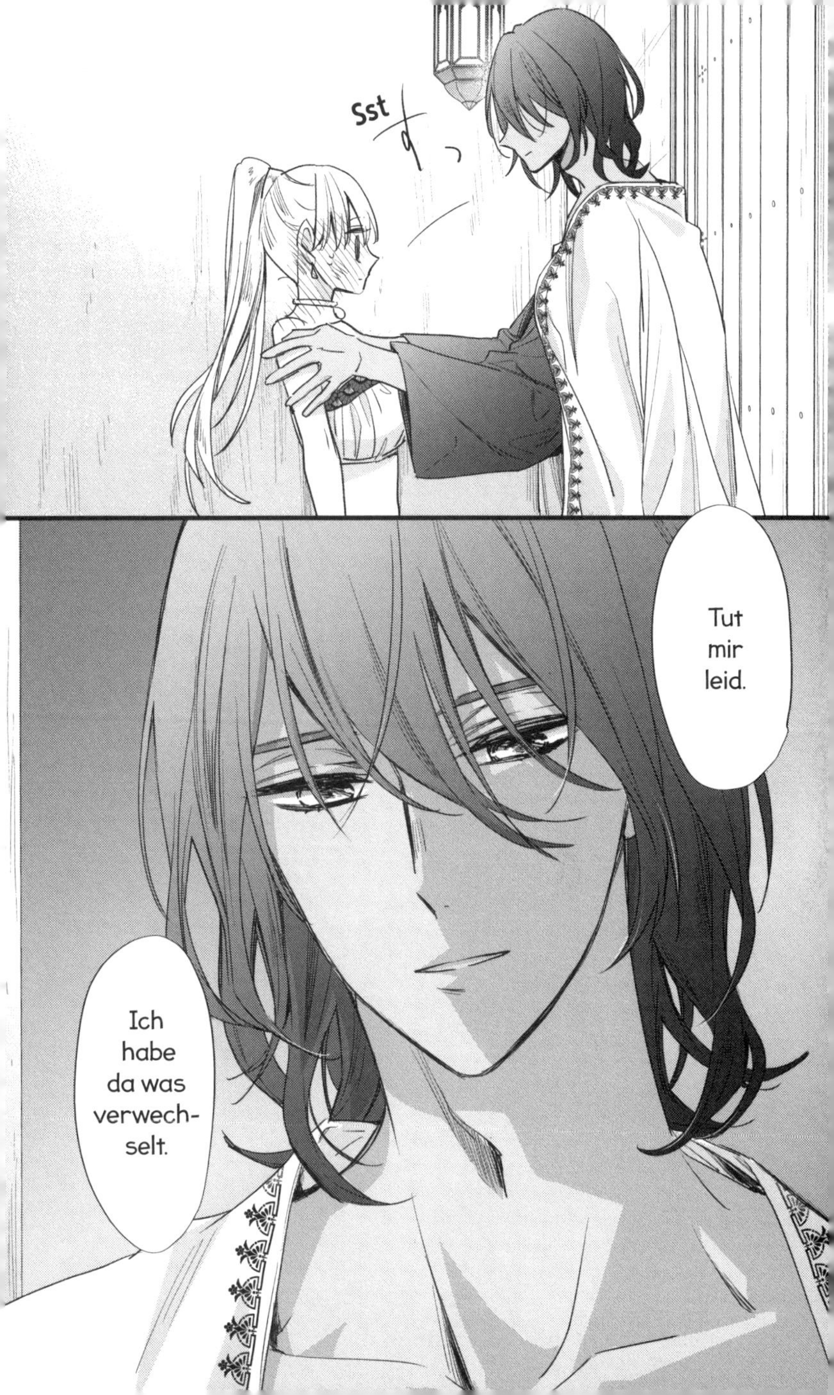
Sst
Tut mir leid.
Ich habe da was verwech-selt.

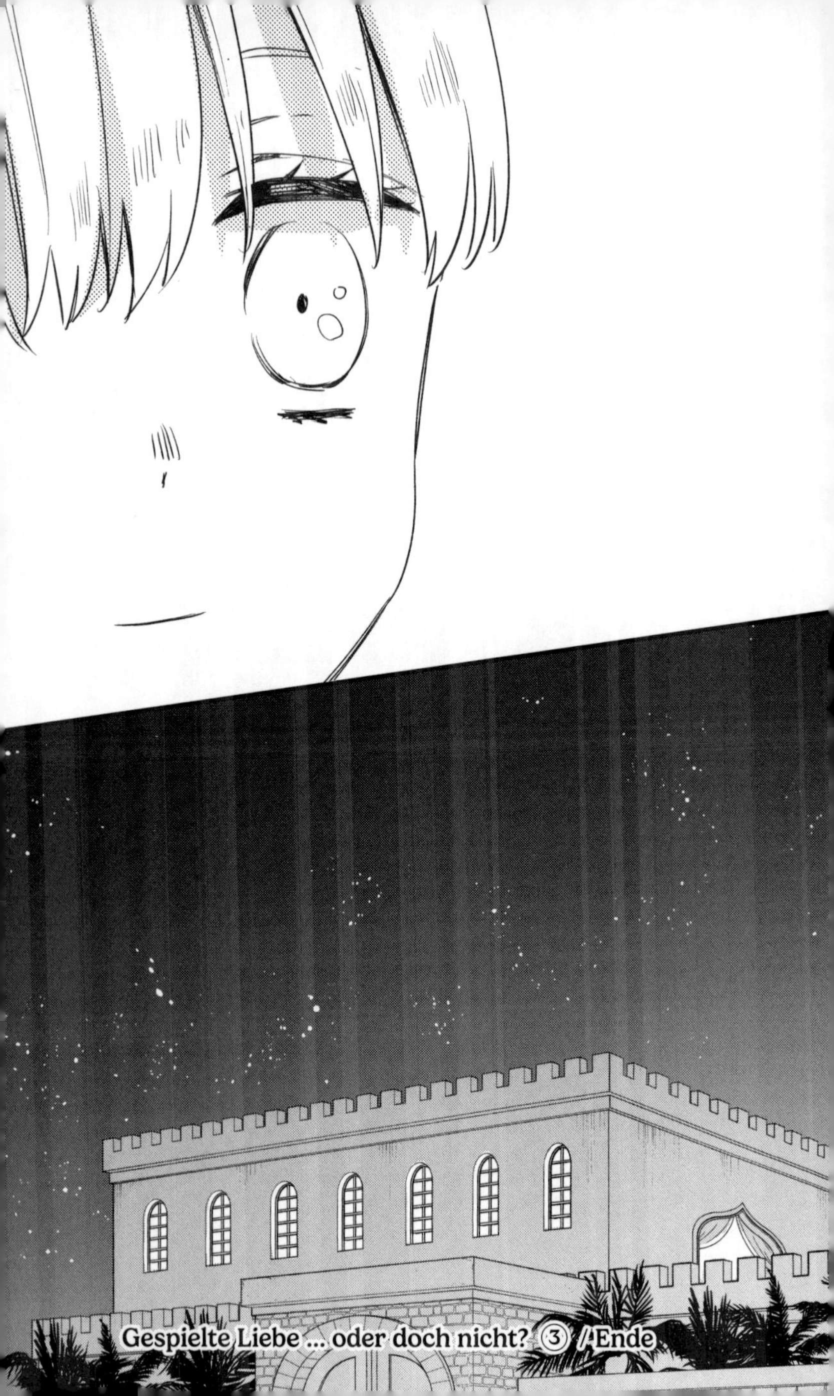
Gespielte Liebe ... oder doch nicht? ③ / Ende

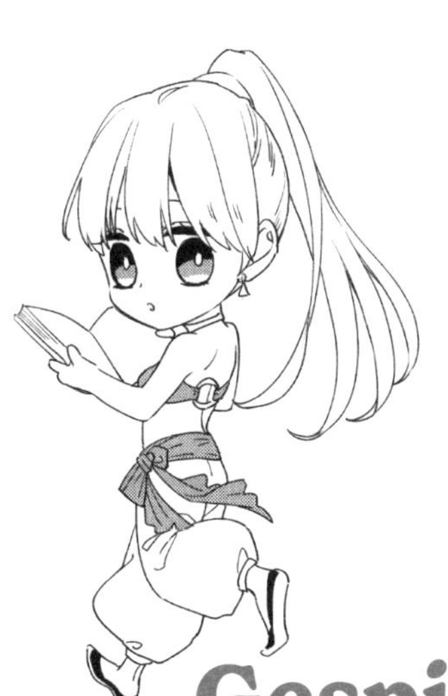

Gespielte Liebe

... oder doch nicht?

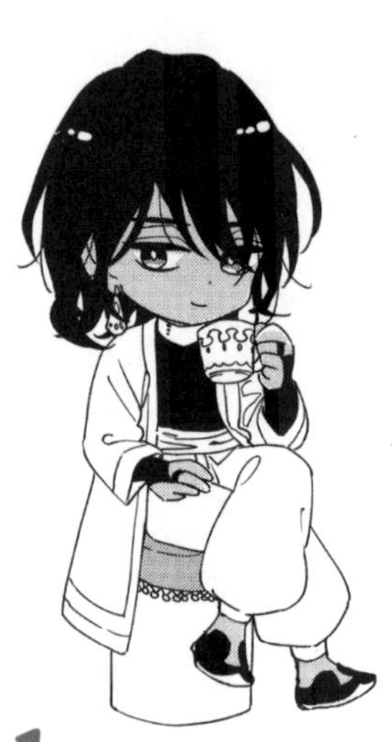

Gespielte Liebe
... oder doch nicht?

Bonuskapitel

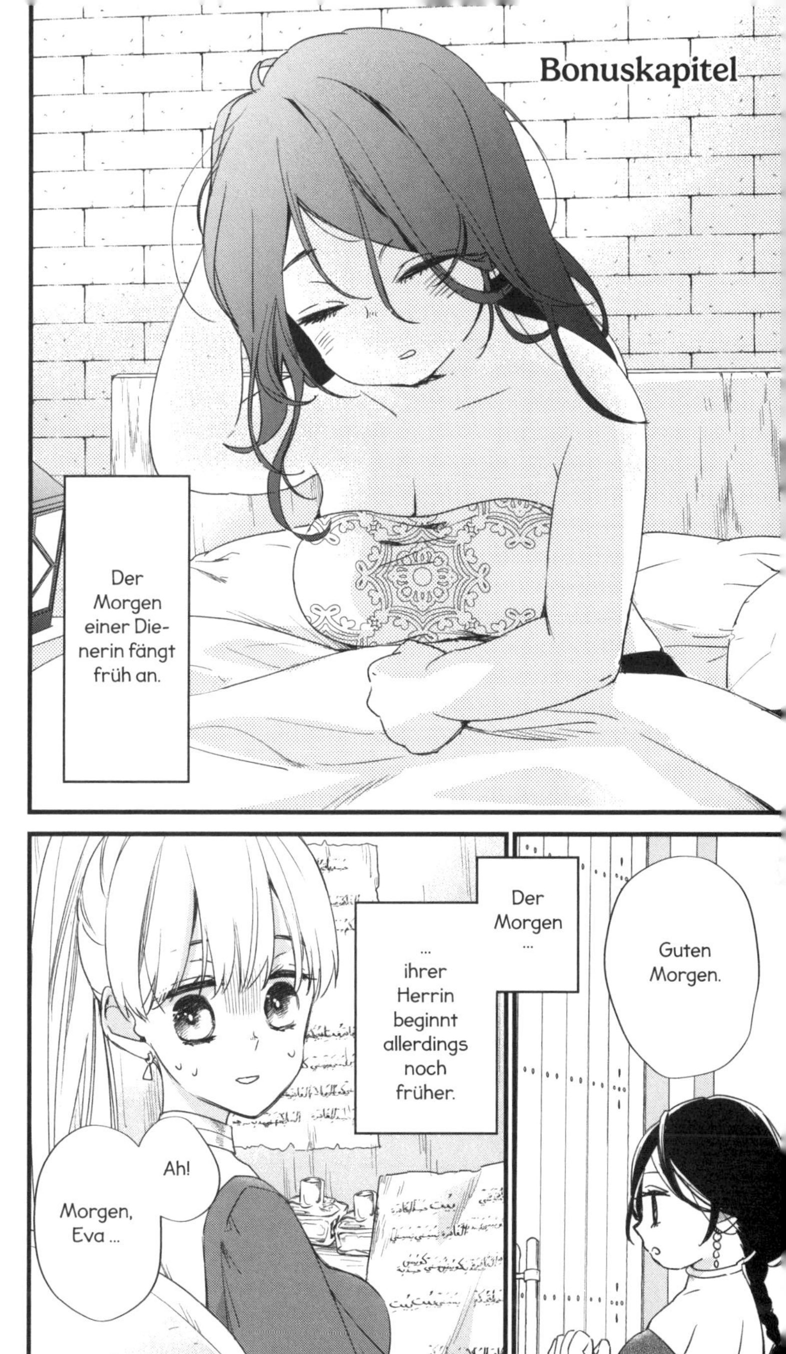

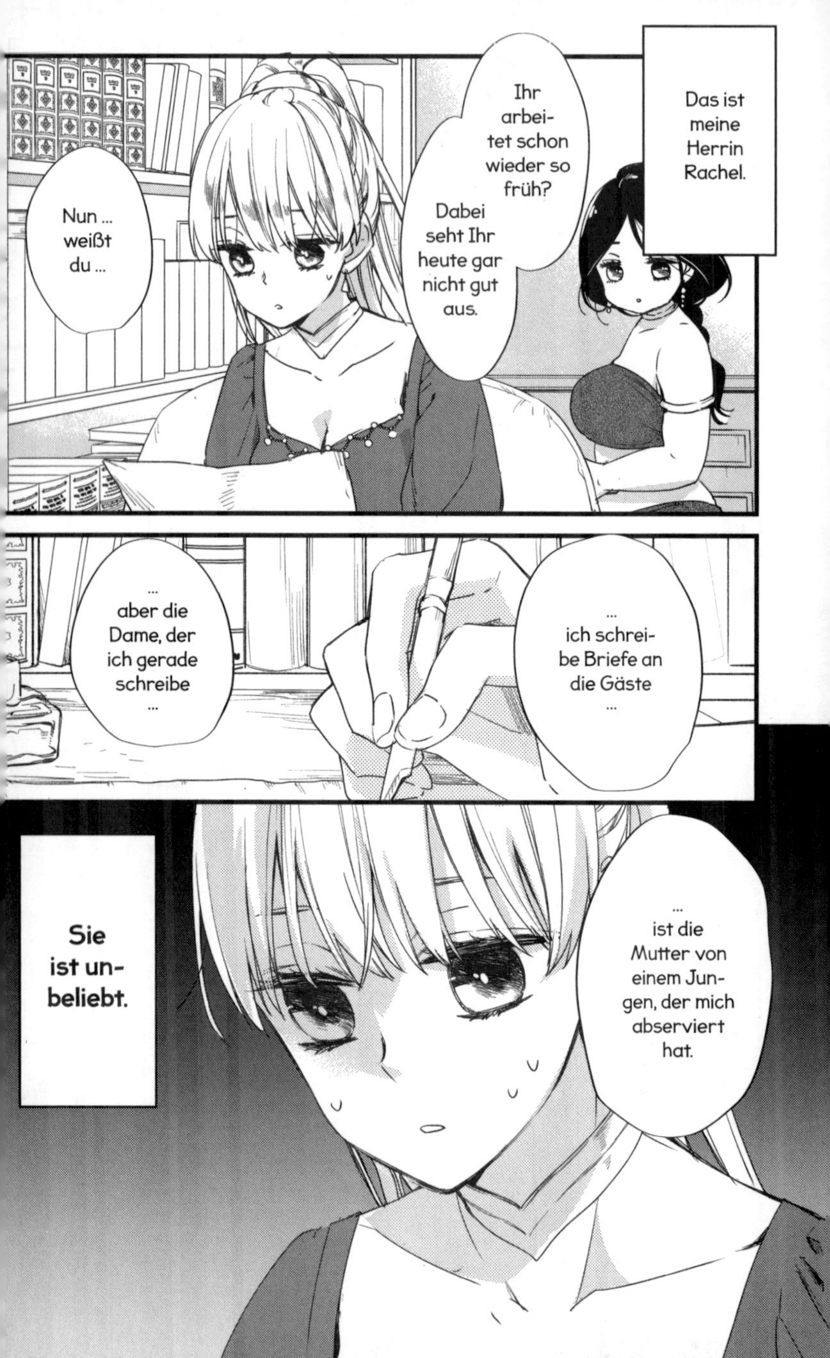
Das ist meine Herrin Rachel.
Ihr arbeitet schon wieder so früh?
Dabei seht Ihr heute gar nicht gut aus.
Nun ... weißt du ...
... ich schreibe Briefe an die Gäste ...
... aber die Dame, der ich gerade schreibe ...
... ist die Mutter von einem Jungen, der mich abserviert hat.
Sie ist unbeliebt.

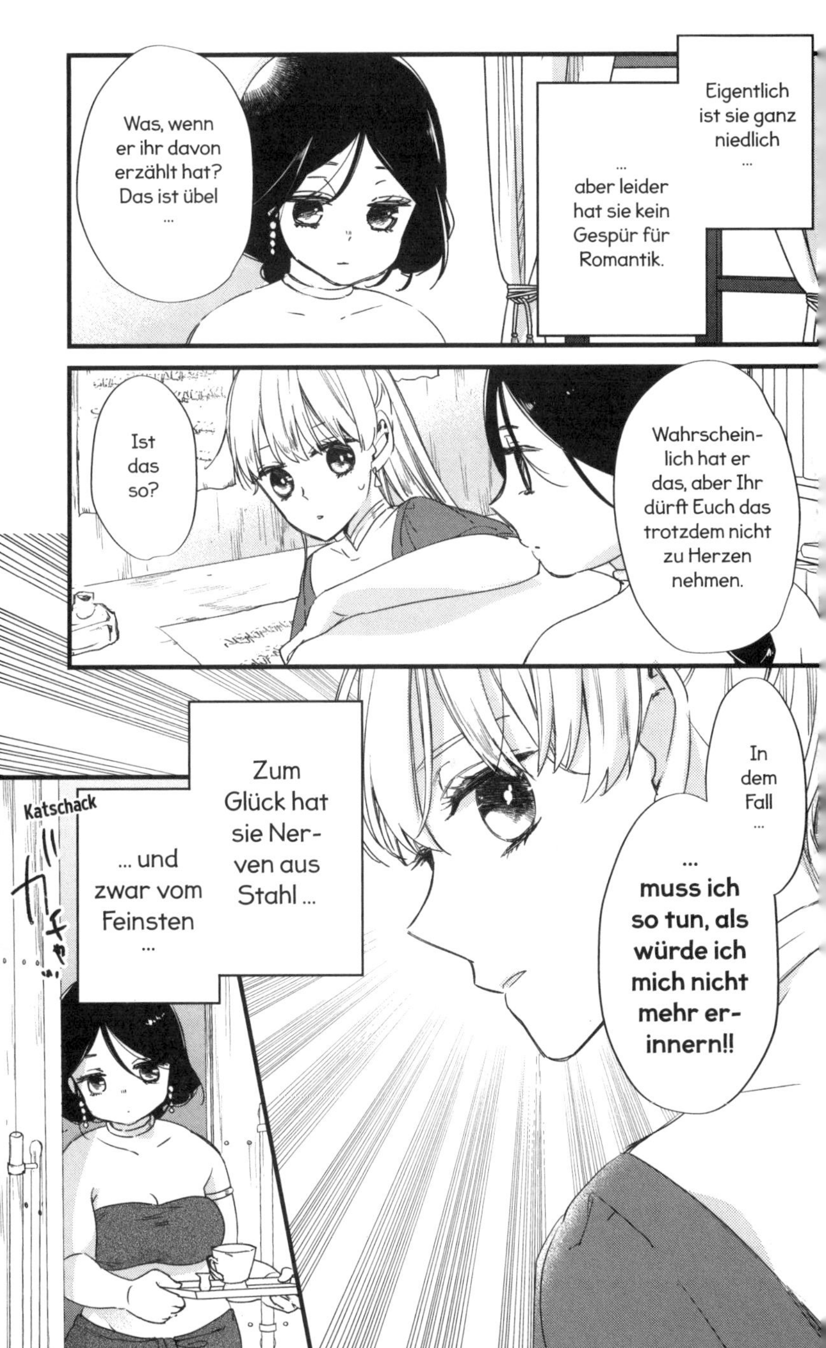

Eigentlich ist sie ganz niedlich ...
... aber leider hat sie kein Gespür für Romantik.
Was, wenn er ihr davon erzählt hat? Das ist übel ...
Wahrscheinlich hat er das, aber Ihr dürft Euch das trotzdem nicht zu Herzen nehmen.
Ist das so?
In dem Fall ...
... muss ich so tun, als würde ich mich nicht mehr erinnern!!
Zum Glück hat sie Nerven aus Stahl ...
... und zwar vom Feinsten ...
Katschack

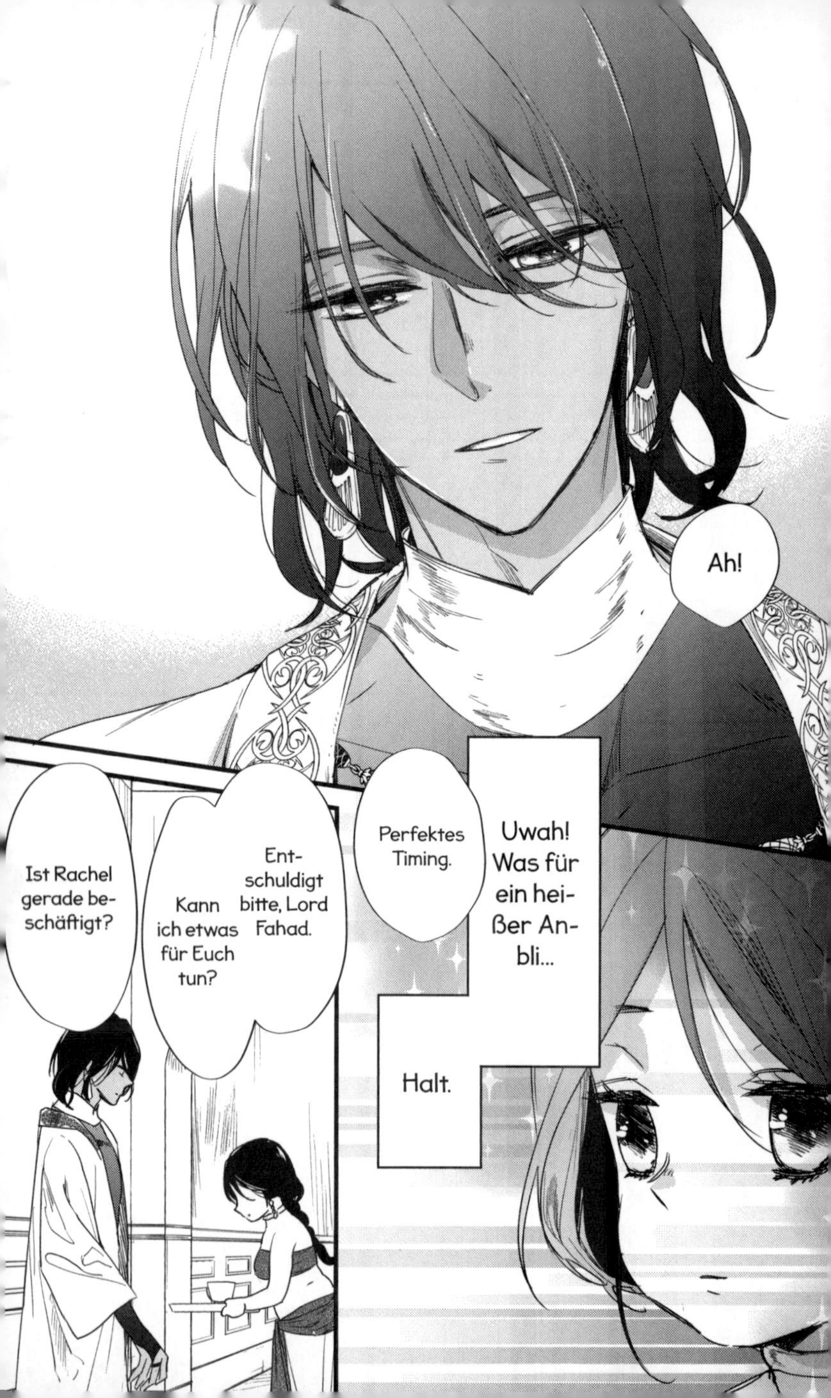
Ah!
Uwah! Was für ein heißer Anbli...
Halt.
Perfektes Timing.
Entschuldigt bitte, Lord Fahad.
Kann ich etwas für Euch tun?
Ist Rachel gerade beschäftigt?

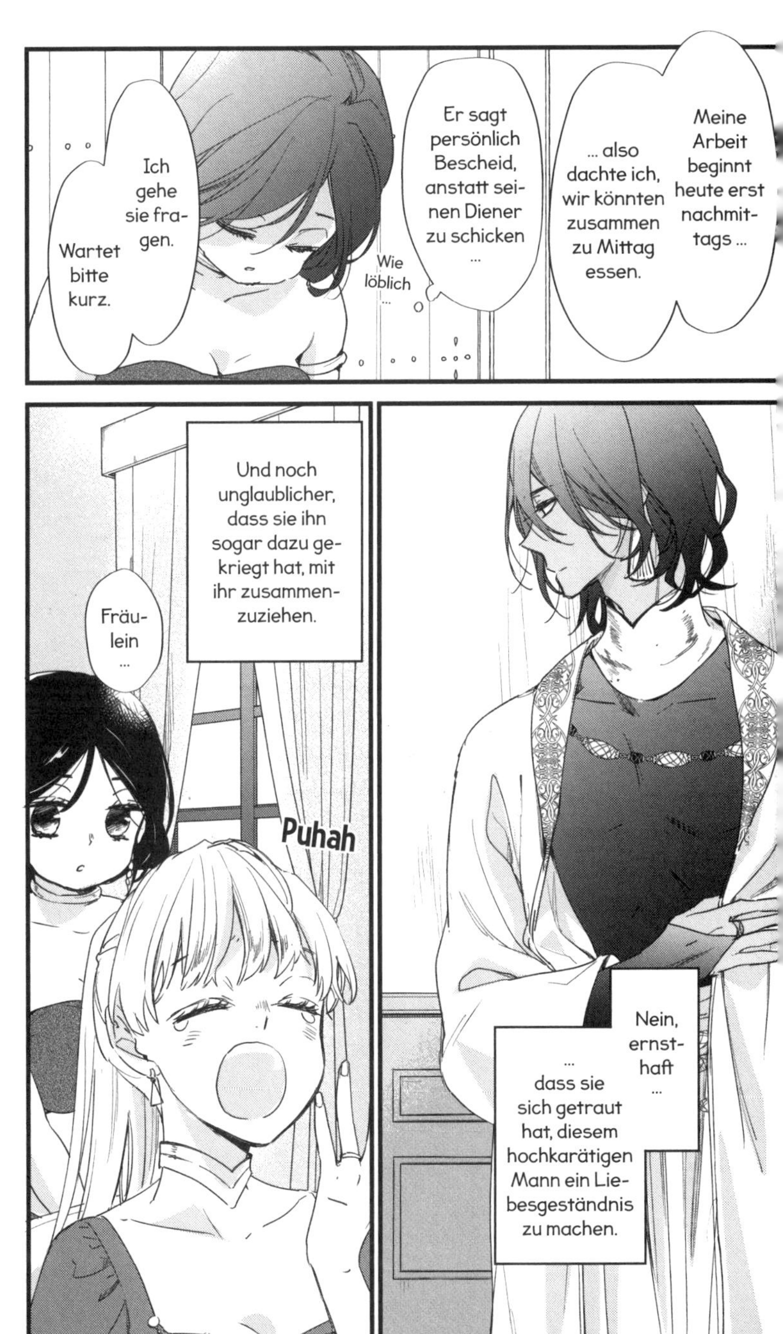
Meine Arbeit beginnt heute erst nachmittags ...
... also dachte ich, wir könnten zusammen zu Mittag essen.
Er sagt persönlich Bescheid, anstatt seinen Diener zu schicken ...
Wie löblich ...
Ich gehe sie fragen.
Wartet bitte kurz.
Nein, ernsthaft ...
... dass sie sich getraut hat, diesem hochkarätigen Mann ein Liebesgeständnis zu machen.
Und noch unglaublicher, dass sie ihn sogar dazu gekriegt hat, mit ihr zusammenzuziehen.
Puhah
Fräulein ...

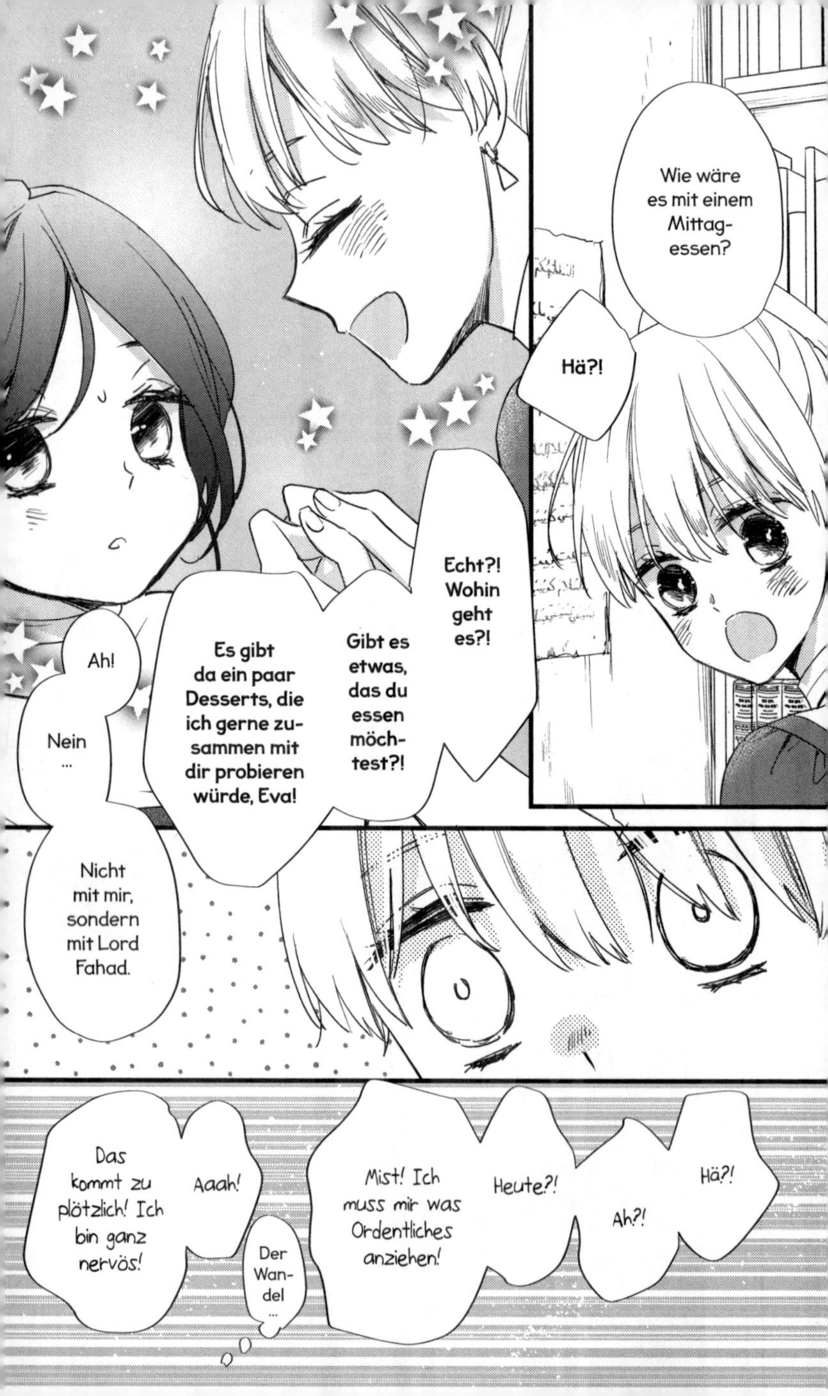
Wie wäre es mit einem Mittagessen?
Hä?!
Echt?! Wohin geht es?!
Gibt es etwas, das du essen möchtest?!
Es gibt da ein paar Desserts, die ich gerne zusammen mit dir probieren würde, Eva!
Ah!
Nein ...
Nicht mit mir, sondern mit Lord Fahad.
Hä?!
Ah?!
Heute?!
Mist! Ich muss mir was Ordentliches anziehen!
Der Wandel ...
Aaah!
Das kommt zu plötzlich! Ich bin ganz nervös!

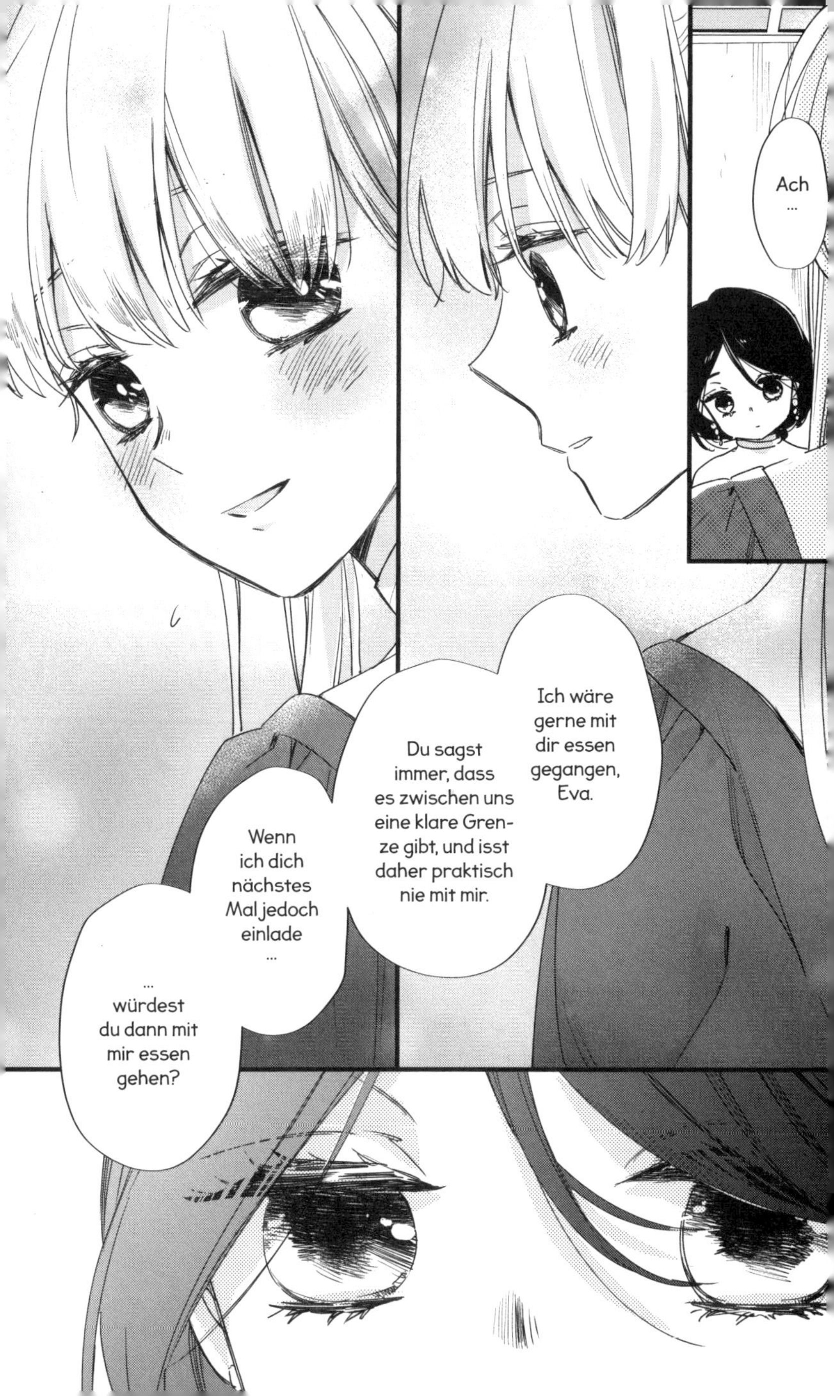
Ach …
Ich wäre gerne mit dir essen gegangen, Eva.
Du sagst immer, dass es zwischen uns eine klare Grenze gibt, und isst daher praktisch nie mit mir.
Wenn ich dich nächstes Mal jedoch einlade …
… würdest du dann mit mir essen gehen?

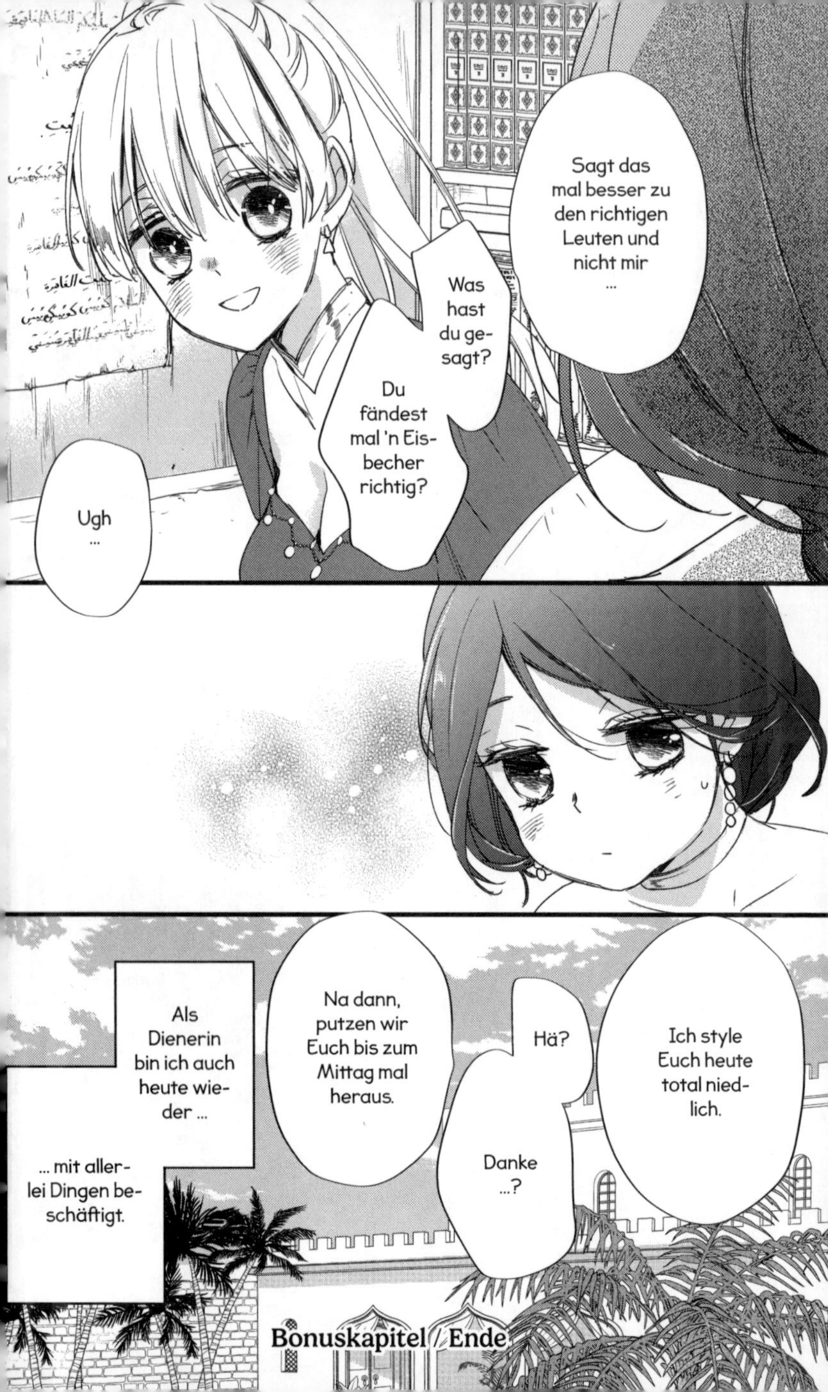
Sagt das mal besser zu den richtigen Leuten und nicht mir ...
Was hast du gesagt?
Du fändest mal 'n Eisbecher richtig?
Ugh ...
Ich style Euch heute total niedlich.
Hä?
Danke ...?
Na dann, putzen wir Euch bis zum Mittag mal heraus.
Als Dienerin bin ich auch heute wieder ...
... mit allerlei Dingen beschäftigt.
Bonuskapitel / Ende

Bonusmanga

Also dann, hier kommt die Frage.

Was ist der Körperteil, den ihr am liebsten an euch mögt?

Haare

Fingernägel

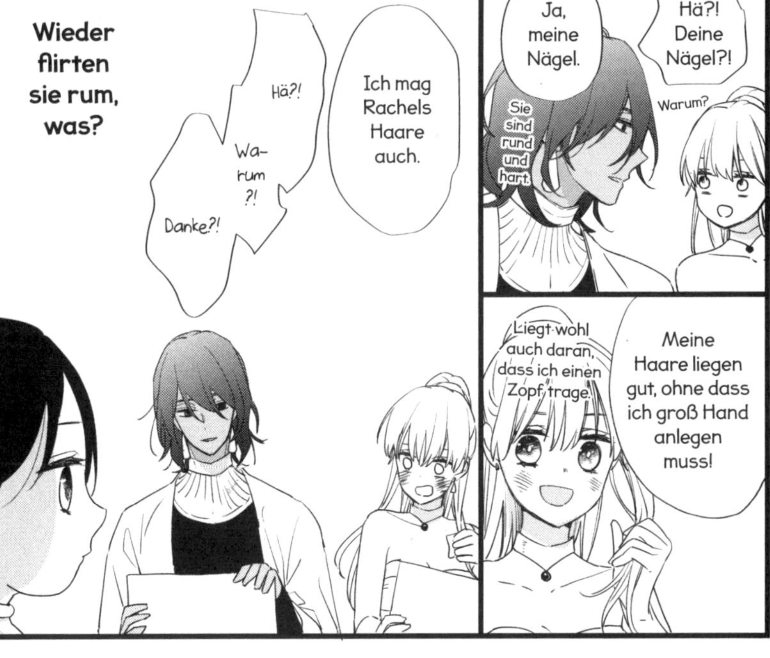

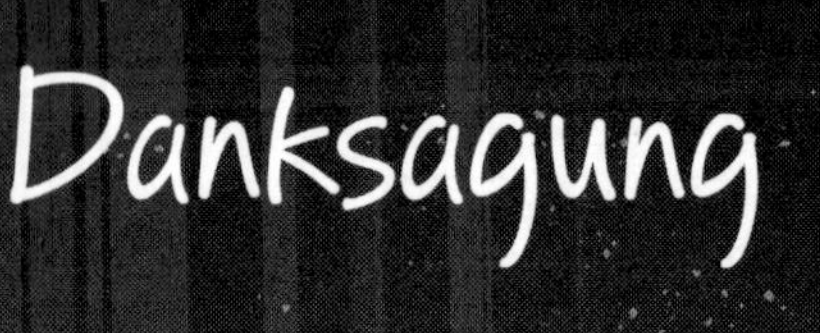

Meinem Redakteur

Omiya, Shiojima, Sugatani, Sekine

Meiner Familie, meinen Freunden, allen an dem Manga Beteiligten, allen, die den Manga gelesen haben

möchte ich herzlichen Dank aussprechen!

Fanpost bitte an:
Altraverse GmbH
»Emiko Nakano«
Ruhrstraße 11a
Phoenixhalle 1.
22761 Hamburg

Ich würde mich freuen, wenn ihr sie dahin schickt!

twitter → @nakanoemi

Gespielte Liebe

... oder doch nicht?

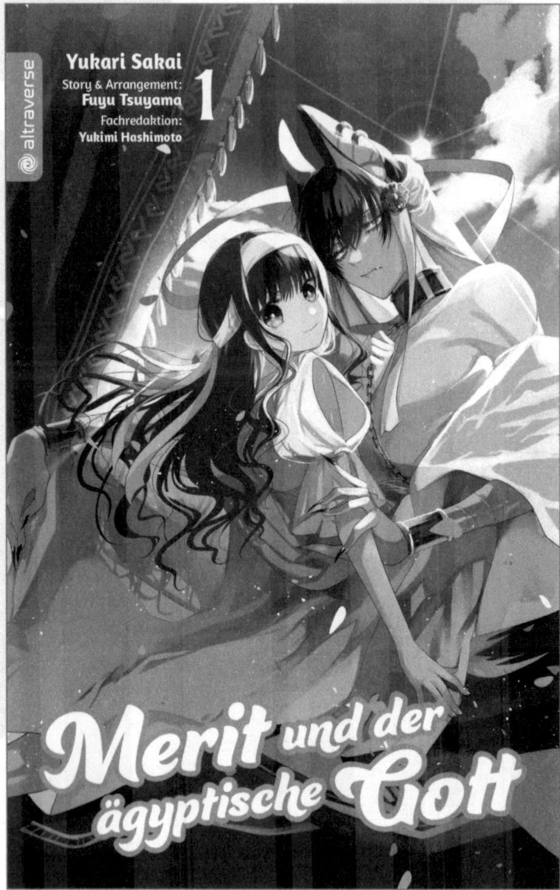

Fantasy 13 +

Merit und der ägyptische Gott

Yukari Sakai | Fuyu Tsuyama

Merit landet in der Unterwelt, ohne Erinnerung daran, gestorben zu sein! Deshalb ist sie wild entschlossen, wieder in die Welt der Lebenden zu gelangen. Nur leider scheint Anubis, der als Einziger das Tor zwischen den Welten öffnen kann, nicht nur Menschen zu hassen, sondern auch durch einen Fluch seine Kräfte verloren zu haben. Ob Merit diesen lösen und zurückkehren kann?

Fantasy 13 +

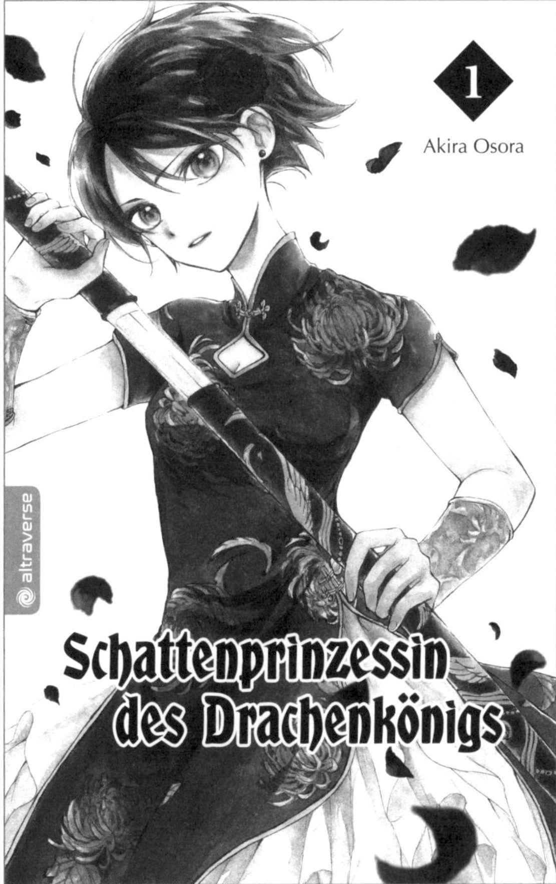

Schattenprinzessin des Drachenkönigs

Akira Osora

Vor einigen Jahren begrub der Wasserdrache, der eigentlich der Schutzgeist des Königreichs Ten'a ist, Kohakus Heimat unter wilden Fluten. Als letzte Überlebende schwört sie, Rache an Prinz Miaki zu nehmen, der als Einziger den Drachen kontrollieren kann. Entschlossen, ihn zu töten, schleicht sie sich am Königshof ein. Doch dann kommt alles ganz anders ...

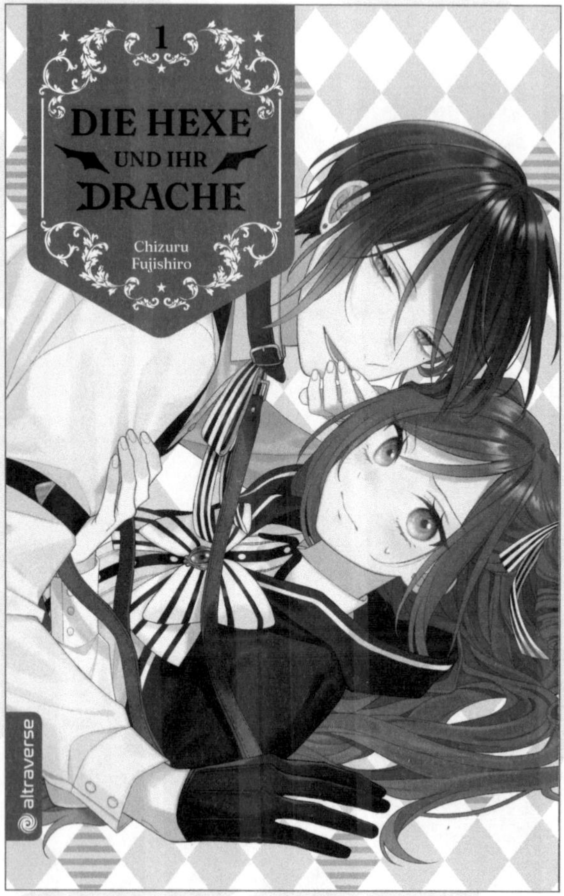

Fantasy 13 +

Die Hexe und ihr Drache

Chizuru Fujishiro

Die Halbhexe Aria wünscht sich nichts mehr, als mit den Menschen harmonisch zusammenzuleben. Als sie den verletzten Drachen Leo bei sich aufnimmt, ahnt sie nicht, dass er sich mit einem Paktschwur an sie binden wird. Nun steht Aria zwar ein eifriger, aber auch übermäßig beschützender Diener zur Seite, der »zum Wohle« seiner Herrin allerlei Chaos anrichtet ...

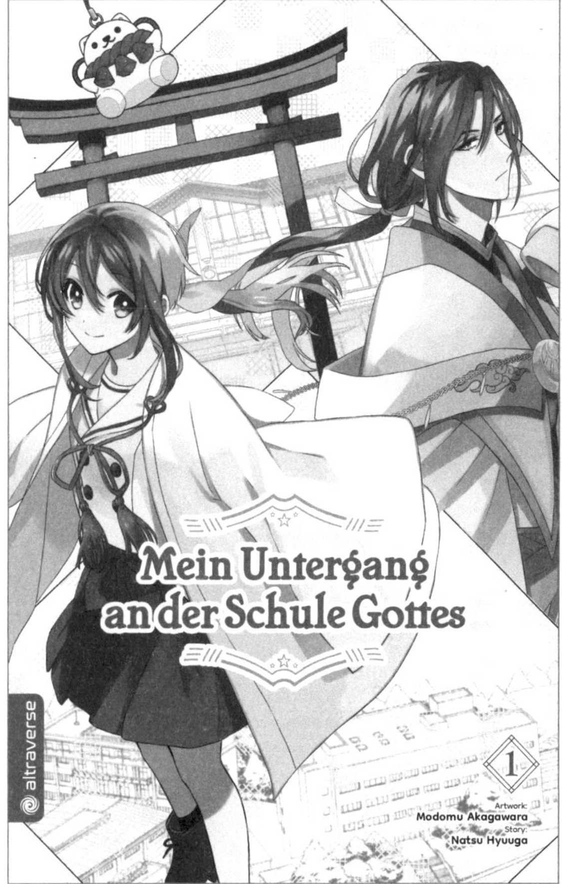

Mein Untergang an der Schule Gottes

Modomu Akagawara | Natsu Hyuuga

Nagi und ihr Zwillingsbruder Takeru, der sich in seinem Zimmer versteckt hält, leben in einem Japan, in dem es Menschen mit besonderen Fähigkeiten gibt, die sogar zu Göttern ernannt werden können. Im Gegensatz zu Takeru hat Nagi jedoch kein Talent für das Übernatürliche. Trotzdem erhält sie die Nachricht, dass sie an der Schule Gottes aufgenommen wird. Ob sie sich dort behaupten kann?

Fantasy 13+

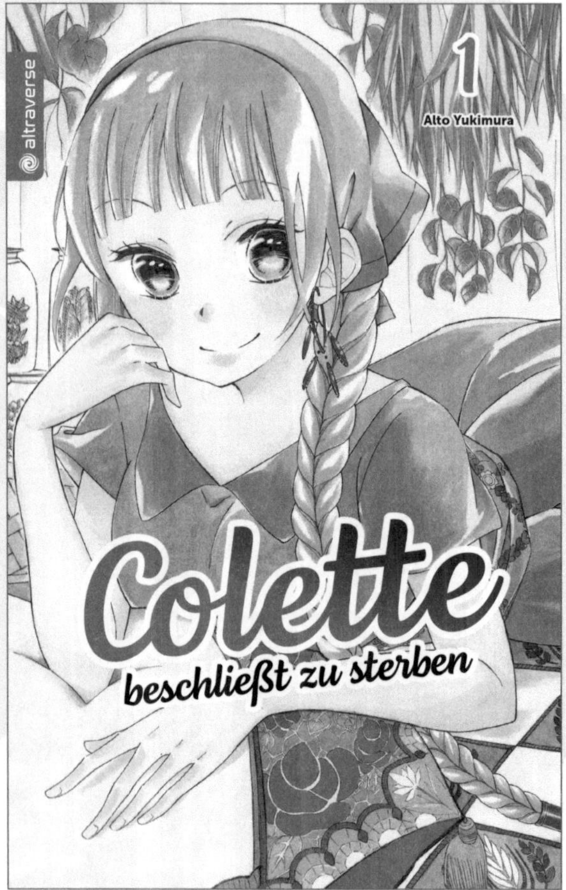

Colette beschließt zu sterben

Alto Yukimaru

Colette ist Ärztin, genauer gesagt die einzige Ärztin ihrer Stadt, und deshalb Tag und Nacht im Einsatz. Irgendwann ist sie so mit den Nerven am Ende, dass sie beschließt zu sterben! Aber so richtig will ihr das nicht gelingen. Stattdessen findet sie sich quicklebendig in der Unterwelt wieder, wo schon der nächste Patient auf sie wartet: der Herrscher über den Höllenkerker Hades!

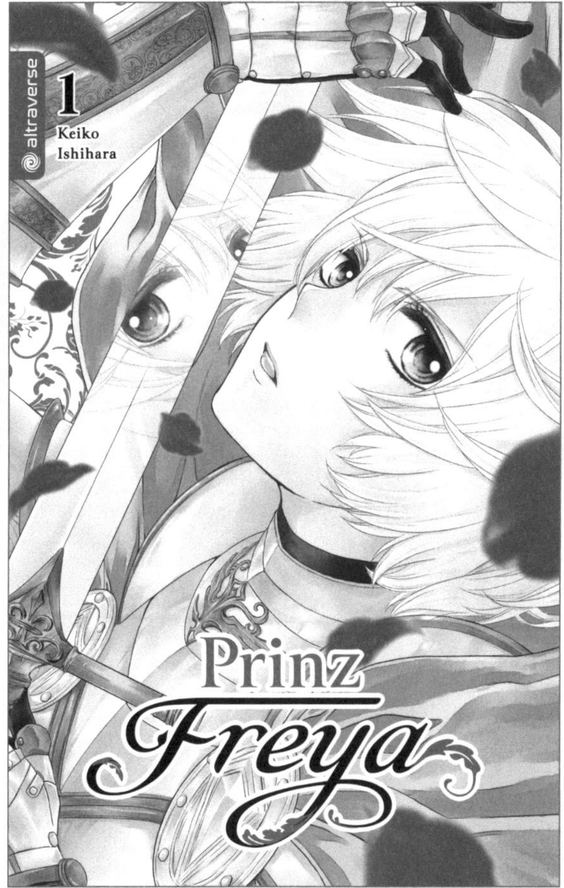

Prinz Freya

Keiko Ishihara

Das Land Tyr ist in großer Gefahr! Die ganze Hoffnung der Menschen ruht auf dem Prinzen, der sich dem feindlichen Nachbarland mutig entgegenstellt. Als er überraschend stirbt, nimmt die junge Freya, die dem Prinzen zum Verwechseln ähnlich sieht, heimlich seinen Platz ein. Zum Wohle des Landes muss sie über sich hinauswachsen. Von nun an ist ihr Leben ein einziges großes Abenteuer!

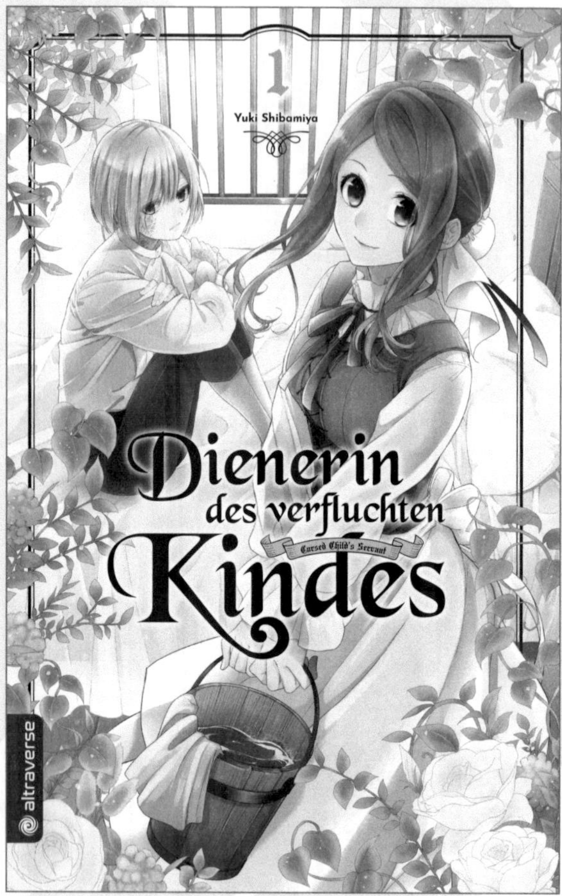

Dienerin des verfluchten Kindes

Yuki Shibamiya

Die junge Renée ist unsterblich. Was andere erstrebenswert finden würden, ist für das Mädchen zu einem Fluch geworden, der sie regelmäßig die Arbeitsstelle kostet. Aber das Schicksal meint es gut mit ihr und sie wird als Dienerin des einsamen Kronprinzen Albert angeheuert. Doch auch der ist mit einem Fluch belegt: Alles, was er anfasst, ist dem Tode geweiht. Ob sie ihr neues Leben gemeinsam meistern können?

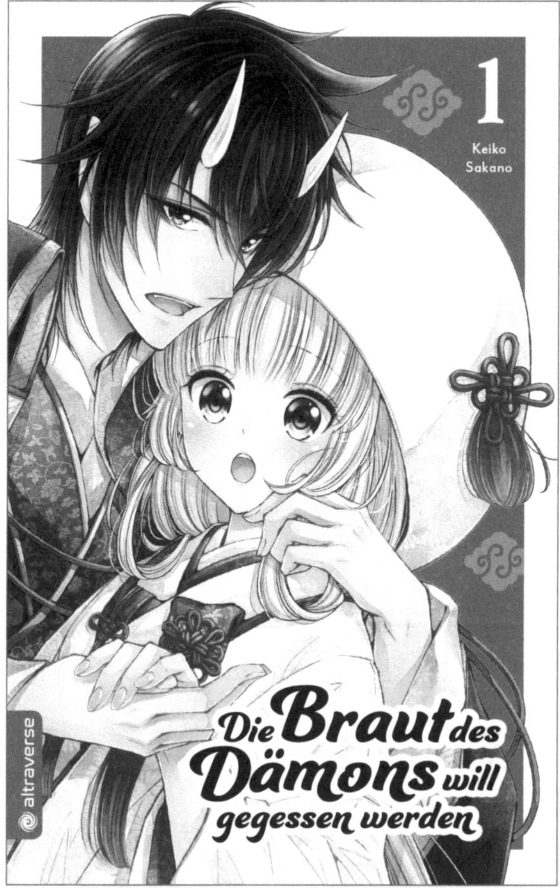

Die Braut des Dämons will gegessen werden

Keiko Sakano

Als kleines Mädchen wurde Mashiro einst von einem Dämon gerettet. Zum Dank will sie sich opfern und zu gegebener Zeit von ihm essen lassen. Als Doji Shuten Mashiro schließlich zu seiner Braut nimmt, wartet sie sehnsüchtig darauf, von ihm verspeist zu werden. Doch der gut aussehende Dämon hat ganz andere Pläne. Kann aus ihnen ein richtiges Ehepaar werden? In einem Alltag voller kurioser Missverständnisse nähern sich die beiden langsam an ...

Fantasy 13 +

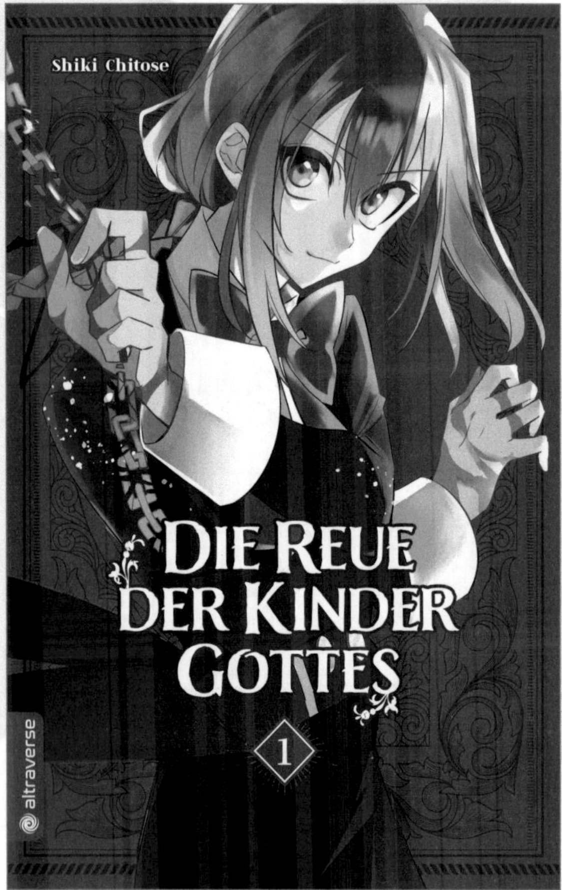

Die Reue der Kinder Gottes

Shiki Chitose

Finstere Schattenwesen bedrohen die Welt. Sobald sie von einem Menschen Besitz ergriffen haben, kommt jede Hilfe zu spät. Die einzige Waffe, mit der die Schatten bekämpft werden können, ist das Kreuz der Verdammnis. Mit seiner Kraft versuchen die »Kinder Gottes« das Böse zurückzudrängen. Der junge Neo Belclift schließt sich ihnen an, um die Schatten zu vernichten und seine besessene Schwester zu retten …

Fantasy 13 +

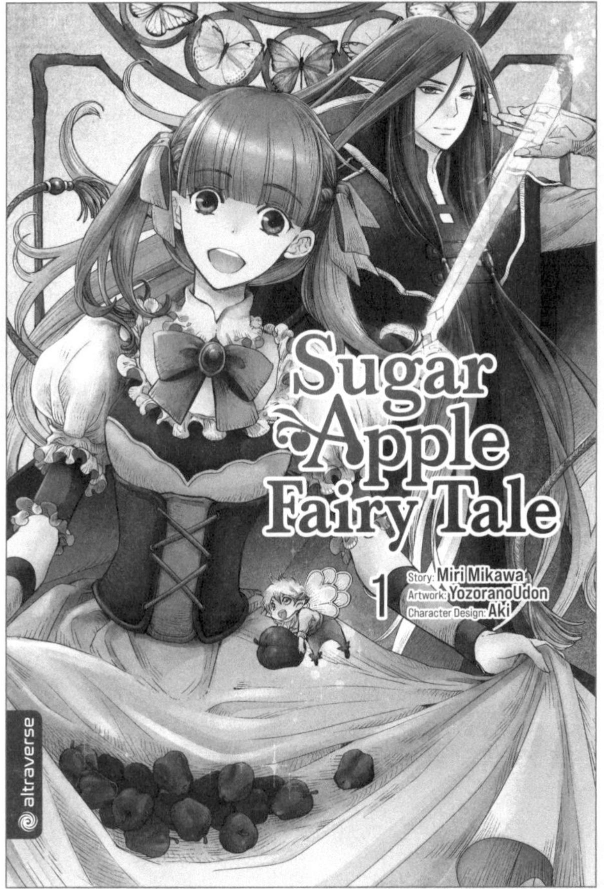

Sugar Apple Fairy Tale

Miri Mikawa I YozoranoUdon I Aki

Im Königreich Highland werden Feen als Sklaven unterjocht. Anne Halford möchte sich trotzdem mit ihrem Feen-Leibwächter Challe anfreunden, der sie sicher zur Königlichen Zuckerschau geleiten soll. Doch ein grummeliger Feen-Leibwächter ist nicht das Einzige, was ihre Reise zur Zuckerschau zu scheitern drohen lässt ...

Fantasy 13 +

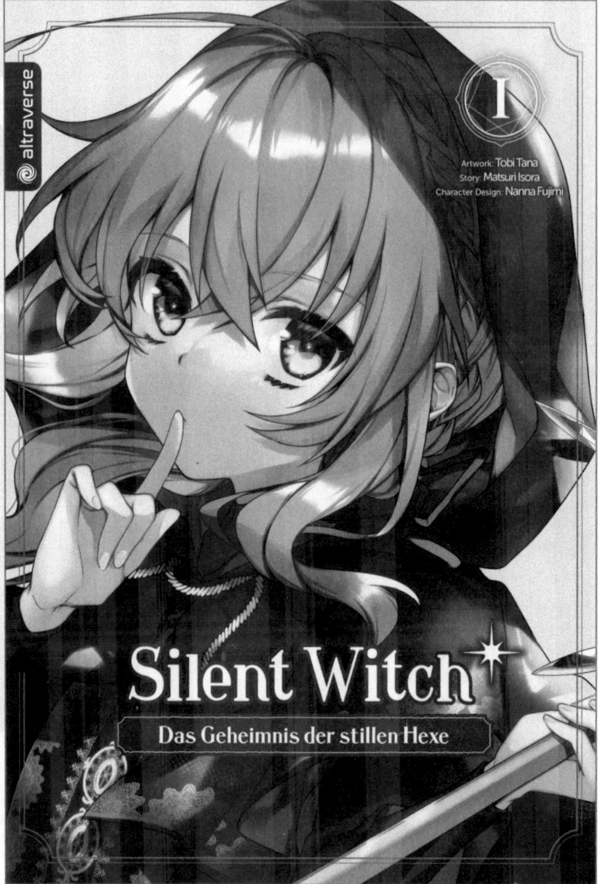

Silent Witch – Das Geheimnis der stillen Hexe

Tobi Tana | Matsuri Isora | Nanna Fujimi

Monica Everett ist eine sehr talentierte, aber auch sehr schüchterne Hexe und hat daher als Erste die beschwörungslose Zauberkunst erlernt. Sie ist zwar als »Silent Witch« in die Reihen der »Sieben Weisen« aufgenommen worden, lebt aber zurückgezogen im Wald. Eines Tages erhält sie jedoch den geheimen Auftrag, den zweiten Prinzen des Ridill-Königreiches zu beschützen ...

Fantasy 13+

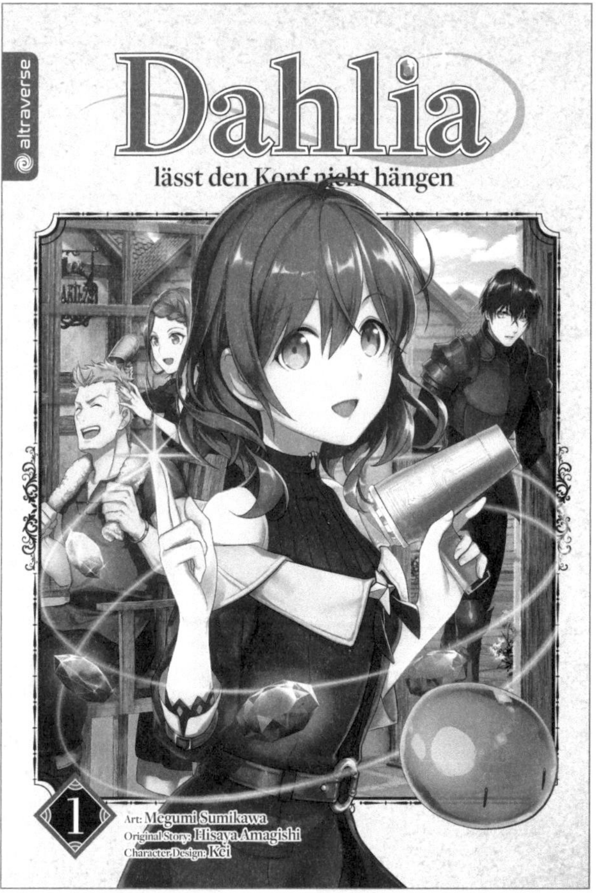

Dahlia lässt den Kopf nicht hängen

Art: Megumi Sumikawa | Original Story: Hisaya Amagishi | Character Design: Kei

Nachdem sie depressiv und überarbeitet früh das Zeitliche segnete, will Dahlia in ihrem neuen Leben in einer anderen Welt alles besser machen. Mit ihrem Vorwissen lernt sie, magische Artefakte zu erschaffen, um den Menschen das Leben zu erleichtern, und startet schon bald mit ihrem eigenen Geschäft voll durch. Wird sie diesmal ihr Glück finden?

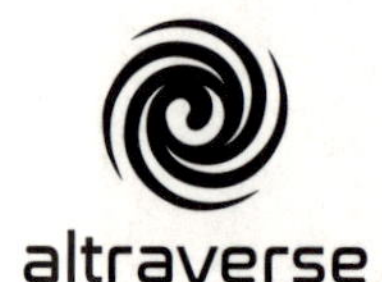

Deutsche Ausgabe / German Edition
Altraverse GmbH – Hamburg 2024
Aus dem Japanischen von Iga Handtke

KON-YAKUSHA WA DEKIAI NO FURI by Emiko Nakano

First published in Japan in 2023 by HAKUSENSHA, Inc., Tokyo.
German language translation rights arranged with HAKUSENSHA, Inc., Tokyo
through Tuttle-Mori Agency, Inc.

Redaktion: Anne Faltin
Herstellung: Cathrin Hamester
Lettering: Vibrant Publishing Studio

Druck: CPI books GmbH, Leck
Printed in Germany

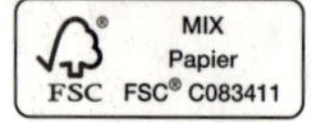

ISBN 978-3-7539-2798-5
1. Auflage 2024

www.altraverse.de